煤炭企业"十四五"发展战略规划蓝皮书

中国煤炭工业协会 编

应急管理出版社

·北 京·

图书在版编目（CIP）数据

煤炭企业"十四五"发展战略规划蓝皮书／中国煤炭工业协会编． --北京：应急管理出版社，2023
ISBN 978-7-5020-9991-6

Ⅰ.①煤… Ⅱ.①中… Ⅲ.①煤炭工业—工业企业经济发展—研究—中国 Ⅳ.①F426.21

中国国家版本馆 CIP 数据核字（2023）第 114960 号

煤炭企业"十四五"发展战略规划蓝皮书

编　　者	中国煤炭工业协会
责任编辑	成联君
责任校对	赵　盼
封面设计	解雅欣

出版发行	应急管理出版社（北京市朝阳区芍药居 35 号　100029）
电　　话	010-84657898（总编室）　010-84657880（读者服务部）
网　　址	www.cciph.com.cn
印　　刷	北京建宏印刷有限公司
经　　销	全国新华书店
开　　本	710mm×1000mm $1/16$　印张 $15\frac{1}{4}$　字数 262 千字
版　　次	2023 年 7 月第 1 版　2023 年 7 月第 1 次印刷
社内编号	20230542　　　　　　　　　定价 78.00 元

版权所有　违者必究

本书如有缺页、倒页、脱页等质量问题，本社负责调换，电话：010-84657880

编委会

主　任　刘　峰

主　编　汤家轩

副主编　刘　具

主　撰　梁跃强

成　员（按姓氏笔画排序）

王　猛　王　琢　仝　莉　刘占宇　刘宇君
肖翠艳　何尚森　余　宏　张　锟　张志清
鱼凌波　赵　迪　郜明明　洪　毅　秦　坤
程　坤

序

　　煤炭是我国的基础能源和重要原料，是国民经济基础产业，事涉国家能源安全。在未来一段时期，我国宏观经济继续保持中高速发展，以国内大循环为主体、国内国际双循环相互促进的新发展格局加快形成，能源需求保持稳定增长，煤炭作为我国兜底保障能源的地位和作用还很难改变。随着能源结构调整步伐加快，非化石能源替代步伐加快，生态环境约束不断强化，碳达峰碳中和战略的实施，煤炭消费总量、强度双控政策措施将更加严格，煤炭在一次能源消费结构中的比重将持续下降，对煤炭行业发展既是新的机遇也是新的挑战。

　　"十四五"时期是我国全面建成小康社会基础上开启全面建设社会主义现代化国家新征程的第一个五年，也是煤炭行业高质量发展的关键时期。煤炭企业必须转变观念，树立新发展理念，准确把握新发展阶段的新特征新要求，加强煤炭安全托底保障，优化煤炭产能布局和生产结构，建立煤炭储备体系，加强煤炭清洁高效利用，支撑能源转型、确保能源安全和实现"双碳"目标，加快构建煤炭工业新发展格局。

　　全国大型煤炭企业结合自身发展改革实际，在贯彻落实《"十四五"现代能源体系规划》《煤炭工业"十四五"高质量发展指导意见》提出的重点任务和政策措施的基础上，研究编制了企业"十四五"发展规划，擘画了一幅幅新时代煤炭企业发展规划蓝图，展现了煤炭企业各具特色的创新发展思路和发展布局。

　　为深入学习贯彻习近平新时代中国特色社会主义思想，全面贯彻落实党的二十大精神,大兴调查研究,中国煤炭工业协会在全行业组织开展了煤炭企业"十四五"规划优秀研究报告征集活动,共遴选公开 12 份优秀规划研究报告,经修改完善后集结出版了《煤炭企业"十四五"发展战略规划蓝皮书》,旨在推动煤炭企业完善中国特色现代企业制度,加快建设世界一流企业。希望煤炭企业结合自身发展实际,认真开展"十四五"规划实施情况中期评估,在推动企业发展改革的进程中,借鉴《煤炭企业"十四五"发展战略规划蓝皮书》中科学的规划思路和前瞻性的发展战略,为提高企业发展质量和效益,加快建设世界一流煤炭企业,促进煤炭工业高质量发展做出新的贡献。

2023 年 7 月

目　录

中国华能集团有限公司煤炭产业"十四五"发展规划 …………… 1
国能北电胜利能源有限公司"十四五"发展规划 ……………… 14
华亭煤业集团有限责任公司"十四五"发展规划 ……………… 39
中国平煤神马能源化工集团有限责任公司"十四五"发展规划 … 51
山西焦煤集团有限责任公司"十四五"发展规划 ……………… 63
内蒙古平庄煤业（集团）有限责任公司"十四五"发展规划 …… 79
黑龙江龙煤矿业控股集团有限责任公司"十四五"发展规划 …… 96
华亭煤业集团有限责任公司高质量发展战略规划 ……………… 114
贵州盘江煤电集团有限责任公司"十四五"发展规划 ………… 126
晋能控股煤业集团有限公司"十四五"发展规划 ……………… 146
徐州矿务集团有限公司"十四五"发展规划 …………………… 164
济宁能源发展集团有限公司"十四五"发展规划 ……………… 178
附录1　中国煤炭工业协会关于公布煤炭企业"十四五"
　　　　规划优秀研究报告的通知 ………………………………… 193
附录2　国家发展改革委　国家能源局关于印发《"十四五"
　　　　现代能源体系规划》的通知 …………………………… 196
附录3　煤炭工业"十四五"高质量发展指导意见 ……………… 225

中国华能集团有限公司
煤炭产业"十四五"发展规划

中国华能集团有限公司（以下简称"中国华能"）是经国务院批准成立的国有重要骨干企业。多年来，中国华能按照"电为核心、多能协同、创新引领、金融支持、全球布局，加快建设'三色三强三优'世界一流现代化清洁能源企业"的战略目标定位，为保障国家能源安全、推动能源转型升级、促进国民经济发展做出了积极贡献。中国华能煤炭产业始于国内第一家煤电联营试点的伊敏露天煤矿。2006年以后，中国华能相继在陕西、内蒙古、甘肃、云南、新疆等区域，通过建设煤炭项目、收购煤炭企业等方式稳步发展煤炭产业。

近年来，中国华能煤炭产业围绕供给侧结构性改革，加快产业结构优化调整，积极淘汰落后产能、释放先进产能，推动煤炭生产向资源富集地区集中，高标准建设大中型现代化煤矿，有序推动煤矿智能化和矿区生态文明建设，发展形成陇东、蒙东、蒙西、陕西、滇东五大区域煤炭生产建设基地。煤炭产业基地化、规模化、集约化建设取得重要进展，安全生产形势持续好转，转型升级取得实质进展，营收创效水平显著提升，能源安全保障基础更加牢固。2022年，中国华能煤炭产能、产量均历史性突破亿吨大关，跃居全国第八位；平均单井规模达到500万吨，煤矿盈利能力和市场抗风险水平有了质的飞跃。

一、"十三五"发展成效

"十三五"期间，中国华能不断优化调整煤炭产业结构，产业协同能力持续加强，逐步形成蒙东、陇东、蒙西、陕西、滇东等规模化、集群化的煤炭能源基地，煤炭产业已初具规模。煤炭安全生产保持稳定，生产技术、科技创新和生态环保步伐加快，结构调整稳步推进，企业改革扎实深入，管理水平持续提升，党建引领明显增强，较好完成阶段性目标，实现了"十三五"平稳发展。

（一）产业实力逐步增强

截至2020年底，中国华能拥有煤炭资源量330亿吨，剩余可采储量179亿吨；生产煤矿21处、生产能力8590万吨/年，基建煤矿6处、设计能力2470万吨/年，前期规划项目11处、规划能力9380万吨/年。"十三五"期间，中国华能累计生产煤炭3.55亿吨，煤炭产业实现利润总额36.19亿元。2020年，中国华能煤炭产量7607万吨，位列我国煤炭企业煤炭产量第十位，较2015年6514万吨增加1093万吨，年均增长3.0%。

（二）安全生产保持稳定

"十三五"期间，中国华能狠抓煤矿重大灾害防治，强化责任落实，扎实推进安全生产"三违"专项整治，认真开展零星工程安全管理提升活动，抓实抓细安全督查检查，深入推进煤矿安全生产标准化建设，安全管理基础得到进一步夯实，安全生产形势保持稳定。"十三五"期间煤矿百万吨死亡率平均0.04%，2017年煤炭产业首次实现"零死亡"，历年百万吨死亡率均低于全国平均水平，13处生产煤矿达到安全生产标准化一级。

（三）科技创新成果显著

"十三五"期间，中国华能煤炭产业认真贯彻落实新发展理念，全面推进科技创新工作。通过加强技术研发，加大专利开发力度，以企业为主体，产学研相结合的煤炭科技创新体系基本形成，一批关键技术取得重大突破，推动煤炭产业逐步向绿色发展和智慧发展转型。

（四）结构调整稳步推进

"十三五"期间，中国华能认真贯彻落实国家化解煤炭过剩产能总体部署，有序关闭退出煤矿8处，化解煤炭过剩产能1244万吨/年；积极发展先进产能，7处新建煤矿得以继续建设，总规模2530万吨/年，5处煤矿实现核增，释放优质产能990万吨/年。到2020年底，中国华能生产煤矿单井规模增至425万吨/年，增幅达26%。

（五）协同能力显著增强

"十三五"期间，中国华能围绕电力核心产业链，积极发展煤炭、交通运输等协同产业，协同体系基本确立，保障作用逐步增强。煤炭产业平均协同率达到64%，较"十二五"后期提高8个百分点，产业协同能力显著增强。

二、存在问题

（一）资源条件优势不够明显

煤种以褐煤和长焰煤为主，低位收到基发热量低于4000大卡的占比较高；80%以上煤炭资源处于新疆、甘肃、蒙东、云南等偏远地区，远离重点煤炭需求中心，且多数煤矿或资源禀赋不佳、煤质条件差、开采条件差，或下游配套项目滞后、市场条件差、资源无法消纳，实际具备经济开发价值的煤矿项目较少，优质资源储备不足。

（二）安全生产管理有待加强

矿井受水、瓦斯、冲击地压等因素影响，重大灾害威胁依然较大；安全管理精细化程度不高，安全基础建设有待加强，煤矿一线职工安全风险意识、主动防护意识和安全操作能力有待提高，零敲碎打事故时有发生。

（三）生态环保政策日趋严格

国家污染防治攻坚战、生态红线划定等生态环保政策趋严，部分煤矿项目受此影响，年有效施工时间不足，现场工程施工组织计划多次调整，节点工期和投产时间难以保障；同时，证照办理难度加大，对煤炭资源开发进度影响较大。

（四）科技创新能力尚需提升

技术支持和服务能力较薄弱，科技研发人才和高水平复合型科技管理人才不足，顶尖技术人才少；核心技术和关键技术自给率较低，科技创新综合能力尚不能满足煤炭产业高质量发展需要。

（五）发展可持续性有待提高

随着煤炭行业高速发展，优质煤炭资源愈发稀缺，获取成本逐年抬高，导致资源获取难度加大。中国华能优质资源储备不足，已获取资源受国家及地方政策、市场条件限制，转化项目难以落地，项目开发阻力重重，难以形成有效产能。

（六）矿区转型发展面临挑战

比较有代表性的是华亭煤业公司和扎煤公司，华亭煤业公司近十年有3对矿井即将资源枯竭，其余煤矿剩余服务年限多数不足40年，煤炭后备资源不足，矿井接续问题突出；扎煤公司已有上百年煤炭开采史，浅部优质资源逐渐开采殆尽，后备区资源获取难度较大，加之受国家湿地公园、鸟类保护区、湖泊等生态环境敏感因素影响，部分矿井储量及服务年限缩减风险较大，矿区可持续发展面临严峻挑战。

三、发展战略和总体目标

（一）指导思想

以习近平新时代中国特色社会主义思想为指导，全面贯彻党的十九大精神，坚持和加强党的全面领导，以"创新、协调、绿色、开放、共享"的新发展理念为引领，按照"电为核心、多能协同、创新引领、金融支持、全球布局"总体战略要求，聚焦高质量发展，优化产业布局，提升协同能力，以科技创新作为核心动力，以专业人才作为第一资源，不断提高煤炭产业发展质量和效益，为中国华能加快建设世界一流现代化清洁能源企业贡献力量。

（二）发展战略

"十四五"期间，中国华能煤炭产业将按照"2358"发展战略实现高质量发展。即：坚持2个发展、建设3个领先、优化5大区域、统筹8大任务。

1. 坚持2个发展

坚持煤电协同优化发展——优化煤电资源配置，实现整体效益最大化。

坚持安全智能高效发展——建设安全智能现代化煤矿，提升企业综合竞争力。

2. 建设3个领先

建设重大灾害治理技术领先示范煤矿；建设智能化关键技术领先示范煤矿；建设绿色开采和生态环保技术领先示范煤矿。

3. 优化5大区域

做强陇东区域、做优内蒙古区域、做大陕西区域、加快发展滇东区域、积极开发新疆区域。

4. 统筹8大任务

坚持政治引领，落实规划指导；
完善体制机制，优化人才培养；
加强风险管控，筑牢安全基础；
统筹资源开发，实现协调发展；
突出科技创新，打造智能矿山；
践行生态环保，注重绿色发展；
推进煤电联营，提升产业协同；
注重经济效益，着力提质增效。

（三）总体目标

到2025年，中国华能煤炭产业专业化管理、集约化经营、科学化发展的格局更加完善，产业规模效益进一步提升，建成一批示范领先的绿色矿山、智能矿山，管理体制、运行机制更加适应高质量发展要求，产业综合实力达到国内先进行列。主要目标及控制性指标如下：

1. 规划发展目标

"十四五"期间，煤炭产业规模不断壮大，发展能力进一步增强，运营指标持续提高，市场竞争能力明显提升。到2025年，煤炭总产能达到峰值1.35亿吨/年，煤炭产量达到亿吨级并进入全国煤炭企业前七，综合考虑市场变化、产业协同、产能提升等因素，营业收入突破300亿元大关，利润总额突破50亿元，产业协同率达到80%。

2. 安全管控目标

现代化煤矿安全管理体系逐步完善，"一优三减"工作取得显著成效，安全生产水平明显提高。"十四五"期间杜绝较大及以上事故发生，努力实现安全"零死亡"，力争安全"零伤害"，事故死亡人数和百万吨死亡率分别较"十三五"下降50%以上，煤矿千人职业病发病率显著降低，生产煤矿安全生产标准化一级煤矿占比80%以上。

3. 生产技术目标

采区回采率保持或超过国家标准，新建煤矿达到智能化煤矿标准，大型生产煤矿和灾害严重煤矿基本实现智能化，露天煤矿智能连续作业和无人化运输水平不断提高。到2025年，建成国家级智能化示范煤矿6处以上，井工煤矿采掘工作面全部实现智能化；通过煤矿智能化建设，煤炭产业从业人员减少3000人、原煤工效提升30%以上，已建成智能化矿井从业人员减少30%、井下作业人员减少50%。

4. 生态环保目标

到2025年，建成6处绿色矿山建设示范煤矿，1个绿色矿山及绿色矿业发展示范区。绿色开采技术实现领先，原煤生产综合能耗优于国家和地方能耗限额标准，煤矿瓦斯（煤层气）抽采率达到60%，煤矸石处理利用率达到75%，矿井水综合利用率提高到80%，采煤沉陷区和露天矿土地复垦率提高到80%，煤矿主要污染物达标排放率达到100%。

5. 科技创新目标

重点围绕煤炭安全开采、绿色开采、智能开采等先进技术，取得一批重大科研成果；网络安全和信息化水平大幅提升，跻身国内先进行列。到 2025 年，力争实现国家科技进步奖零的突破，发明专利数量持续提高，主导或参与制定一批国家标准、行业标准和团体标准，成果转化率、应用率逐步提升，科技投入强度持续提高。

6. 人力资源目标

注重现代人力资源管理体系构建，持续减人增效，机械化、自动化、智能化减人取得显著成效，人才引进、培养、激励机制逐步完善，行业领军型技术和技能人才数量大幅增加，从业人员素质大幅提升，引进培养一批"首席工程师""首席技师"，人力资源结构显著优化。到 2025 年，煤矿井下从业人数力争下降 30%，岗位技能培训比例 100%，本科及以上学历人才占比达 20%。

（四）远景展望

1. 煤炭行业发展趋势分析

借鉴有关专家研究论点，未来 40 年内我国煤炭与非化石能源之间的互动演变将呈现三个阶段的表现特征。

2021—2030 年，非化石能源快速发展，但鉴于基数较小，在一次能源消费中占比逐步提高至 25% 左右，其功能定位为"补充能源"。煤炭消费将保持平稳发展，预计 2025 年前后，煤炭作为我国一次能源消费总量将达到峰值，所占比重降至 50% 左右；2030 年前后，煤炭消费总量仍处于峰值平台期，并逐渐回落，其功能定位为"基础能源"。

2031—2050 年，非化石能源进入快速发展期，逐渐向主要能源转变，在能源消费中的占比逐步提高至 65% 左右，其功能定位为"替代能源"；煤炭发展受"双碳"目标制约，在能源消费中占比进一步降低至 20% 左右，其功能定位为"保障能源"。

2051—2060 年，非化石能源进一步发展壮大，在能源消费中占比 80% 左右，其功能定位为"主体能源"；煤炭在"双碳"约束下转型升级，逐渐转为化工原料、应急与调峰能源，能源消费占比 15% 左右，其功能定位为"支撑能源"。

综合分析，在今后较长一段时期内，煤炭仍是我国自主可控、具有自然优势的能源资源，其兜底保障作用仍不可替代。据业内专家预测，未来 40 年我国煤炭将逐步由兜底保障能源向支撑性能源、最终向应急与调峰能源转变。到 2060 年实现碳中和后，煤炭主要作为电力调峰、还原剂，以及用于保障油气供应安全，预计年需求量仍将维持在 12 亿~15 亿吨左右。

2. 煤炭产业中长期发展预测

预计到 2025 年，中国华能在建煤矿项目全部投运，具备增产潜力的优质生产煤矿全部完成核增，煤炭产能达到 1.35 亿吨/年的峰值。考虑新投产煤矿一般存在 3~5 年达产期，预计煤炭产量在"十五五"末期超过 1.2 亿吨并实现达峰。

预计到 2035 年，煤炭产能仍维持在峰值左右，之后随着矿井服务年限及资源储量水平逐步进入存量消减阶段，煤炭产量同步下降。2036 年前后随着伊敏露天矿资源枯竭关闭，煤炭产能出现断崖式下跌，降至 9000 万吨/年左右。预计到 2050 年，煤炭产能维持在 8500 万吨/年左右，部分煤矿进入开采末期达产困难，年产量 7500 万吨左右。

预计到 2060 年，煤炭产能进一步降至 6500 万吨/年左右，产量维持在 5800 万吨。届时，蒙西基地成为生产主力，产能 2600 万吨/年；陇东基地华亭矿区现役主力矿井相继关闭退出，宁正矿区煤矿成为生产主力，产能 2000 万吨/年左右；蒙东基地随着部分煤矿到期关闭，产能由目前的 4490 万吨/年大幅下降至 1190 万吨/年；陕西基地 3 处煤矿全部关退；滇东基地产能规模约 780 万吨/年。

2016—2060 年中国华能煤炭产能发展情况分析预测如图 1 所示。

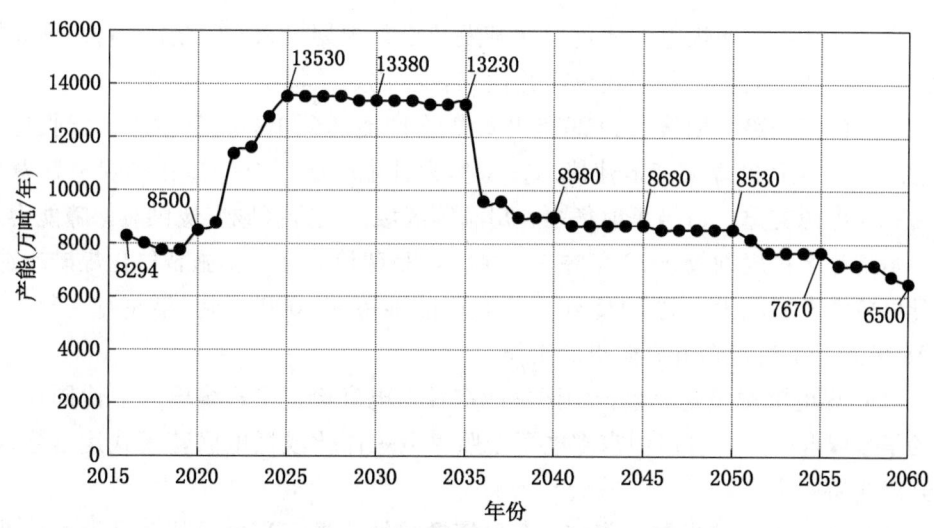

图 1　中国华能煤炭产能发展情况分析预测（2016—2060 年）

四、发展布局

"十四五"期间,中国华能以做强陇东区域、做优内蒙古区域、做大陕西区域、加快发展滇东区域、积极开发新疆区域作为区域发展目标,通过优化区域煤炭基地建设,形成产业基地、运输通道、目标市场梯度推进、高度协同的区域布局。

(一)做强陇东区域

陇东区域占甘肃省煤炭资源储量的80%左右,具备做强煤炭产业的资源基础,中国华能在陇东区域有沙井子片区、宁正片区和华亭片区三个片区。生产矿井10处,产能2040万吨/年;在建矿井3处,产能1690万吨/年。

"十四五"期间,依托中国华能"北线"战略布局,按照"3个1000"区域战略目标,规划投入130亿元,建成2个千万吨级煤炭生产基地,获取1~2处煤炭资源。到2025年,煤炭产能达到3520万吨/年,营收达到120亿元,产业协同率达到75%。

沙井子片区:规划投入1亿元左右,开展刘园子煤矿智能化建设和产能核增;将马福川、毛家川煤矿作为中国华能"北线"战略重点储备项目,择机启动项目建设。

宁正片区:按照煤电一体化模式开发建设,规划投入97亿元左右,推动核桃峪、新庄两个大型矿井正式投产并达到智能化煤矿标准,打通煤炭外运通道,建设宁正矿区铁路专用线。到2025年,煤炭产能达到1600万吨/年,营收达到63亿元。宁正片区煤炭基地建成后,将作为甘肃区域煤电一体化和煤电联营项目的重要煤源支撑,适当辐射华中、川渝等区域,提升区域煤炭供应保障能力。

华亭片区:规划投入33亿左右,加大项目建设力度,实施智能化煤矿改造,提升可持续发展能力。到2025年,煤炭产能维持在2000万吨/年左右,营收达到58亿元。主要包括五方面重点工作:

(1)煤电资源整合。整合中国华能在甘煤电资产,实现煤电产业协同运作。推动华亭煤业公司与甘肃中东部电厂按照煤电一体化或煤电联营模式运营管理,提升产业协同水平。

(2)矿区可持续发展。聚焦老矿区资源接续难题,积极寻找并开发可接续、可替代的优质后备煤炭资源,实现平稳过渡。

(3)项目建设。主要包括三方面内容:

一是赤城煤矿建设项目。设计能力90万吨/年，2021年进入联合试运转，2022年正式投产并达到智能化标准。

二是智能化建设项目。完成华亭和砚北2处智能化示范煤矿和其余7处煤矿智能化工作面建设。

三是外运通道建设项目。安口南集配站改造项目，主要承担华亭煤田5处煤矿煤炭发运任务，2021年建成投运。神峪河铁路装车站项目，主要承担安新、赤城煤田5处煤矿煤炭铁路外运任务，2022年建成投运。

（4）煤炭转化项目。20万吨/年聚丙烯项目2021年正式投产。随着煤电结构调整，适时研究产能富余背景下煤炭由燃料向原料转型发展的清洁低碳化利用技术路线。

（5）矿区转型发展。将矿山生态环境修复与转型升级相结合，充分利用工业场区、采煤沉陷区、排土（矸）场等土地资源优势，培育发展新能源产业，积极发展分布式新能源项目，着力构建传统煤炭产业与新能源耦合互补发展的新型能源体系。

（二）做优内蒙古区域

内蒙古区域现有生产煤矿8处，产能6190万吨/年，是中国华能煤炭产业的支柱。"十四五"期间，依托"北线"战略布局，规划投入85亿元，大力实施煤矿智能化建设和产能提升改造工程，积极释放优质产能。力争到2025年，煤炭产能达到8750万吨/年；营收达到130亿元，产业协同率突破85%。

蒙东片区重点围绕三方面开展工作：

一是产能提升改造项目，实施伊敏、灵东、灵泉3处煤矿产能提升改造，核增优质产能1060万吨/年。

二是智能化建设工作。在伊敏露天矿，建成首批智能化试点示范露天煤矿。在扎赉诺尔矿区，完成灵露煤矿智能化示范煤矿建设，完成灵东、灵泉、铁北3处煤矿智能化工作面改造。

三是矿区转型发展。利用排土场、工业场区、采煤沉陷区等闲置土地资源，培育发展新能源项目。有序建设扎赉诺尔矿区分布式光伏和分散式风电项目，在风光资源富集地区稳妥有序开发集中式新能源项目，助力老矿区实现传统能源与新能源耦合互补发展。

蒙西片区也是重点围绕三方面开展工作：

一是产能提升改造项目，实施高头窑、铧尖2处煤矿产能提升改造，核增优质产能 500 万吨/年。

二是智能化建设工作。完成高头窑智能化示范煤矿建设，其余煤矿开展智能化工作面改造。

三是新项目开发。包括两个子项目，一是魏家峁煤电一体化二期工程项目，规划能力 600 万吨/年，计划 2021 年完成核准并开工建设，2023 年投产。二是东坪煤矿，项目规划能力 400 万吨/年，计划 2022 年完成核准并开工建设，"十四五"末投产，估算总投资 32 亿元。

（三）做大陕西区域

陕西区域生产煤矿 3 处，产能 330 万吨/年，矿井建设标准较高，具备增产扩能的可行性。同时，利用区域技术、人才、资金优势，积极获取周边优质资源，力争建设成为新的千万吨级煤炭生产基地。"十四五"期间，规划投入 59 亿元，着力增产挖潜，释放优质产能，开发优质项目。到 2025 年，煤炭产能达到 1000 万吨/年，营收达到 16 亿元。重点围绕三方面开展工作：

一是产能提升改造项目。实施柳巷、西川、青岗坪 3 处煤矿扩能改造工程，核增优质产能 360 万吨/年。

二是智能化建设工作。实施柳巷煤矿智能化煤矿建设以及西川、青岗坪煤矿智能化工作面改造。

三是新项目开发。新建或并购 1 处 400 万吨/年煤矿，"十四五"期间完成核准并开工建设，"十五五"建成投产，估算总投资 50 亿元。

（四）加快发展滇东区域

滇东区域按照煤电一体化模式开发，拥有长江以南最大的整装无烟煤田，煤质在周边地区市场紧俏，具备快速启动的条件。该区域有在建煤矿 3 处，前期煤矿 2 处，总规模 1260 万吨/年。

"十四五"期间，将加快推进煤炭资源开发进程，规划投入 133 亿元，推动白龙山煤矿一井、白龙山煤矿二井、雨汪煤矿一井正式投产并达到智能化煤矿标准，加快建设滇东煤电基地铁路专用线，与煤矿同步建成，打通煤炭运输"最后一公里"。到 2025 年，煤炭产能达到 600 万吨/年，营收达到 30 亿元。争取"十五五"末期建成千万吨级煤炭生产基地。

（五）积极开发新疆区域

中国华能在新疆区域主要有准东和哈密两大片区，是中国华能的重要煤炭资源战略储备基地，资源储量大、赋存条件好，开发成本低。"十四五"期间，将沙尔湖露天矿作为重点开发建设对象，规划投资15亿元，力争2023年完成核准并开工建设，"十五五"期间投产出煤。准东5、6号井规划能力2500万吨/年，"十四五"期间，重点关注下游煤化工市场情况，积极开展准东地区煤炭转化项目论证。

五、保障措施

（一）坚持政治引领，落实规划指导

以习近平新时代中国特色社会主义思想为引领，深入落实全国国企党建会议精神和中国华能党组关于党建工作新要求，坚持以提升党建质量和实效为目标，抓住基层党委、党支部和党员作用发挥三大关键，狠抓党建引领、责任体系落地两大重点，全面推进党的思想、组织、作风、纪律、制度建设，切实把党的政治领导力、思想引领力、群众组织力、社会号召力转化为引领和推动中国华能煤炭产业高质量发展的强大动力。

强化规划的引导和约束作用，制定和完善各项配套政策措施，形成推动规划实施合力。建立规划实施的监测和动态评估机制，强化对规划实施情况的跟踪分析，做好规划评估和滚动调整。结合煤炭产业发展实际情况，制定年度实施方案，指导有关企业落实煤炭产业发展和改革任务，各涉煤企业按照各自职责，明确责任主体、细化工作任务，保证规划目标顺利实现。

（二）完善体制机制，优化人才培养

研究完善煤炭产业管理体制机制，通过适时收购或划转等方式，实现煤炭产业所有权统一，更好地发挥煤炭产业对电力核心产业的基础保障和产业支撑作用。与此同时，根据专业化管理、集约化经营、科学化发展要求，积极稳妥推进煤炭产业管理体制改革。在推进煤矿所有权统一过程中，逐步取消委托管理模式，缩短管理链条、降低管理成本、提高管理效率，强化煤炭产业的专业化管理职能。

贯彻落实中国华能人才强企战略，坚持党管人才原则，加强选拔任用体系、人才培养体系、技术和技能双通道职务发展体系建设，推进人才管理机制、劳动用工机制和薪酬分配机制市场化改革；重点培育一批高素质专业化的党政人才、一批战略型创新型的科技领军人才和一批知识型技能型的工匠人才；持续优化各级领导班子结构，建设一批素质过硬充满活力的年轻干部队伍。

（三）加强风险管控，筑牢安全基础

煤炭产业发展过程中仍会面临一定风险。一是项目建设风险，要充分开展项目建设前期论证，保证技术的可靠性与配套条件的落实；确保资金到位，避免建设周期拖延；认真研究国家政策，把握政策底线，顺应宏观调控政策；二是生产经营风险，需针对煤炭产业的特点，加强安全监管和安全治理措施，减少和消除环境安全隐患。

立足现有资源和煤矿，加快大型现代化煤矿建设步伐，做好煤矿技术改造、开拓延深、采区设计、装备配套等论证分析，继续推进安全高效现代化煤矿建设，确保生产煤矿达到行业级以上安全高效矿井（露天煤矿）标准，不断提高发展质量和效益。持续推进风险分级管控和隐患排查治理，加大对企业安全生产责任追究力度，压实安全管理责任，全面控制安全生产风险，努力巩固安全生产发展成果；切实解决煤矿重大灾害防治、辅助运输系统等关键环节和重点部位用人多、事故风险较大等问题，加快构建专业化、现代化的煤矿安全管理体系；安全是煤炭产业发展的基础，需注重源头本质安全、建立先进管理体系、彻底整治重大灾害、构建科学责任体系、强化综合保障能力。

（四）统筹资源开发，实现协调发展

强化全局意识，加强统筹能力，不断夯实煤炭资源家底。按照国家煤炭发展"控制东部、稳定中部、发展西部"的总体要求，结合煤炭产业资源分布特点，中国华能燃煤电厂分布、其他目标市场、外运条件等，按照做强陇东区域、做优内蒙古区域、做大陕西区域、加快发展滇东区域、积极开发新疆区域优化煤炭产业区域布局，明晰各区域特点和功能定位，突出发展质量和效益。积极利用国家政策，按照进退结合思路，继续淘汰落后产能，核增优质产能，按照煤电一体化、煤电联营战略思路，持续优化存量资源配置，适时提高煤炭资源储备，实现区域协调可持续发展。

（五）突出科技创新，打造智能矿山

加强科技人才队伍建设，以提升自主创新能力为核心，加强基础理论研究和应用研究，突破关键核心技术，实施科技创新示范工程，加快技术成果转化应用；加快学习型、创新型煤炭企业建设，增强自主创新能力，加大技术创新、产品创新、管理创新力度，建设创新驱动型、综合效益型企业；完善科技创新管理体系，建立知识产权保护制度和激励政策，抓好示范工程，研发前沿技术，加强研发平台建设。

以信息技术的发展融合为驱动力，加快矿山数字化开发、网络化协同、智能化应用。开展生产运营技术与新一代互联网技术融合的创新攻关，加大智能煤矿建设，推进无人工作面、井下智能机器人、井下多融合智能安全监控、远程集中监测与控制、区域集控，降低高危险、高强度人工作业，实现矿井主要系统的智能化应用和自动化协同运行。

（六）践行生态环保，注重绿色发展

深刻领会国家关于生态文明建设和环境保护新理念、新思想、新战略，以更高标准、更严要求做好环保工作。建立高效的环保管理和监督检查机制，推进环保管理模式的转变。注重污染预防和源头管控，坚持环保管理提前介入，改变环保被动整治的不良局面。全面加强生态环境恢复治理，推进矿区损毁土地复垦和植被恢复治理，推进采煤沉陷区综合治理，研究井下采选充一体化技术，加强关闭退出煤矿地下空间综合利用、露天排土场生态农业建设等新技术研究合作，力争实现煤矿全生命周期绿色开采。

（七）推进煤电联营，提升产业协同

坚持市场化导向，最大限度释放和消化内部煤炭产能，努力构建煤电协同长效机制，积极推进煤电联营煤矿项目，重点打造区域煤电一体化基地，着力构建长期、稳定的内部煤电协同关系。完善内部煤炭市场管理机制，抓好电煤路港运协同，构建统一高效的煤炭供应体系，降低市场对煤炭产业的冲击，保障系统内部燃料供应稳定。推进大型坑口、港口和煤电一体化项目开发，在煤矿周边谋划布局煤矸石电厂或低热值煤电厂，进一步提升煤炭转化和产业协同能力。

（八）注重经济效益，着力提质增效

坚持质量第一、效益优先，推动提高煤炭产业高质量发展。强化煤炭产业发展实效性，积极获取优质煤炭资源；做实煤炭产业项目前期工作，严格煤炭建设项目论证，科学推进煤炭资源开发建设步伐，夯实边界条件，根据市场变化及时调整效益测算；坚持精准投资、集约投入，把资金用到有质量、有效益的发展项目上；深化项目经济效益后评价成果运用，从可研评价、投资过程、后续管理等多方面总结经验，不断提高新投资煤炭项目盈利能力；推动煤炭产业基地化、规模化发展，充分发挥能源央企优势，依靠规模效应和科技创新降低煤炭生产成本，提高煤炭产业竞争力。

国能北电胜利能源有限公司"十四五"发展规划

前　言

"十四五"时期是我国在全面建成小康社会、实现第一个百年奋斗目标之后，乘势而上开启全面建设社会主义现代化国家新征程、向第二个百年奋斗目标进军的第一个五年，是推进我国"碳达峰、碳中和"目标实施的第一个五年，是构建以国内大循环为主体、国内国际双循环相互促进新发展格局的关键时期，组织研究编制并实施好"十四五"发展规划，意义重大。

为全面贯彻落实党的十九大、十九届历次全会和中央经济工作会议精神，落实"四个革命、一个合作"能源安全新战略，深入践行国家能源集团"一个目标、三型五化、七个一流"发展战略*。从2020年开始，按照集团公司相关要求，国能北电胜利能源有限公司（以下简称"公司"）成立了规划编制领导小组，坚持开门问策、集思广益，根据新形势、新阶段、新任务，多方面、多层次听取意见建议。将公司规划与集团公司、地方政府规划相对接，并委托中国煤炭工业协会开展咨询服务，多次召开评审会，提出了"一个目标、三条路径、五大定位、三个胜利"的发展战略，编制形成了《国能北电胜利能源有限公司"十四五"发展规划》，锚定将公司打造成"高质量绿色清洁能源示范企业"的目标，真抓实干、奋力拼搏，为国家能源投资集团有限责任公司（以下简称"集团公司"）建设具有全球竞争力的世界一流能源企业做出"胜利"

---

* 国家能源集团"一个目标、三型五化、七个一流"发展战略，即建设具有全球竞争力的世界一流能源集团，打造创新型、引领型、价值型企业，推进清洁化、一体化、精细化、智慧化、国际化发展，实现安全一流、质量一流、效益一流、技术一流、人才一流、品牌一流、党建一流。

贡献。

本规划主要分析了公司内外部环境、"十三五"期间取得的成绩和不足，阐明了"十四五"期间发展思路、基本原则、发展战略、规划目标、重点任务、经济指标以及保障措施等，是公司"十四五"期间的行动纲领。按照《国家能源集团"十四五"发展规划主要目标和任务分工方案》（国家能源战规〔2022〕232号）要求，对照集团公司"十四五"规划目标、方向以及产业发展重点工作，对规划内容进行了调整完善。

本规划以2020年为基准年，2021—2025年为规划期。

第一章 发展基础

第一节 基本情况

一、公司概况

公司成立于2003年12月30日，由中国神华能源股份有限公司（持股比例62.82%）、北方联合电力有限责任公司（持股比例35.18%）、锡林郭勒盟国有资产经营公司（持股比例2%）三方股东共同出资设立，注册地位于内蒙古自治区锡林郭勒盟锡林浩特市，负责开发运营胜利一号露天煤矿。公司是胜利煤田最大的综合性能源开发企业，为内蒙古自治区30家重点煤炭生产企业之一。

中国神华能源股份有限公司胜利能源分公司（以下简称"胜利能源分公司"）成立于2007年9月6日，是中国神华能源股份有限公司全资子公司，与国能北电胜利能源有限公司为2块牌子、1套管理机构，负责建设和运营大型煤电一体坑口电厂。

二、组织机构

公司设11个机关部室，5个直属机构、3个生产单位和2个控股子公司。

三、主要业务板块

(一) 煤炭板块

胜利一号露天煤矿位于胜利煤田西南部,南距锡林浩特市 5 千米,行政区划隶属内蒙古自治区锡林郭勒盟锡林浩特市管辖。矿区南北宽 4.58 千米,东西长 7.50 千米,面积 34.3607 平方千米。截至 2020 年 12 月底,胜利一号露天矿煤矿保有资源储量 19.60 亿吨,核定生产能力 2800 万吨/年,剩余服务年限 44 年。胜利一号露天煤矿采煤工艺为单斗—卡车—地面半固定式破碎站—带式输送机的半连续工艺,剥离工艺为钻孔、爆破、采装、运输和排土。

截至 2020 年末,胜利一号露天煤矿已连续安全高效生产超过 11 年,实现零事故、零伤亡,累计生产煤炭 2.30 亿吨,为国民经济发展、稳定区域经济增长和民生保障发挥了重要作用。2018 年被原国家煤监局评为安全生产标准化一级煤矿;多次被中国煤炭工业协会评为特级安全高效煤矿;2016 年 9 月,胜利一号露天煤矿被中国煤炭工业协会列入国家先进产能煤矿;2018 年,被国务院列入国家 8 个特别应急保供煤矿和 14 个优质先进产能释放煤矿。

(二) 电力板块

胜利能源分公司所属胜利发电厂规划建设 4×660 兆瓦机组,一期 2×660 兆瓦机组于 2015 年 4 月通过内蒙古自治区核准批复。2020 年 8 月,胜利发电厂委托原国华电力进行管理,两台机组分别于 2021 年 9 月底、11 月底投产。胜利发电厂采用"间接空冷、两机一塔、五塔合一"建设方案,燃煤为胜利一号露天煤矿生产的低热值褐煤,通过 13 千米带式输送机输送至胜利发电厂,设计年耗煤 525.5 万吨,年发电量 66 亿千瓦时,以单回 1000 千伏线路接入锡盟胜利站,线路长 18.5 千米,再通过锡盟—山东 1000 千伏线路送至山东电网。胜利发电厂是锡盟—山东交流特高压输电工程 7 个电源点项目之一,是内蒙古自治区及锡林郭勒盟清洁能源输出的重要组成部分。

第二节 "十三五"期间取得成绩

"十三五"时期是极其不平凡的五年。五年来,在集团党组的坚强领导下,公司坚决贯彻落实党中央、集团党组的各项决策部署,深入践行"社会主义是干出来的"伟大号召,全面落实集团公司"一个目标、三型五化、七个一流"发展战略,扎实推进公司"1543"发展战略*落地,公司改革发展稳中有进,党的建设持续加强,治理能力持续增强,抗风险能力不断提升,主要生产经营指标实现跨越式增长。

一、党建质量持续提升

充分发挥公司党委"把方向、管大局、促落实"领导作用,始终在改革发展中牢牢把握政治方向,始终在贯彻新发展理念、深化改革、安全生产等工作中管大局,始终确保党和国家方针政策、重大部署在企业贯彻执行。健全党的领导体制,完善"三重一大"决策体制,明确治理主体职责边界,落实党组织研究讨论前置程序。坚持将政治建设摆在首位,将贯彻习近平新时代中国特色社会主义思想作为首要政治任务。强化党风廉政建设,初步构建系统完备、科学规范、运行有效的党建制度体系。积极践行"社会主义是干出来的"伟大号召,聚焦党委、党支部两个关键,着力强化理论武装,着力夯实基层基础,着力推动党建引领、责任体系落地,促进党建工作与生产经营深度融合,推动全面从严治党向纵深发展,党的建设质量、建设实效明显提升。

二、生产经营稳中有增

"十三五"期间,公司产销量、剥离量、单机效率、设备单耗等多项指标连续28次突破历史记录,经营管理全面提档升级,2020年绩效考评进入集团公司A级行列。

三、安全生产持续改善

"十三五"期间,公司安全生产状况持续改善,原煤生产百万吨死亡率、千人重伤率、轻伤事故、千人负伤率以及职业病发病率均为零,连续三年被评为安全生产标准化一级单位。胜利一号露天煤矿实现连续安全生产4141天,超过11年。

四、绿色开采成果显著

"十三五"期间,公司累计投入超过5000万元,建设了东、西2个大型疏

---

* "1543"发展战略即一个目标:建设"专业化 高标准 煤电一体 清洁能源企业"。围绕五大定位:做绿色清洁能源的供应商,建设煤电一体价值创造的示范区,央企转型升级改革创新的试验田,绿色矿山统筹开发和生态建设的守护者,社会、企业、员工共同发展的践行者。实现战略目标的四条路径:①夯实煤炭之基,提升露天煤矿产能至3000万吨;②建设三超电厂,实现双轮驱动良性发展;③择机整合或争取新资源,增强发展后劲;④探索新型能源产业,实现多元化发展。坚持的三个发展:坚持安全发展,坚持人才优先发展,坚持低成本发展。

干水存储人工湖，不仅有效解决了疏干水排放难题，也为绿色矿山建设提供了重要水源保障。2020年被自然资源部评为首批国家级绿色矿山。

五、科技创新屡攀高峰

"十三五"期间，公司重点围绕露天采矿水资源保护、露天矿边坡稳定性、土地复垦与生态重建、露天矿分区开采、智能化建设、新能源建设等方面开展科技攻关，取得了一系列科技成果，累计获得94项国家授权专利，创造直接经济价值2000余万元。

六、社会责任落实到位

"十三五"期间，公司坚持全心全意依靠职工办企业，坚持发展成果共享，厚植特定群体关怀，下大力气改善矿区生产生活条件，职工的安全感、获得感、幸福感更加充实。全力落实"精准扶贫"政治任务，五年间累计对外捐赠1000万元，帮助国家级贫困县正镶白旗宝日陶勒盖嘎查建档立卡40户群众脱贫摘帽。

第三节 存在的不足

"十三五"期间公司取得了跨越式发展，与行业内其他企业相比，在核心竞争力上具有一定优势，但在精细化管理、人力资源管理、创新发展、技术装备等方面存在较多不足，面临诸多挑战，需要进一步改进和提升。

第二章 发展环境

第一节 外部发展环境分析

一、国内外宏观环境分析

从宏观经济形势看，全球经济仍处在国际金融危机后的深度调整期，中美经贸摩擦还有不确定性，新冠疫情对我国经济平稳运行造成一定影响。我国目前处在转变发展方式、优化经济结构、转换增长动力的攻关期，经济下行压力持续加大。同时，国家产业升级、内需释放、"一带一路"合作等积极效应持续显现，将对中国经济产生积极推动作用。

（一）国际宏观环境复杂多变，经济发展前景不明

世界处于百年未有之大变局中，国际政治动荡，局部冲突加剧，全球动荡源和风险点明显增多。多边主义和单边主义之争更加尖锐，保护主义和民粹主义逆流涌动，强权政治和霸凌行径四处横行，大国博弈明显升温，中东、东北亚、非洲和欧洲等地区热点事件此起彼伏。未来五年，国际政局仍将以博弈和动荡为主。

（二）国内调整转型任务艰巨，高质量发展存在挑战

1. 转型任务较重

我国正处在转变发展方式、优化经济结构、转换增长动力的攻坚期，结构性、体制性、周期性问题相互交织，"三期叠加"影响持续深化，需要加快构建以国内大循环为主体、国内国际双循环相互促进的新发展格局，自身调整转型任务艰巨。

2. 国企改革进入新阶段

2020年6月，中央全面深化改革委员会第十四次会议通过了《国企改革三年行动方案（2020—2022年）》，该方案是未来三年落实国有企业改革"1 + N"政策体系和顶层设计的具体施工图。"十四五"是国企改革关键阶段，从中央企业到省市国企有近千家试点企业启动改革，国企各项改革将进入快速推进、攻坚克难的新阶段。

3. "双碳"战略目标提出新要求

2020年9月22日，习近平总书记在第七十五届联合国大会一般性辩论上提出了我国"碳达峰、碳中和"目标，成为未来社会发展的重要战略之一。"十四五"期间是推进"碳达峰、碳中和"的关键时期，中央企业作为我国碳排放的重点单位，应当积极响应和贯彻国家政策，研究制定"双碳"实施方案，提出"双碳"技术路径，从产业布局、企业管理、生产方式、能源替代等方面全面推进"碳达峰、碳中和"工作，发挥中央企业示范引领作用。

二、能源发展环境分析

（一）能源市场逐渐复苏，能源需求逐渐旺盛

2020年，我国能源消费总量达49.8亿吨标准煤，较2015年增加6.5亿吨标

准煤，年均增速2.2%。纵观全年呈现"先降后增"的形势，随着新冠疫情得到持续有效控制，我国经济持续复苏，能源需求将恢复正常，部分能源产品可能出现周期性波动。

（二）可再生能源快速增长，能源结构持续优化

2020年，全国全口径发电量76236亿千瓦时，较上年增长4.0%，其中风电和太阳能发电量分别为4665亿千瓦时、2611亿千瓦时，同比增长15.1%、16.6%，可再生能源新增发电量占总新增发电量的比重达到51%，同比上升3.9%。未来5年，可再生能源将成为发展的主力军。

（三）煤炭供需区块化格局逐步确立，东北地区煤炭需求缺口持续增大

国内供给侧结构性改革持续深化，煤炭供需格局发生巨变。我国煤炭供需从过去的分散型向区块化转变，2020年，晋陕蒙三省区合计产量27.43亿吨，占全国产量的71.4%，比重较上年提升0.9个百分点；晋陕蒙产量合计增加3687.1万吨，占全国总增量的108.9%。预计到2025年，东北三省煤炭消费量约3.61亿吨，煤炭消费量（年）增速约1.3%；原煤产量约0.93亿吨，年均降低约1.6%；煤炭需求缺口达2.83亿吨，预计从蒙东、蒙西、山西分别调入1.6亿吨、0.3亿吨、0.35亿吨，通过大连港、营口港、丹东港等调入上水煤0.50亿吨，通过满洲里、绥芬河等口岸进口俄罗斯煤炭0.08亿吨。

（四）全国电力供需总体平衡，清洁能源发展迅速，火电发电效率进一步提高

1. 全国用电量持续增长，电力供需总体平衡

2020年，全国全社会用电量75214亿千瓦时，比上年增长3.2%，增速比上年下降1.2个百分点；全国人均用电量5331千瓦时/人，比上年增加145千瓦时/人；全国电力供需形势总体平衡，部分地区有富余，局部地区用电高峰时段电力供应偏紧。

2. 电力供给向清洁能源转变，非化石能源发电装机容量和发电量继续增长

截至2020年年底，全国全口径非化石能源发电装机容量98566万千瓦，比上年增长16.8%。2020年，非化石能源发电量25830亿千瓦时，比上年增长7.9%。达到超低排放限值的煤电机组约9.5亿千瓦，约占全国煤电总装机容量88%。全年累计完成替代电量2252.1亿千瓦时，比上年增长9.0%，且替代电量逐年提高。

3. 火电发电效率进一步提高，污染物和碳排放显著下降

2020年，全国6000千瓦及以上火电厂供电标准煤耗304.9克/千瓦时，比上年降低1.5克/千瓦时。全国电力烟尘、二氧化硫、氮氧化物排放量分别约为15.5万吨、78.0万吨、87.4万吨，分别比上年下降15.1%、12.7%、6.3%。全国单位火电发电量二氧化碳排放约832克/千瓦时，比2005年下降20.6%；从2006年到2020年，电力行业累计减少二氧化碳排放约185.3亿吨。其中，非化石能源发展贡献率为62%。

三、内蒙古自治区形势分析

（一）积极推动内蒙古国家现代能源经济示范区建设，推进煤炭工业高质量发展

1. 建设内蒙古国家现代能源经济示范区提出新要求

2021年6月，内蒙古自治区印发《内蒙古自治区国民经济和社会发展第十四个五年规划和2035年远景目标纲要》，规划建设国家现代能源经济示范区，提出要加强能源清洁低碳安全高效利用。要求推进煤基多联产示范，全面推进重点领域和重点用能企业节能降碳，实施燃煤电厂节能改造，实施"以电代煤""以电代油"，推进大型煤电、风电场、光伏电站等智慧电厂建设，所有生产煤矿建成智能煤矿；煤炭产能动态稳定在13亿吨左右。

2. 推进煤炭工业高质量发展

2022年2月，内蒙古自治区印发《内蒙古自治区煤炭工业发展"十四五"规划》，提出了自治区"十四五"煤炭工业发展目标，要求到2025年，稳定蒙东地区煤炭产能，在鄂尔多斯新建一批现代化大型煤矿，120万吨/年及以上煤矿产能占比达到92%；井下机械化程度基本达到100%，智能化技术装备大幅推动应用，全区具备条件的生产煤矿全部建成智能煤矿，煤矿全员劳动工效达到7500吨/人·年；生产煤矿100%建成绿色矿山；一、二级标准化煤矿占达标煤矿的80%以上；井工煤矿和露天煤矿单位产品能耗分别达到11千克标准煤/吨原煤以下、7千克标准煤/吨原煤以下。

（二）区内煤炭需求缺口持续增大，锡盟保供任务重

2020年，全盟规模以上工业原煤消费量超过3600万吨，同比增长24.6%，增速高于产量增速12.1个百分点。加之国家围绕锡林郭勒盟煤电基地项目核准批复的已经投产的7个火电项目，年用褐煤超过3500万吨，锡林郭勒盟煤炭需求将形成新一轮强劲增长，未来全盟煤炭紧缺形势更加严峻。据统计，"十四

五"全盟煤炭缺口将达到3500万吨，其中锡林浩特地区煤炭缺口也将达到1500万吨以上。因此，锡林郭勒盟煤炭供不应求的局面会一直持续，煤炭供应缺口将会呈扩大趋势。

（三）全区供能方式优化升级加速，可再生能源将成为发展主体

1. 发电量持续增长，电源结构持续优化

2020年，内蒙古自治区发电量5703亿千瓦时，同比增长4.62%，较2016年增长44.38%，全区总装机容量14639万千瓦，同比增长13.2%，较2016年增长32.54%，连续5年实现增长。从电源结构来看，火电发电及装机容量比例持续降低，可再生能源比例持续增长，风电和太阳能发电增速较快，电源结构低碳化、清洁化发展趋势明显。

2. 全区供能方式优化升级加速

2021年6月，内蒙古自治区印发《内蒙古自治区国民经济和社会发展第十四个五年规划和2035年远景目标纲要》，要求立足于现有产业基础，加快形成多种能源协同互补、综合利用、集约高效的供能方式。

3. 可再生能源发电将成为主体

2022年3月，内蒙古自治区印发《"十四五"可再生能源发展规划》，要求要全力推进风电、光伏等新能源大规模高比例开发利用，建设一批千万千瓦级新能源基地，在全国率先建成以新能源为主体的能源供给体系、率先构建以新能源为主体的新型电力系统，到2025年新能源装机规模超过火电装机规模、2030年新能源发电总量超过火电发电总量。同时提出"十四五"发展目标，到2025年，自治区可再生能源供给能力显著提高，可再生能源占当年一次能源消费总量的18%以上，超过全国平均水平；可再生能源发电装机达到1.35亿千瓦以上，其中风电8900万千瓦、光伏发电4500万千瓦，新能源装机规模超过燃煤火电装机规模，新能源发电量占自治区总发电量比重超过35%。

四、集团公司形势分析

"十四五"期间，国家能源集团以"为社会赋能，为经济助力"为宗旨，以"能源供应压舱石、能源革命排头兵"为使命，全力贯彻落实"一个目标、三型五化、七个一流"发展战略。以数字化转型、绿色低碳为抓手，以改革和创新为支撑，大力培育新能源、氢能、节能环保等战略性、接替型产业，把一体化经营的竞争优势，向能源科技、能源服务等高端环节延伸，并挖掘资本运营潜力，做好碳账户管理。煤炭、煤电、煤化工、煤运输产业链以提质降耗增效和碳捕捉碳汇为重点，主动适应能源转型发展的历史趋势，抓住机遇、迎接挑战，再创佳绩。

第二节 企业发展条件分析

一、内部发展条件分析

公司通过多年的探索、积淀、蓄力，汇聚了强大的发展动力，区域优势、管理优势、一体化优势进一步增强，绿色矿山和智能矿山建设、清洁高效的发展成果更具特色，公司的核心竞争力及优势主要表现在以下几个方面。

（一）党的领导一以贯之

始终坚持正确的政治方向，坚持以习近平新时代中国特色社会主义思想为引领，全面贯彻落实中央企业党的建设工作座谈会精神，持续加强党对一切工作的领导，不断强化基层党组织建设、深化党的政治建设和政治理论学习、严肃党内政治生活，党建工作质量不断提升，支部战斗堡垒作用、党员先锋模范作用得到有效发挥，为公司高质量发展提供了坚实的政治和组织保障。

（二）资源储量较为丰富

作为内蒙古自治区30家重点煤炭生产企业之一，公司拥有胜利煤田中煤层赋存条件和煤质最好的矿田，2020年底，胜利一号露天矿剩余资源储量约19.71亿吨，经济可采储量约13.31亿吨，煤炭资源储量丰富。

（三）煤电一体初步形成

公司煤电一体化发展走上快车道，2018年9月，国家发展改革委批复同意胜利一号露天煤矿生产规模由2000万吨/年核增至2800万吨/年，2×660兆瓦配套发电厂已实现双投，公司"两轮一轴"*的"煤电一体"产业布局初步形成。实现由一个煤矿"单核"发力向煤电一体"双轮"驱动发展的转变，$1+1>2$的效益叠加效应也将逐步释放，公司价值创造能力将更加凸显。

（四）以价值为导向的运营趋势更加明显

---

* "两轮一轴"："两轮"即胜利露天煤矿、胜利发电厂；"一轴"即为胜利露天矿至胜利发电厂输煤系统。

坚持并长期实施"精干高效、低成本运营"发展战略，持续改进、不断提升管理水平，充分发挥团队精神，积极向管理要效益，向技术要效益，向安全要效益，不断拓展价值创造空间，公司管理效能、吨煤成本、运营能力、全员劳动生产率、资产负债率、万元产值综合能耗等重要指标均优于行业平均水平。

（五）煤炭市场相对独立

公司煤炭产品除部分运往胜利发电厂外，其他均面向盟内市场，用户稳定，市场相对独立，受外部煤炭市场环境影响较小，且销售合同以长协为主，收益较为稳定。加之胜利一号露天煤矿稳定达产能力较强，客户长期合作意愿强烈，为公司长期稳定发展奠定了良好的基础。

二、外部发展条件分析

（一）增产保供助推先进产能加快释放

受国际能源发展环境和国内能源供需形势影响，国家对煤炭兜底保障的定位更加明确。2021年以来随着我国经济复苏势头强劲，能源需求特别是电煤需求旺盛，再叠加冬夏季"保供"用煤高峰，煤炭供应一度紧张，对经济稳定发展造成了一定影响。"十四五"期间，公司可结合自身情况，充分把握相关政策红利，适度扩增产能，进一步做强煤炭主业。

（二）煤炭工业结构调整带来发展机遇

近年来，煤炭工业通过支持现有煤矿技术改造，建设安全高效矿井和大型现代化煤矿，推动大型煤炭企业加速发展，鼓励跨行业、跨地区、跨所有制合作，鼓励煤、电、路、港、化等相关产业联营或一体化发展。"十四五"期间，公司继续要做好煤电联营这篇文章，解决煤电一体深度融合存在的体制、机制障碍，提高煤电联营整体效率和效益。

（三）蒙东新能源基地建设提供新契机

《内蒙古自治区"十四五"可再生能源发展规划》提出在全国率先建成以新能源为主体的能源供给体系、率先构建以新能源为主体的新型电力系统，高水平打造蒙西、蒙东千万千瓦级新能源基地；集中连片开发打造边境清洁能源生产基地，同时提出在采煤沉陷区、露天煤矿排土场等闲置土地，在地质条件稳定、接入条件良好的区域，建设集中式光伏矿区治理基地。《内蒙古自治区"十四五"氢能发展规划》提出"十四五"重点打造"一区、六基地、一走廊"的氢能产业布局，确保氢能产业可持续发展，打造全国绿氢生产基地，通辽、赤峰、锡林郭勒共同打造蒙东氢能综合生产基地。"十四五"期间蒙东地区将迎来新能源基地建设高峰期，光伏、风电、绿氢等产业将获得快速发展新契机，公司应抢抓机遇，加快布局新能源，补齐短板，把握产业格局发展带来的新机遇。

（四）国家能源集团"十四五"发展规划与公司相关内容

（1）建设安全高效绿色智能煤矿。调整结构接续资源，优化煤炭产能布局；创新安全治理体系，建设安全一流煤矿；全面推进提质增效，建设集约高效煤矿；加快推动清洁生产，建设生态绿色煤矿；深入融合智慧技术，建设少人智能煤矿；深化改革拓展空间，推进协调共享发展。

（2）做好煤电减排，严控增量，优化存量，做实减量。积极推动煤电业务低碳转型，提高电源绿色低碳水平。着眼于未来煤电在以新能源为主体的电力系统中的功能转变。根据电源布局，对市场需求潜力大、深度调峰能力不足的地区进行煤电机组灵活性改造。

（3）深化科技创新。布局能源低碳化技术、能源清洁化技术、能源智能化技术三大技术领域。精心组织重大科技攻关，加强前沿低碳技术研发与示范应用，大力培育氢能储能等未来新兴产业，构建适应新型电力系统的创新能力和技术体系。强化低碳能力建设，完善碳资产经营管理体系，积极融入碳市场建设。

（4）加快数字转型。建设基础数字技术平台，推动生产智能化，推进能源生产基础设施数字化建设，加强综合智慧能源建设，促进数字技术全面应用。

（5）跟踪能源领域前沿技术。积极探索"煤+电+X"的产业发展新模式，有机融入未来能源产业体系。一是大力发展清洁能源业务，建设风光火储大型综合外送基地，开发分布式光伏和分散式风电；二是抢先储能、氢能等新兴能源产业战略布局，稳妥布局氢能。

（6）全力提升管理能力。一是全面加强党的领导。牢牢把握新时代党的建设总要求，坚定不移加强政治建设，全面推动党的领导和公司治理深度融合，引领企业高质量发展。全力锻造过硬队伍，坚持以人为本和创新发展，建设和谐企业，全面从严治党，持之以恒正风肃纪。二是深化国有企业改革。加快实施改革三年行动计划，深化国有资本投资公司试点改革，打造"战略+运营"管控体系。坚持"两个一以贯之"，深化中国特色现代企业制度建设，形成科学规范公司治理体系。三是筑牢安全生产根基。贯彻"以人为本、安全发展"的理念，树立"综合安全观"，强化"红线思维"和"底线意识"，建设和巩固安全文化根基。健全安全管理体系，夯实安全基础。提升安全管理水平，强化依法治安和责任落实，切实维护企业和职工的生命财产安全，促进集团安全生产形势持续稳定好转。四是开展提质增效行动。树立精益求精、止于至善的理念，把精、准、细、严的精细化要求转化为日常工作标准和习惯，进一步健全精细化管理的标准体系和制度体系，纳入考核目标，实现规范化和常态化。以解决问题为中心，持久发力、久久为功，以抓指标代管理，全面提升企业素质。

第三章 "十四五"发展战略与规划目标

第一节 指导思想

以习近平新时代中国特色社会主义思想为指导，全面贯彻党的十九大和十九届历次全会精神，全面贯彻落实习近平总书记重要指示批示精神，坚持稳中求进工作总基调，立足新发展阶段，贯彻新发展理念，构建新发展格局，落实"四个革命、一个合作"能源安全新战略，以推动高质量发展为主题，以深化供给侧结构性改革为主线，扎实做好"六稳"工作、全面落实"六保"任务，按照集团公司"一个目标、三型五化、七个一流"发展战略，推动绿色低碳转型、煤炭清洁高效利用，夯实安全生产基础，加快数字化转型，建设高质量绿色清洁能源示范企业，为集团公司建设具有全球竞争力的世界一流企业做出更大贡献。

第二节 基本原则

一、坚持战略引领

始终将国家战略和集团公司发展战略放在突出位置，为公司长期生存和发展做出的具有前瞻性、指导性、全局性的发展定位、发展目标和相应的实施方案，推动公司高质量发展。

二、坚持安全发展

坚持源头治理、依法治企，以科技强安为手段，严格责任落实，统筹发展与安全，坚持人民至上、生命至上，实现"从根本上消除隐患、从根本上解决问题"，达到安全生产"零伤害"的目标。

三、坚持改革创新

以提升竞争力为根本，不断深化国企改革，破除制约企业发展的体制、机制障碍，持续推进治理能力、治理体系现代化，为公司高质量发展注入新动力。

四、坚持以人民为中心

牢固树立以人民为中心的发展思想，探索建立有胜利特色的企业文化体系，用"胜利"的文化感召人，用完善的机制吸引人，用向上的精神鼓舞人，不断提升员工幸福指数，实现为职工谋幸福、为企业谋发展、为社会创财富的初心和使命。

五、坚持绿色低碳

坚持在保护中发展、在发展中保护，提高资源利用效率，加大节能减排力度，减少污染物和二氧化碳排放，探索无损开采模式和连续生产工艺，最大限度降低煤电开发对生态环境的影响，实现绿色低碳发展。

第三节 发 展 战 略

"十四五"期间，公司紧紧围绕国家能源集团"一个目标、三型五化、七个一流"发展战略和创建世界一流示范企业主要任务，结合自身实际，提出"1353"发展战略，即：一个目标、三条路径、五大定位、三个胜利。

一、一个目标

建设高质量绿色清洁能源示范企业。

二、三条路径

夯实产业之基，做强煤炭主业。持续强化安全管控水平，提高生产效率，推动数字化转型，建设行业一流露天煤矿，做区域能源保供的"稳定器"和"压舱石"，兜底保障公司转型发展，积极获取新资源，做大煤炭产业板块，提升后续发展能力。

增强内生动力，做优火电产业。持续提升火电机组效能，开展节能降耗减排技术攻关，进行机组灵活性改造，参与深度调峰，充分发挥煤电一体耦合优势，提升电厂盈利能力，实现火电产业高质量运营。

厚植发展优势，做精新能源开发。高效运营露天排土场光伏发电站，积极争取新指标、开发新项目，多元发展风、光、储、氢等新能源产业，探索构建高效率、低成本、互为补充的产业协同发展体系。

三、五大定位

党建引领改革创新开拓者。坚持党的领导，加强党的建设是国有企业的"根"和"魂"，以一流党建引领一流企业建设，以改革创新为发展动力，驰而不息进行管理创新、技术创新，推进企业治理体系和治理能力现代化。

多能互补协同发展示范区。对现有火电机组进行灵活性改造，积极拓展电力消纳空间，增加新能源装机规模，推进"风光火氢（储）一体化"多能互补能源供应系统建设，最大限度提升电力消纳能力，提高一体化系统供能效益，建成协同稳健、安全高效的大型综合能源供应示范区，推动公司逐步向综合能源服务商转型。

绿色生态矿山建设者。践行以绿色为导向的生态发展观，统筹企业发展与生态环境保护，实践减损、无损绿色生产模式，最大限度减少煤炭资源开发对生态环境的破坏，建设具有"草原风情、民族特色、森林旅游"的大型煤电开发、环境治理与观光旅游于一体的绿色园区，实现人与自然的和谐共生。

低碳清洁能源供应商。把低碳发展理念融入生产经营全过程，降低能源消耗，提高资源利用效率，减少污染物排放，建设"生态、低碳、清洁"的露天煤矿，实现"高碳产品、低碳生产"；建设"生态、文明、示范"的绿色电站，实现烧"清洁"煤、发"绿色"电；建设"生态、智能、环保"的储运系统，实现"储煤不见煤、运煤空中走"，打造具有胜利特色的"清洁能源"品牌。

共建共享共赢践行者。坚持以人民为中心，全心全意为职工谋幸福，使公司的发展成果更多惠及职工群众，不断提升职工群众的获得感和幸福感。坚定不移走"地企共建、利益共享、和谐发展"之路，促进地企共建共享、区域辐射协同和民族团结、边疆稳定，持续巩固脱贫攻坚胜利成果，助力乡村振兴，实现创享共富美好生活。

四、三个胜利

效益胜利。以价值为导向，发挥"基地式"一体化生产经营优势，提高资源共享效率，坚持生产"大型化、集约化"发展方向，坚持"低成本"经营理念，精益生产组织，深入推进提质增效和技术创新，聚焦"两利四率"，不断提高核心价值创造能力，努力打造经济效益显著、社会效益明显的"价值型"企业，真正实现企业全方位高质量发展。

生态胜利。以安全一流为基础，以追求本质安全为目标，以科技兴安为重要途径，发挥安全生产管理体系底线保障作用，营造安全稳定发展环境；不断推进节能降耗，实现绿色生产和生活，推动减损开采和生态修复同步并进，打造创新生态增长点；建设经济生态绿色高效、政治生态风清气正、科技生态创新开放、人文生态诚信文明的具有胜利特色的生态体系，争创行业一流，引领行业发展。

幸福胜利。坚持人民至上，坚持民主治企，坚持文化铸魂，不断铸牢中华民族共同体意识，服务国家能源安全战略，充分发挥煤炭兜底保供作用，持续推动能源供给绿色低碳化转型，打造煤电一体耦合新能源多能互补新发展模式，增加地方就业，巩固脱贫攻坚成效，建设"法治胜利"，承担央企社会责任，助力地方经济稳定增长，打造人与自然和谐共处、地企和谐共建、股东和谐共谋的幸福胜利，成为可持续发展的典范。

第四节 发展规划与目标

一、"十四五"发展目标

坚持党的领导，加强党的建设，政治引领力显著增强，建成世界一流露天煤矿、胜利发电厂、光伏发电站高效运营，多能互补产业格局基本形成。实施煤电一体整合，实现"一个法人"下的煤电一体高质量运营，煤电联营协同优势显著提升。积极争取新资源，扩大煤炭板块规模；对现有发电机组进行改造，以适应深度调峰和网源荷储一体化运营的需求，适时启动电厂二期工程；大力发展新能源，扩大新能源装机规模，形成煤、电、风、光、氢、储多能互补多元化发展格局，区域影响力和竞争力持续增强。完善现代企业治理体系，提升企业治理能力,建成"高质量绿色清洁能源示范企业"。

二、远景规划目标

至 2035 年,露天煤矿保持 2800 万吨/年高效产出,发电厂保持 2×660 兆瓦机组平稳运行,200 兆瓦光伏发电站保持高效发电,多能互补、多元发展的能源产业格局全面形成,全面建成世界一流的综合能源企业。露天煤矿实现全过程、全要素、全周期、全方位的高质量发展,少人、无人作业取得重大突破,剥离全面实现自营,实现剥、采、运、选、储、装智能化作业,形成智能无人化生产、电代油低碳化运输、清洁高质量供给、数字化运营、智慧化管理的发展格局。胜利发电厂高质量运营,煤电一体深度融合,新能源装机规模进一步提升,多能互补优势充分发挥。科技成果转化效率处于行业领先水平,资源利用效率显著提升,保持国家级绿色矿山动态达标,由生态矿区向美丽矿区转变,全面建成智慧企业。党的建设等综合管理体系和管理能力符合现代化标准,价值创造能力持续增强,员工幸福感、安全感、获得感空前提升。

届时,公司露天矿煤炭产量开始下降,新能源产业装机规模进一步扩大,多形式的新能源产业链进一步延伸,多能互补的"智慧能源"产业布局更加稳固,实现全产业远程控制、无人作业、无人巡视、智能维护,安全生产效能、绿色发展能力、职工幸福指数极大提高,世界一流的"多能互补、智慧能源"企业全面建成。

第四章 三 条 路 径

"十四五"期间,公司围绕三条路径,推动公司走上高质量发展的快车道。一是做强煤炭主业,夯实产业之基,建设行业一流露天煤矿,做区域能源保供的"稳定器"和"压舱石";二是做优火电产业,增强内生动力,参与深度调峰,充分发挥煤电一体耦合优势,提升电厂盈利能力,实现火电产业高质量运营;三是做精新能源开发,厚植发展优势,多元开发风、光、储、氢等新能源产业,探索构建高效率、低成本、互为补充的产业协同发展体系。

第一节　做　强　煤　炭

一、发展思路

以提质增效和技术创新为抓手，推进胜利一号露天煤矿工艺装备连续化、大型化、智能化升级。聚焦生产过程，探索减损、无损生产模式；逐步实现剥离全部自营，推动剥离、采煤实施连续工艺；综合施策探索与周边煤矿联合开采端帮煤，提高煤炭回收率，提升资源利用率；坑下＋地面选煤工程建成并投用，提升煤炭产品质量；提升生产组织和安全管理水平，实现生产效率、经营效益和生态环境协调发展，进一步做强煤炭主业。

二、主要任务

（1）全面推进提质增效，建成集约高效煤矿。一是持续提升煤炭产品品质，综合应用"分层剔选＋智能分选"，高效利用褐煤分选系统向社会稳定供应清洁煤炭产品；二是推进生产系统转型升级，对露天矿剥离、采煤系统分类分步升级改造，持续推动自动化升级、数字化转型、机械化换人、自动化减人；三是推动生产装备高端化，研发应用高可靠性、高安全性、高智能性的煤矿各类装备，强化设备全寿命周期管理，不断降低库存水平，提高资产利用率。

（2）加快推动清洁生产，建设绿色生态矿山。一是聚焦重点环保问题，建立生态修复机制。坚持"谁污染、谁治理"原则，按年制定落实计划，加大资金投入，建立销账清单，重点整治生产现场粉尘污染等问题；二是应用新技术推进清洁生产，加快建设绿色矿山。革新开拓开采方法，减少开采对生态、水资源的破坏，提高煤炭回采率，推广应用智能节电、节水、节油等技术，加快高耗能设备淘汰和技术改造，推进煤矿节能减排。

（3）建设选煤系统，为社会提供清洁煤炭。针对5煤上部原煤，在坑下建设移动式褐煤智能干选系统，对高灰分、高水分褐煤进行干法分选。在地面建设选煤系统，提升煤炭品质，通过选出矸石减少煤炭无效运输，提高运输效率，改善交通环境。

（4）高质量推进连续剥离工艺，实现主营业务自主。积极落实国家和集团公司生产自营要求，有序推动主营关键业务自主可控，大力推进"单斗—卡车—半移动式破碎站—带式输送机"半连续生产工艺在胜利一号露天煤矿的应用研究，努力在2025年实现剥离自营。在露天矿采场2030年转向三采区后，在地表剥离和沿帮排土场的二次剥离采用轮斗—带式输送机—排土机连续开采工艺。

（5）积极沟通地方政府和能源主管部门，破除政策障碍，探索端帮煤联合开采的可能性。联合胜利西三号露天煤矿、胜利西二号露天煤矿，对胜利西一号露天煤矿到界边帮进行开采，提高煤炭回收率，提升资源利用率。

（6）加快数字化转型，深化改革拓展空间。一是推进信息网络升级，建设一体化管控平台，夯实智能化建设基础；二是加大智能化技术投入，推进重卡无人驾驶技术应用，加快采掘、运输、安控等煤矿机器人研发应用，实现固定岗位无人值守；三是深化区域化体制改革，深挖煤电一体化运营优势。

（7）积极获取煤炭资源，做大煤炭板块规模。关注远期目标资源规划、出让动态，对优质煤炭资源及时认真研究，全面了解国家和内蒙古自治区煤炭产业相关政策，积极获取蒙东地区有转让意愿的相关矿权。跟踪吉林郭勒二号露天矿、准哈诺尔矿区、高力罕矿区资源转让情况，把握机遇，适时进入。

第二节　做　优　火　电

一、发展思路

不断推进火电产业升级改造，以"电力生产零排放"为路径，持续提升火电机组效能，开展节能降耗减排技术攻关，进行机组灵活性改造，参与深度调峰，推动煤电由电量型、主体型电源逐步向调节型、基础型电源转变。实施煤电一体整合，实现"一个法人"下的煤电一体高质量运营，煤电联营协同优势显著提升。为建设清洁低碳、安全高效、灵活智慧的高质量新型电力系统奠定基础。

二、主要任务

（1）有序实施"三改"联动。一是加大煤电机组节能提效和清洁化利用。在保证安全可靠供电的前提下，加快推进汽轮机、锅炉、辅机及其系统改造，进一步降低机组煤耗水平；二是加快实施煤电机组灵活性改造，主动适应新型电力系统建设要求，提升深度调峰、快速爬坡和快速启动等调节能力；三是加快实施煤电机组供热改造，充分发挥热电联产机组的节能减排效益优势，积极开展采暖供热改造，提升在役机组供热能力，持续开拓热力市场，实现能源梯级综合利用。

（2）积极推动智能电站建设。一是根据集团公司"智慧企业建设指导意见"和"网络安全和信息化规划纲要"，完善火电数字化基础设施；二是加大云平台、大数据和移动互联网等新技术在火电机组运营中的应用，推动业务模式创新，推动火电产业数字化、智慧化发展；三是研究无人机、机器人、增强现实技术在运维中的人工作业替代，制定相关标准和管理体系。

（3）大力拓展综合能源服务，开发多联产产品。以用户需求为核心，以价值为引导，积极运用新思维、新模式、新技术推动"火电+"综合能源产业发展。储备余热利用、煤干燥、氢气外销等技术，争取向胜利发电厂西侧工业园区提供冷、热、汽、水、电多联产产品，扩大市场份额，提升盈利能力，助力电力产业高质量转型。

（4）盘活现有资源，提升综合效能。因地制宜开发分布式光伏发电项目。利用辅机循环水泵房等厂内空余场地，开发建设 3.7 兆瓦光伏发电项目，自发自用，降低厂用电率，提升电厂综合效益。加快粉煤灰分选项目实施进度，实现二级粉煤资源化利用，节约粉煤灰运输、处置成本。

（5）抢抓机遇，适时启动电厂二期 2×660 兆瓦机组建设。通过扩大装机容量，提升胜利发电厂规模优势，有效降低电厂单位成本，提升火力发电市场竞争力，增强外送电的市场话语权。

第三节　做精新能源

一、发展思路

准确把握新能源产业发展趋势，加强光伏电站的建设、运营和管理，积极推进氢能源的开发与利用，加快氢燃料电池无人驾驶重型矿用自卸卡车与氢燃料加注平台研制，推动公司实现多元化发展，增强公司发展后劲。

二、主要任务

（1）完成露天排土场光伏发电项目建设。2022 年实现 200 兆瓦光伏发电站投产；研发百吨级氢能矿用重卡，延长新能源产业链，逐步实现电代油。

（2）大力发展新能源，提升新能源产业规模。在盐碱地等符合国家政策的土地上，遴选优质土地资源，进一步争取新指标，开发新项目，发展风、光、氢、储新能源产业，形成多元化产业格局。

（3）绿色低碳、智慧发展。坚持生态保护优先、节能优先、大力开发非化石能源，最大限度实现生产系统电代油；加大科技投入，开展新能源科学技术攻关；加快数字化转型，打造智慧电站，提升生产运营效能。

（4）管理创新，创造价值。适应电力市场化改革趋势，探索新能源运行新机制，强化激励考核，落实质量效益标准，提升新能源产业价值创造力。

（5）推进煤电一体+新能源融合发展。围绕"煤炭清洁高效利用"产业链延伸，耦合协同煤电一体与既有光伏等新能源产业，实现煤电与新能源的融合发展，助力公司从资源依赖型产业向技术驱动型、市场竞争型企业转变。

第五章 重点工作

"十四五"期间，坚持以"建设高质量绿色清洁能源示范企业"为目标，大力推进"煤电一体化"深度融合，建设绿色矿山、智能矿山、智能电厂、智慧企业，推进公司"1353"战略落地，建成煤炭、火电、光伏等多产业协同发展的大型能源供应基地。

一、党建引领改革创新

坚持以习近平新时代中国特色社会主义思想为指导，深入学习全面贯彻落实党的十九大及十九届历次全会、国有企业党的建设工作会议精神和新时代党的建设总要求，充分发挥党委把方向、管大局、促落实的领导作用，紧抓煤炭行业高质量发展转型和新兴技术加速融合的发展机遇，不断完善科技创新体系，持续加大科技攻关力度和科研投入，探索市场化管理新模式，全面提升企业管理效能，为实现公司"十四五"高质量发展提供强有力的政治和组织保障。

二、多能互补协同发展

紧扣"双碳"战略目标，依托现有光伏发电基础设施，综合布局火电、光伏、风能、氢能以及储能等产业，利用大型能源基地优势，组合煤炭、风能、太阳能、氢能等资源，以推进风光火氢一体化为目标，以煤电灵活性改造为基础，扩大新能源产业装机规模，探索风电建设运营，探索新能源与传统能源的耦合，延长产业链，推进氢燃料无人驾驶矿卡研发。构建多能互补、安全高效的新型能源系统，实现清洁低碳、安全高效现代化能源供给，争做绿色清洁能源供应的排头兵。

三、绿色生态矿山建设

以习近平新时代中国特色社会主义思想为指导，深入贯彻习近平生态文明思想，牢固树立和践行"绿水青山就是金山银山"和"人民至上、生命至上"的理念，立足新发展阶段、贯彻新发展理念、构建新发展格局，以推动"生态优先、绿色发展"为主题，建设"高质量绿色清洁能源示范企业"。

四、清洁能源供应

坚持"不环保不生产、生产必须环保"的环保原则，坚持"节约优先、保护优先、自然恢复为主"的生态文明建设方针，实现"十四五"期间生态文明建设与高质量发展相协调、与生态环境保护相融合、与节能减排相协同、与碳达峰碳中和相统筹。

五、共建共享共赢

深入推进共建共享理念，坚持以人为本，全面实施人才优先、人才强企战略，显著提升人才质量效益；坚持地企共建，以产业振兴、文化振兴、生态振兴为抓手，提高乡村振兴成效；坚持履行社会责任，开展上市公司ESG系统研究，推进专项工作与重点任务实施；加强企业文化与品牌建设，增强公司软实力，融合集团公司RISE理念，形成公司品牌宣传策略，强化对外宣传与形象。

第六章 保 障 措 施

一、强化党的领导

深入学习贯彻习近平新时代中国特色社会主义思想和党的十九大及十九届历次全会精神，全面落实新时代党的建设总要求，增强"四个意识"，坚定"四个自信"，做到"两个维护"，坚持两个"一以贯之"，强化党对一切工作的领导，以更高标准、更严要求、更实举措加强党建的建设，推进党建工作与公司中心工作深度融合，严格落实公司党委会对股东会、董事会议案及重大事项的前置讨论研究程序，各级党组织要承担起全面从严治党主体责任，充分发挥好"把方向、管大局、促落实"的政治核心、领导核心作用；坚持党管干部原则，加强党建业务专题培训，强化党员队伍作风建设，严肃监督执纪问责，努力建设一支忠诚、干净、担当、作为的新时代党员先锋队伍。要持续发挥党委主体作用、党员先锋模范作用及群团组织带动作用，进一步弘扬主旋律、传播正能量，切实增强各级党组织、群团组织的创造力、凝聚力、向心力、战斗力，打造具有胜利特色的一流党建品牌，用一流党建引领公司高质量发展，为创建"高质量绿色清洁能源示范企业"提供坚强政治保障。

二、强化组织保障

完善统筹协调机制，成立公司"十四五"规划领导小组，领导小组下设办公室（简称"规划办"），统筹协调规划重大事项落实情况。建立规划实施的监测和动态评估机制，强化对规划实施情况的跟踪分析，做好规划评估和调整，完善相关政策和措施。加强各有关部门组织和协调，完善规划实施工作机制，认真组织规划落实，加强沟通协调，制定和完善各项配套措施，明确各有关部门的职责，细化落实规划提出的主要目标和任务，全力保障规划顺利实施。

三、强化机制保障

坚定不移走依法治企之路，全面加强企业治理体系、治理能力建设，提升治理效能，持续推进公司管理体系和管理能力现代化进程，实现要素驱动向创新驱动转变，粗放向集约转变，生产型向服务型转变。不断完善公司制度体系建设，优化各项管理制度，切实强化制度意识，严格执行制度程序，提升公司制度执行能力与执行效果。坚持"依法治企、合规经营"法治理念，强化依法合规决策，严格执行"三重一大"决策、《企业负责人履行推进法治建设第一责任人职责规定实施办法》等各项规定，切实履行企业主要负责人推进法治建设第一责任人职责，保持"经济合同、规章制度、重大决策"等事前审核把关率100%，建立健全风险管理组织体系，细化和完善风险管控内容和管控流程，提高防范化解风险能力。

四、抓好"四重一要"

坚持问题导向、突出主要矛盾、抓好关键环节,围绕"重点企业、重点工程、重要市场、重要工作和紧要事项",抓好年度生产经营管理工作。根据投资计划安排,确定重点工程清单;根据年度重点任务,确定重要工作清单;把对生产运行全局性产生较长时间影响的、对安全生产可能造成不利影响的、对重大项目重点工程正常推进产生影响的事项,确定为紧要事项,这些事项以月为单位定期组织研究盘点调整督导,确保年度目标、任务、计划如期完成。

五、强化资金保障

深入开展"降本促效、提质增效、科技创效"工作,统筹安排各项资金收入、支出的计划,压降"两金"占用,保证资金及早回笼。科学制定投资计划,依托集团财务公司,降低资金成本,保障重点项目资金需求。推进商业承兑汇票业务结算,充分发挥票据池功能,加大票据入池拆分力度,扩大票据支付比例,减少现金支付,实现票据融资。

六、强化自主创新

坚持创新作为发展的第一动力,牢固树立"抓创新就是抓发展,谋创新就是谋未来"的创新思想,持续深化科技创新体制机制改革,加快构建责权明确、分工协作的科技创新体制,健全完善科技创新激励机制、科技创新容错纠错机制、科技创新绩效考核评价机制、科技创新人才成长跟踪联系机制,构建"鼓励创新、激励创新,创新有为、创新有效"的良好创新环境,增强职工创新积极性,提升科技创新人才的创新成就感、荣誉感,培养一批敢于创新、善于创新的科技创新人才队伍。

七、强化风险管控

加强安全制度建设,把安全作为企业的第一政治,作为全体干部员工的第一责任,强化安全责任落实,筑牢安全根基。加强"双控"体系建设,抓实员工安全培训教育,严格落实承包商项目安全管理制度,健全完善承包商相关方评价考核和退出机制。研判投资风险,全面评估项目投资过程可能面临的各种风险,确保重点项目稳健投资、安全运营。全面加强从项目可研、设计、建设、生产等全过程的风险管控，切实保障各类项目投资安全，确保风险整体可控。

八、发挥职工主体作用

本规划提出的预期性指标和产业发展、结构调整等任务，要依靠全体干部职工的共同努力才能实现。要坚持以人民为中心的发展思想，进一步落实全心全意依靠职工办企业方针，努力形成依靠职工、造福职工、发展职工的良好氛围，最大限度调动广大职工的积极性、主动性和创造性。

以习近平新时代中国特色社会主义思想教育引导广大职工，不断增强对党的创新理论的政治认同、思想认同、情感认同，以社会主义核心价值观引领职工，深化"中国梦·劳动美"主题宣传教育，打造健康文明、昂扬向上、全员参与的职工文化。健全完善职代会和职工董事监事制度，提升民主管理水平，维护职工合法权益，加强职业病防治工作，完善劳动关系协商协调机制，构建以精准帮扶、普惠性服务为重点的工会服务职工体系。关心职工身心健康，不断改善工作和生活条件，加强人文关怀和心理疏导，增强职工认同感和归属感。加强工会组织建设，广泛深入持久开展劳动竞赛和智能建设技能大赛，深化群众性创新创效，向职工提供普惠性、均等化的技能培训，培养选树劳模，向劳模学习，创建创新工作室，发挥劳模在创新实践中的骨干带头作用，开展女职工特色活动，建设知识型、技能型、创新型职工队伍。建立健全"我为群众办实事"长效机制，因地制宜建设完善文体设施，开展丰富多彩的群众性文体活动，吸引职工、凝聚职工、服务职工，不断增强职工获得感、幸福感、安全感。

华亭煤业集团有限责任公司"十四五"发展规划

"十四五"时期，我国经济由高速增长向高质量发展转入常态化，全国能源行业将向清洁化、低碳化、电气化、数字化、标准化方向转型，华亭煤业集团有限责任公司（以下简称"华亭煤业公司"）也将面临优化产业结构、深化改革创新、提升核心竞争力、实现华亭煤业公司可持续高质量发展的客观要求。

2019年12月30日，全国能源工作会议提出，将煤炭上升到国家能源安全"兜底保障"的新高度、做出了新定位，同时中央出台《关于新时代推进西部大开发形成新格局的实施意见》，国资委下发《中央企业煤电资源区域整合试点方案》，国家发展改革委等八部委印发《关于加快煤矿智能化发展的指导意见》，这些宏观政策给华亭煤业公司发展带来重大机遇。但2020年突如其来的新冠疫情对我国乃至世界经济社会发展造成严重冲击。煤炭行业讲政治、顾大局、讲奉献，积极应对新冠疫情挑战，煤炭企业复工复产及时，但消费需求不振，上下游产业链脱节，煤炭价格大幅下滑，华亭煤业公司盈利大幅下降，不确定性陡然增多。

2020年9月22日，习近平总书记向国际社会郑重宣布，"中国将提高国家自主贡献力度，采取更加有力的政策和措施，二氧化碳排放力争于2030年前达到峰值，努力争取2060年前实现碳中和。"这一重要宣示为我国应对气候变化、绿色低碳发展提供了方向指引、擘画了宏伟蓝图。

2020年10月29日，十九届五中全会审议通过了《中共中央关于制定国民经济和社会发展第十四个五年规划和二〇三五年远景目标的建议》，对"十四五"时期经济社会发展目标和二〇三五年基本实现社会主义现代化远景目标，以及国民经济和社会发展第十四个五年规划提出了明确的要求。

基于上述背景，在全面总结华亭煤业公司"十三五"发展经验、分析突出问题及面临形势的基础上，认真研判当前发展面临的困难与挑战，按照"安全绿色智能开采、清洁高效低碳利用"的发展方向，华亭煤业公司积极组织编制本规划。

华亭煤业公司是经甘肃省人民政府批准，由原华亭矿务局、华亭矿区建设管理委员会、华亭县华亭煤矿联合重组，于2002年4月24日在甘肃省工商行政管理局注册成立的国有大型煤炭企业。2009年加入中国华能集团有限公司，是华能集团的控股子公司。

华亭煤业公司位于甘肃省华亭市，所在华亭矿区是国家规划的14个大型煤炭基地黄陇基地的重要组成部分，由华亭片区、安新片区和赤城片区三部分组成。

矿区煤炭品种为长焰煤和不黏煤，煤炭品质优良，具有高发热量、高挥发分、高化学活性及低灰、低硫、低磷等"三高三低"的特点，产品精准满足广大用户的需要。

一、"十三五"主要成效

"十三五"时期，华亭煤业公司通过产业结构调整、企业改革，现已形成集煤炭生产、销售和煤化工、机械制造、科研设计、技能培训、应急救援、铁路运输等综合配套的能源化工企业集团。在加快企业自身发展建设的同时，大力推进企业办社会职能分离移交工作，按照国家改革政策对"三供一业"维修改造和分离移交、总医院剥离移交、企业法人层级压减工作按期完成，加快推进医疗保险社会化管理移交，积极稳妥推进非煤产业内部体制机制改革，企业改革改制稳步推进，取得了高质量发展和管理的新突破。

（一）煤炭产业高质量发展，产能保量按需供应

以销定产，按需供应，华亭煤业公司煤炭产业实现高质量发展。9对生产矿井平均年产量1700万吨。在建90万吨/年赤城矿井及选煤厂项目，于2020年11月带负荷联合试运转，于2021年建成投产。

（二）产业结构不断优化，煤化工产业不断壮大

华亭煤业公司加快推进产业结构优化调整，促进煤与煤化工协同、煤与非煤产业等的协同发展。煤制甲醇项目于2011年竣工投产，2017年度首次达到设计产能；聚丙烯（FMTP）科技示范项目成功产出合格粉料；煤化工与非煤产业实现稳发展。

（三）矿井装备水平不断提升，煤矿智能化建设取得初步成效

2016年以来,华亭煤业公司积极推进煤矿机械化、自动化、信息化、智能化"四化"建设,大力推进自动化采煤工作面、快速掘进、智能煤流、固定场所无人值守等技术装备应用,煤矿智能化建设取得了初步成效,有序推进智能化煤矿试点矿井建设。省内首个6.3米大采高自动化采煤工作面在大柳煤矿建成投产,除东峡煤矿、马蹄沟煤矿外基本完成自动化工作面建设,各矿井主变电所、主排水系统、主通风机及压风机等系统和机房、硐室,基本实现智能化改造、远程监控、无人值守。部分矿井井下煤流运输系统实现自动化运行、无人值守,极大提升了煤矿安全装备水平和安全保障能力。

(四)研发能力不断增强,科技创新成果丰硕

"十三五"期间,华亭煤业公司大力开发和引进煤炭开采、化工生产等核心技术。承担了一些国家、省部、华能集团重大科技攻关任务,并具有自主知识产权和核心关键技术,引领了行业技术进步,为华亭煤业公司安全生产和高质量发展提供技术支撑。积极开展科技攻关研究工作,累计实施科技项目36项,其中甘肃省科技重大专项《华亭煤田矿山开采强矿压诱发机理与防控技术综合研究》项目获甘肃省科技厅验收通过,《冲击地压灾害防治技术研究》等2个项目列入华能集团科技项目强力推进。强化成果奖励申报和知识产权保护工作,完成的科技项目先后获各类奖项74项,其中获甘肃省科技进步奖5项、专利发明奖2项,国家安全生产协会第一届安全生产科技成果奖2项,中国煤炭工业协会科技成果进步奖2项,华能集团公司科技进步奖18项,甘肃省煤炭工业协会煤炭工业科技成果奖52项。组织申报专利46项被国家知识产权局受理,其中申请发明专利19项,获得授权2项;申请实用新型专利27项,获得授权6项;软件著作权1项。

(五)专业技术力量不断加强,灾害控制能力得到提升

华亭煤业公司大力实施人才强企战略,通过重大科技项目实施、创新工作室创建以及深化产、学、研、用合作,培养造就了一批能够驾驭智能化技术的科技领军人才和创新团队。拓宽职工职业发展通道,促进职工努力提高技术技能水平,立足岗位成才。通过培养、吸引和用好人才三个环节,大力加强以管理人才、专业技术人才和技能人才"三支队伍"为主体的人才队伍建设,各类专业技术力量得到不断加强,大批专业技术人员立足岗位不断锻炼成长,已经成为科技创新和生产管理的中坚力量。

煤矿火灾、瓦斯、水害、矿压等重大灾害形势一直不容乐观,依靠科技创

新，破解重大技术难题，构建煤矿重大灾害防治管控体系，强化技术管理，提升防治能力，实现了重大灾害源头治理，实现超前预控，遏制了灾害事故的发生。以"零超限""零突出""零透水""零自燃""零冲击"为目标，一企、一矿、一面一策，实施精准治理。全面开展重大灾害防治能力和治理效果专项评估，利用科技手段，着力提升华亭片区煤矿冲击地压煤矿治理能力和安新片区水害治理能力。

（六）本质安全型矿井建设效果明显，安全生产保持了平稳态势

华亭煤业公司始终坚持"安全第一、预防为主、综合治理"的安全生产方针，构建安全风险分级管控和事故隐患排查治理双重预防性工作机制。坚持以安全生产新理念、新思路为引领，全面贯彻落实安全生产法律法规和上级决策部署，突出安全生产首位意识和红线意识，强化制度体系建设，完善考核评估机制，"安全生产责任制深化落实年"活动扎实有效开展。扎实开展安全生产标准化达标创建，7对生产矿井通过一级安全生产标准化验收，2对生产矿井通过二级安全生产标准化验收，煤制甲醇分公司通过危化品企业二级标准验收，救护大队达到国家一级和省特级标准。推进机械化换人、自动化减人工作，持续推进煤矿全面安全"体检"和安全生产标准化矿井验收查出问题的整改落实，安全生产基础管理不断夯实，继续保持安全生产平稳态势。2017年首次实现"零死亡"奋斗目标，2018年创华亭煤业公司成立以来安全管理最高水平。截至2020年底，7对矿井及煤制甲醇公司实现长周期安全生产，其中：马蹄沟煤矿实现连续安全生产6100天，新柏煤矿连续安全生产3632天，华亭煤矿连续安全生产3249天，新窑煤矿连续安全生产2544天，陈家沟煤矿连续安全生产2338天，东峡煤矿连续安全生产2202天，砚北煤矿连续安全生产1566天，煤制甲醇分公司连续安全生产3697天。

（七）"四化"减人提效初见成效，人才专业结构趋向合理

华亭煤业公司始终坚持人是企业的核心、人才推动发展的思想，着力优化引智环境，完善制度平台，紧紧把握培养、吸引和用好人才三个环节，大力加强以管理人才、专业技术人才和技能人才"三支队伍"为主体的人才队伍建设，使人才队伍得到进一步优化。"十三五"期间大力推行"自动化减人、机械化换人"举措，全面处置低效无效资产，不断优化组织机构和人力资源配置。"十二五"末至"十三五"末，在册职工减少11.5%；专业技术人员增加26.4%；大专以上学历人数增加4.66%；管理人员减少3.5%。人才素质、人才结构、人才

作用发挥状况得到了较大的改善，基本实现了"十三五"人才发展规划的预定目标。

（八）财务状况持续向好，融资能力不断提高

华亭煤业公司通过处置无效、低效资产，企业办社会职能剥离，加强内部协同效应，积极调整产品结构适应市场需求，降本增效，多措并举，不断创新，使企业具有较强的盈利能力，2020年总资产收益率较2015年增长2.01%，净资产收益率较2015年增长3.84%。实行稳健的财务政策，通过实施大额资金集体决策审批、大额债务承兑支付等资金管理制度，严格把控资金流向，严格落实"两金"压控政策，缩短货款回收周期，提高资产周转率，企业现金流充裕，短期偿债能力强，资产负债率一直控制在40%左右，与同行业其他企业相比保持在较低水平。

（九）企业文化感召力增强，和谐矿区建设稳步推进

系统推进华亭煤业公司企业文化建设工作，形成了以华能"三色三强三优"文化为核心，以全面推进"开拓"文化体系建设为根本任务，以"安全文化、道德文化、廉洁文化、精细文化、和谐文化"建设为基础，以视听觉识别系统建设、文化创新、行为规范养成为途径，以发挥"开拓"文化引领作用促进企业高质量发展为目标的企业文化管理体系，取得了明显成效，为华亭煤业公司平稳较快发展提供了有力的智力支持和思想保障。与此同时，大力推进技能人才实训基地建设，职工"两堂一舍"标准化建设，老旧小区基础设施更新改造，封闭式储煤栅建设、矸石山综合治理、矿井水回用工程、采煤沉陷区治理等生态修复工程和绿色矿山建设取得较大进展，职工生活水平有了新的提高，和谐矿区建设达到新高度。

（十）党的建设持续加强，党建"引航"作用不断发挥

全面学习贯彻党的十九大和中央经济工作会议精神，以习近平新时代中国特色社会主义思想为指导，贯彻落实华能集团、华能煤业公司和甘肃省委省政府决策部署，各级党组织始终坚持围绕中心、服务大局开展工作，突出"巩固、提升、开拓、创新"和依法依规治企总要求，将党建与安全生产、提质增效和建立现代企业制度深入融合，认真履行"把方向、管大局、保落实"职责，持续推动华亭煤业公司高质量发展，促进一流现代能源化工企业建设迈上新台阶。

二、存在问题

近年来，华亭煤业公司持续保持了平稳健康发展，各项指标大幅度优化，并取得突破成就。但面对新时代赋予的新定位、新要求，生产和消费快速增加引发的华亭煤业公司发展不平衡不充分问题，也日益突出。

（一）煤炭后备资源不足

截至2020年底，华亭煤业公司煤炭可采资源量不足，且受煤层露头、不可采煤层、"三下"压煤等的影响，造成煤炭资源表观量实际存在一定程度的虚高，煤炭后备资源不足的问题将制约矿井接续和华亭煤业公司可持续发展。

（二）深部和薄及中厚煤层群开采压力增大

从埋藏深度和开采条件来看，华亭煤业公司部分矿井逐年进入深部开采期，煤层赋存条件更加复杂，发生瓦斯、冲击地压、水害等自然灾害的可能性日益增大。华亭片区5对生产矿井为冲击地压矿井，安新片区3对矿井受水患、软岩支护等地质灾害制约；矿区主采煤层上部薄及中厚煤层群的开采条件逐年变复杂，对华亭煤业公司煤炭开发成本和安全生产工作形成一定的制约。

（三）生产系统制约着矿井智能化建设

华亭煤业公司各生产矿井均是通过改扩建或局部改造提升生产能力，各个矿井均存在生产系统不够优化、系统协调性不强等问题，系统能力制约着矿井智能化建设和高质量发展，进一步优化系统改造，简化生产系统迫在眉睫。

（四）煤矿智能化目标还比较远

华亭煤业公司煤矿要实现智能化采煤、掘进，需要智能化控制系统作技术支撑、设备的可靠性作保障，还需要管理者的管理水平和操作使用人员的能力相配套。

（五）开采运输成本不断增加

一是煤炭公路运输受到限制，2016年9月《超限运输车辆行驶公路管理规定》施行后，单车载重量大幅下降，运输成本明显提高；二是经济结构调整，煤炭消费降低，公路运量减少，燃油价格不断上涨，公路运输成本不断增加；三是环保法规不断趋严，环保投入持续增加；四是铁路列车运行图调整，既有铁路运输能力降低；五是推进煤矿智能化、绿色矿山建设，资金投入比较大、开采成本随之增加。

（六）职工队伍结构需要加强调整

华亭煤业公司煤矿生产、政工、综合专业人员所占比例较大，而投融资、技术管理、煤化工及顶层设计方面专业技术人员稀缺，存在高级专业技术人员、高技能人才、复合型人才匮乏，高技能人才培训不够，煤矿招工难、留人更难，职工队伍逐渐老化等问题尤其突出。

（七）外部环境对华亭煤业公司发展仍有制约

一是庆阳地区3对煤矿，分别将于2020年底、2022年底和2021年建成投产，将释放煤炭产量1720万吨/年，铁路外送1000万吨/年煤炭战略目标，将会影响华亭煤业公司煤炭销售市场；二是周边的宁夏王洼、彬长、麟游矿区产能加快释放，市场博弈进一步加剧，价格上升空间受限，浩吉铁路开通运营对华亭煤业公司"两湖一江"等区域的市场格局带来较大冲击；三是矿区周围森林面积大，且集中连片，安新煤田4对矿井生态保护区调规，部分矿井开采影响区地面搬迁工作滞后，同时甲醇市场持续低迷，水资源限制煤化工发展，华亭煤业公司发展依然面临诸多风险和压力。

三、发展战略及总体目标

（一）指导思想

以习近平新时代中国特色社会主义思想为指导，全面贯彻党的十九大精神、习近平总书记关于国有企业改革发展的重要论述和在企业家座谈会上的讲话，以及关于能源发展"四个革命、一个合作"的重要论述和指示精神，深入贯彻落实能源安全新战略，以推动高质量发展为主题，以深化供给侧结构性改革为主线，全面落实国务院关于高质量发展的整体部署、省委省政府关于能源工作的各项决策部署、华能集团创建世界一流能源企业战略目标和"六个新领先"战略任务要求，紧盯"碳达峰、碳中和"部署，着力强龙头、补链条、聚集群，立足华亭煤业公司发展实际，坚持"创新、协调、绿色、开放、共享"的新发展理念，促进华亭煤业公司高质量、可持续发展，为把华能集团建设成世界一流现代化清洁能源企业和地方经济社会发展做贡献。

（二）战略构想

"十四五"期间，华亭煤业公司将按照"三个三"总体战略构想实现高质量、可持续发展。即：充分发挥资源赋存条件及煤炭品质好、融资能力强及队伍基础好、政策机遇优及内外部发展环境好"三大优势"，着力破解主业不精、深化改革、后续发展"三大难题"，力求从做强做优煤炭主业、加快煤电联营综合能源体系建设、推进煤炭高端延伸"三个方向"实现新突破，努力构建以精品煤为先导，以华亭、崇信煤电基地为两翼，以扩大资源占有和储备为保障，以煤化工及"风光火储一体化"新能源绿色产业为延伸，形成立足甘肃，辐射西北、西南、华中的大发展格局，努力实现区域领军的战略目标。

（三）发展思路

以国家能源规划为统领，高度融合华能集团"三色三强三优"世界一流现代化清洁能源企业的战略目标、"3855"发展目标和煤炭产业"双碳"改革行动方案、煤业公司"2358"发展战略，全面落实华亭煤业公司"三个三"总体战略，抢抓国家保障能源安全和支持煤电联营政策、华能集团推动实施"北线"发展战略和加快陇东综合能源基地建设、华能牵头甘肃区域煤电资源整合"三大机遇"，以获取资源为根本，以智能化矿井和绿色低碳化发展为基础，以煤电联营为双翼，新能源发电为延伸，以电解水制氢和氢碳耦合实现碳中和"三条路径"，创建煤矿智能运维、冲击地压灾害综合治理、矿山灾害治理为主要研究方向的"三个技术中心"，形成煤炭开发、煤炭转化、煤电联营、碱水制氢"四条产业链"和"煤、电、化、氢四大产业板块"，把华亭煤业公司打造成"以煤为主、化工支撑、煤电联营、多能并举、多业创效"的一流现代综合绿色能源企业，成为华能集团在西北区域的能源支柱企业。到2030年，华亭煤业公司煤、电、化、氢产业比重调整到4∶2∶2∶2，企业整体具有很强的抵御市场风险能力和特色明显的核心竞争能力。

（四）发展目标

"十四五"末，即2025年底规划目标：

煤炭资源获取目标。力争获取华亭矿区煤炭资源；根据国家能源局《煤炭工业发展"十四五"规划》和煤炭产业发展思路，在华能系统内外部适时跟进、合作开发相关矿区、相关煤矿资源；积极向省发改委申请参与相关矿区总体规划，力争取得国家发改委对总体规划的批复。

企业安全生产目标。生产矿井和煤制甲醇分公司、聚丙烯安全生产标准化达到一级；力争"零伤亡"目标；杜绝一级非伤亡事故，减少二级及以下事故。

煤炭产量规模目标。煤炭产能达峰；完成山寨、新柏两处矿井产能核增；煤炭实现全部洗选，达到产销平衡；积极承接华能系统内部矿井生产。

电力运行规模目标。通过资本运作，安新片区煤矿与华能在甘电厂形成煤电联营；探索推进以崇信、华亭为两翼的煤电联营基地；在周边地区合适地点建设新能源发电基地。

化工产业规模目标。甲醇产量按设计产能生产；甲醇制取聚丙烯项目2021年投产、2023年达产并通过装置性能考核；推进碳基高端新材料领域的开发与应用。

氢能发展规模目标。推进氢能与二氧化碳合成绿色甲醇燃料技术研究和甲醇变换工段加氢制甲醇技术研究；论证建设电解水制氢项目。

经济效益总体目标。煤炭产业、新能源、煤化工产业销售收入、利润总额大幅增长，非煤产业总体保持盈亏平衡。

项目建设推进目标。根据华亭矿区煤炭资源受让手续办理进展，科学规划建设新井；合作开发建设华能系统内煤矿；实施4对煤矿改扩建项目；在平凉市范围内利用煤矿采空塌陷区、矿区建筑物屋面等光照充足地方规划建设光伏发电基地，在风资源较好的地区建设风能发电基地，新能源发电形成一定规模；神峪河装车站建成并达到设计发运量能力。

科学技术发展目标。加强与科研机构和院校合作，重点攻关华亭煤田冲击地压灾害综合治理、远距离供液供电、安新煤田综合防治水、煤矿软岩支护等科研项目开发利用；探索深井、煤层群、矿井末期及孤岛等开采技术，推进薄煤层、边角煤和"三下"煤开采力度，提高煤炭资源回收率；探索电解水制氢技术并工业化应用；将技术研发、科技创新打造成企业核心竞争力，并向华能系统内部煤矿和周边煤矿输出。

智能化矿山建设目标。以煤矿智能化为抓手，全面提升煤矿装备自动化、智能化、数字化水平。以实现"少人则安、无人则安"为目标，以"一优三减"、装备升级和"三化融合"为手段，按照"顶层设计、标准先行、先进适用、装备可靠、示范引领"的原则，建成智能化煤矿及智能运维体系。

产业支撑建设目标。创建煤矿灾害防治研究、煤矿冲击地压灾害综合治理工程研究、煤矿智能化运行维护服务等"三个技术中心"，形成服务煤矿安全生产的技术优势，打造成服务华亭煤业公司各矿井、华能系统内部矿井、进而面向西北煤炭企业的构架体系。

绿色产业建设目标。现有矿井全部达到省级绿色矿山标准，条件较好的力争达到国家级绿色矿山标准，积极向国家、省资源管理部门申请，力争通过验收。

（五）远景展望

"十五五"末，即2030年底规划目标：

——合作建设沙井子矿区煤矿 1 座；合作建成华能系统内露天煤矿一期项目；合作开工建设灵台矿区煤矿 1 座。

——宁北矿区取得国家发改委的批复后对资源赋存条件较好的 1 对煤矿开展前期工作。

——继续扩大光伏、风能新能源发电规模。

——论证甲醇扩能改造；适时有序开发聚丙烯下游产品；合成氨、尿素项目建成投产。

——推进氢能与二氧化碳合成绿色甲醇和甲醇变换工段加氢制甲醇项目落地；电解水制氢项目建成投产。

2035 年远景目标：

——合作建设沙井子矿区煤矿 1 座；视市场情况择机开工建设华能系统内露天煤矿二期项目；灵台矿区建成煤矿 1 座。

——宁北矿区建成 1 对煤矿，1 对煤矿开展前期工作。

——建设甲醇扩能改造；开发聚丙烯下游产品。

四、产业发展规划

"四大产业"发展规划分别为煤炭产业发展规划、电力产业发展规划、化工产业发展规划、氢能产业发展规划，"四大产业"发展规划分别从发展目标、主要任务和项目建设进行了详细规划。

五、产业支撑规划

"九大产业"支撑规划是服务"四大产业"发展规划的支撑点和着力点，为确保"四大产业"发展规划的实现，达到有效引导产业发展的形成与科学合理配置、高效利用的目的，以发挥产业支撑规划对产业发展规划有效支撑与联动作用。即科技创新规划、物流营销规划、智能矿山规划、绿色产业规划、灾害防治规划、智能运维规划、人力资源规划、企业文化规划、社会责任规划。

六、保障措施

（一）强化组织领导，建立规划管理长效机制

成立华亭煤业公司"十四五"规划战略管理委员会，各单位成立规划管理小组，统筹协调规划发展重大事项，负责规划的编制、评价、分期指导、滚动修

编和督促落实工作。本部各部门、二级单位要强化责任落实、加强组织协调,齐心协力开创华亭煤业公司"十四五"发展新局面。

(二)发挥战略引领,扎实推进规划落实落地

切实发挥战略引领作用,成立"三个三"战略推进领导小组和专项工作组,明确责任领导和责任部门,分阶段、分专业设定工作目标,扎实推进华亭煤业公司"三个三"战略前期工作有序开展、落实落地,确保华亭煤业公司可持续发展和"五个新优势"全面实现。

(三)加强政策信息管理,确保规划超前可行

重点加强政策信息的收集、管理,持续关注相关方专业规划和综合规划的编制情况、执行情况,随时掌握区域及全国同行业发展情况及市场供需关系,及时整理、分析、鉴别、研判政策,积极争取政策支持,适时对规划进行评价和滚动修编,确保规划的前瞻性和可行性。

(四)推动企地合作共赢,创造和谐发展环境

深化企地合作,加强与企业所在地政府的沟通协调,秉承"一家人的亲情观、一体化的发展观、一条船的荣辱观",创造和谐发展环境,推动企地合作共赢、加快经济社会又好又快发展。

(五)借势企业改革,构建高质量发展机制

根据新时期、新形势下国企改革要求,落实国企改革三年行动方案,积极稳妥推进体制改革、机制改革、机构改革、用工制度和薪酬制度改革,着力破解制约和影响华亭煤业公司科学发展的问题,围绕减人提效中心任务,推进结构调整、布局优化、转型升级,以创新的思维、用改革的方法,切实增强高质量发展的内生动力、活力和创造力,推动华亭煤业公司改革不断实现新突破。

(六)统筹资金运作,保障项目建设

统筹资金管理,加大对煤、电、化、氢产业发展和科技创新投入力度,增加煤炭资源获取、新建矿井投资、煤炭化工项目投资、新能源发电项目投资、电解水制氢项目等资金投入,确保资金到位,全力保障项目建设。

(七)优化内控机制,加强风险管控能力

全面提升管理水平,强化内控体系、风险防控体系建设,全面健全完善监督约束机制,严格流程管理,努力化解管理风险,持续提升管理水平。

(八)推动安全管理达标升级,创建本质安全企业

牢树"安全第一"思想,始终将安全生产放在首位。强化安全整治,加快

落实安全生产专项整治三年行动方案、消防安全专项整治三年行动方案，进一步加强煤矿、煤化工安全基础建设和系统完善，扎实开展安全生产标准化达标创建，推进煤矿、煤化工安全治理体系和治理能力现代化，打造本质安全型企业。

（九）推动标准化管理，打造品牌化战略

建立健全由管理标准、操作标准、评价标准构成的科学标准化体系，对标对表，整改提升，推动标准化管理水平。依托"桦亭""砚北"牌天然洁净煤品牌，进一步提升市场份额，促进品牌化战略目标实现。

（十）加强专业队伍培训，适应现代化企业需要

充分发挥"两个人才基地"的作用，大力推进"百千万"人才工程和"明星员工"计划，不断完善人才激励机制，大力引进煤炭、煤化工等方面技术人才和经营管理人才，充分发挥华亭技能人才实训基地培训建设作用，围绕智能化矿山建设和智能工厂建设开展人才培训工作，提高职工智能化操作技能素养和操作水平。实施其他从业人员再培训工程，切实提升从业人员专业化水平。拓展职业发展通道，实施优秀人才晋升培养工程。不断提高技能人才培训质量，提升员工整体素质，为华亭煤业公司发展提供人力资源支持，适应现代化企业需要。

（十一）坚持党建引领，确保规划落地生效

坚持以习近平新时代中国特色社会主义思想武装头脑，深入贯彻"四个革命、一个合作"能源安全新战略，紧紧围绕集团公司加快建设"三色三强三优"世界一流现代化清洁能源企业战略部署，切实加强党的领导，把党的领导融入华亭煤业公司治理各环节，把党组织内嵌到华亭煤业公司治理结构中，推进治理体系和治理能力现代化。坚决贯彻全面从严治党战略，认真履行党建工作主体责任，按照新时代国有企业党建工作的总要求，不断强化政治建设、思想建设、组织建设、纪律建设、作风建设，强化党风廉政建设和反腐败斗争，坚持从严治党与从严治企有机统一，为华亭煤业公司高质量发展提供坚强保障。坚决贯彻落实华能集团、煤业公司各项决策部署，从思想上、行动上全面融入集团战略、服务集团主业，切实把方向、管大局、保落实，为推动华亭煤业公司"十四五"规划落地生效提供强大动力。

中国平煤神马能源化工集团有限责任公司"十四五"发展规划

一、"十三五"期间战略规划完成情况

"十三五"时期,集团秉承"以煤为本,相关多元"发展战略,提出并实施"六个坚持"基本原则,通过煤炭做减法、化工做加法、新能源新材料做乘法,探索走出了一条独具特色的转型发展之路。五年来,集团营业收入由2015年的1468亿元增长到2020年的1660亿元,资产总额由1513亿元增长到2040亿元。利润总额由2015年的亏损19.98亿元增长到2020年的盈利16.6亿元,盈利能力大幅攀升。"万名矿工大转岗"有序推进,集团劳动用工由23万人优化到17万人以内,人均工效进一步提升。积极打造煤焦、尼龙、新能源新材料等三大核心产业,形成了多条特色煤基化工产业链,其中,安全有序关闭去产能煤矿38对,淘汰落后产能1122万吨,煤炭产能稳定在4000万吨左右,焦炭产能达到近600万吨,煤焦产业实现安全高效发展,有效发挥了产业纽带作用。尼龙产业总产能增长到200万吨,关键原材料己二腈规模化生产进程不断加速,并持续向下游民用、军工领域延伸,进一步巩固了全球行业龙头地位。盐化工依托稀缺资源光气,逐步拓展下游聚碳酸酯等高附加值产品。新能源新材料产业逐步形成煤基碳材料和煤基硅材料双产业链,覆盖光伏、负极材料与锂电池、碳素与石墨电极三大板块,通过发展光伏电池片、分布式电站,更加深度介入国内光伏产业链,石墨电极通过掌握煤系针状焦核心技术,产品系列化程度不断提升,国内外市场份额稳步提升。经过五年的艰苦奋斗,集团经济发展方式转变加快、产业布局不断优化、科技创新能力持续增强、和谐企业建设再上新台阶,企业已经发展成为高端煤化工为代表的充满生机和活力的新型能源化工集团。

作为跨区域、跨行业、跨所有制经营的国有特大型企业,目前资产总额超2000亿元,营业收入超1700亿元,现有二级企业111家,在岗职工12.9万人,

控股平煤股份、神马股份、易成新能3家上市公司，拥有7家新三板挂牌企业，1个国家重点实验室，资产证券化率42%，下属70%以上为混合所有制企业。主要产品轮胎骨架材料产能世界第一、35%以上出口海外，尼龙66盐、工程塑料产能亚洲第一，与40多家世界500强企业和跨国集团建立贸易、资本等合作关系。2021年，完成利润60亿元、税费80亿元，工业总产值增长29.5%，创历史最高水平。

二、"十四五"发展思路及目标

（一）指导思想

以习近平新时代中国特色社会主义思想为指导，全面贯彻党的十九大和十九届二中、三中、四中、五中全会精神以及省委全会精神，贯彻"创新、协调、绿色、开放、共享"的新发展理念，准确把握融入"双循环"新发展格局，认真落实中部地区崛起、黄河流域生态保护和高质量发展战略，紧扣高质量转型发展目标任务，主动适应经济发展新阶段，以稳中求进为工作总基调，牢固树立"传承发展、守正创新"八字工作方针，牢牢把握"六个坚持"基本原则，坚定不移走科技含量高、经济效益好、资源消耗低、环境污染少的新型工业化道路，努力实现更高质量、更有效率、更加公平、更可持续、更为安全的发展，加快建成具有全球竞争力的世界一流企业，在谱写新时代中原更加出彩的绚丽篇章中奋勇争先、增添重彩。

（二）发展战略

一是主业优先。围绕国家产业政策导向，落实河南省及平顶山市经济总体发展战略和产业结构调整的要求，重点做强煤焦、尼龙化工、新能源新材料三大核心产业。

二是创新驱动。坚持科技体制机制创新，激发创新活力；坚持自主研发和产学研结合并举，汇聚创新合力；坚持研发工作与成果产业化并重，提高创新能力；对标世界一流企业，加强制度创新、管理创新，增强创新动力。加快建设一批引领高质量转型发展的科技引领型重大战略项目，培育壮大一批科技创新共享孵化型企业，抓紧谋划一批重大科研课题，加快打造一批全流程重点实验室，建设一批产学研共享信息平台，培养一大批科技创新人才。依靠创新为集团高质量发展赋能助力。

三是集聚发展。按照"园区化、大型化、集约化、现代化"的理念，以系统集成与多项目联产为依托，强化产业链互联互通，实现产业上下游一体化协同发展、耦合共生发展，打造各具特色的循环经济和生态工业模式，形成产业集聚、布局集中、资源集约的发展新格局。

四是绿色发展。深入贯彻习近平生态文明思想，全面落实集团近零排放五年行动方案，以零排放为目标加强污染防治，实施产业绿色改造和污染治理，大力推进资源综合利用和清洁生产，不断提高工艺装备节能减排水平，实现能源消耗和碳排放总量、强度"双控"和污染物排放减量替代要求，大力发展循环经济，推动以绿色建材"智"造为主的工业固废资源综合利用产业，打造底色更绿的产业体系。

（三）总体思路及目标

打造"131"产业空间布局，构建"133"现代产业体系，实现"211"奋斗目标。即："一基三园一廊""一本三核三高""2000亿、100亿、争一流"。具体来说：

空间布局"131"规划："一基三园一廊"。一基，立足平顶山本部基地；三园，做强平顶山尼龙新材料产业集聚区、许昌硅碳先进材料产业园、开封精细化工园区；一廊，打造豫西南煤基先进材料工业长廊。

产业体系"133"规划："一本三核三高"。一本，坚持以煤为本；三核，聚焦煤焦、尼龙化工、新能源新材料三大核心产业；三高，构建高技术、高质量、高附加值的现代产业体系，科学描绘集团"十四五"发展蓝图，吹响了迈向世界一流的嘹亮号角。

奋斗目标"211"规划："2000亿、100亿、争一流"。实现营业收入超2000亿元、利润超100亿元，争创世界一流企业，实现由传统能源化工企业向新能源新材料企业的转型，具有全球竞争力的世界一流高端功能性新材料生产企业特征初显。远景目标：成为具有全球竞争力的世界一流高端功能性新材料领军企业。

（四）主要经济指标

2025年，实现原煤产能4800万吨、精煤1500万吨、焦炭770万吨；尼龙66聚合产能60万吨、尼龙6聚合60万吨、己二酸100万吨、己二腈5万吨、聚碳酸酯10万吨、双酚A13万吨；光伏电站2226兆瓦、锂电池7GW、负极材料7万吨。集团实现营业收入2200亿元，利润总额110亿元。

（五）产业布局

构建"$3+1+1+X$"的多元业务发展格局，产业体系如图1所示。

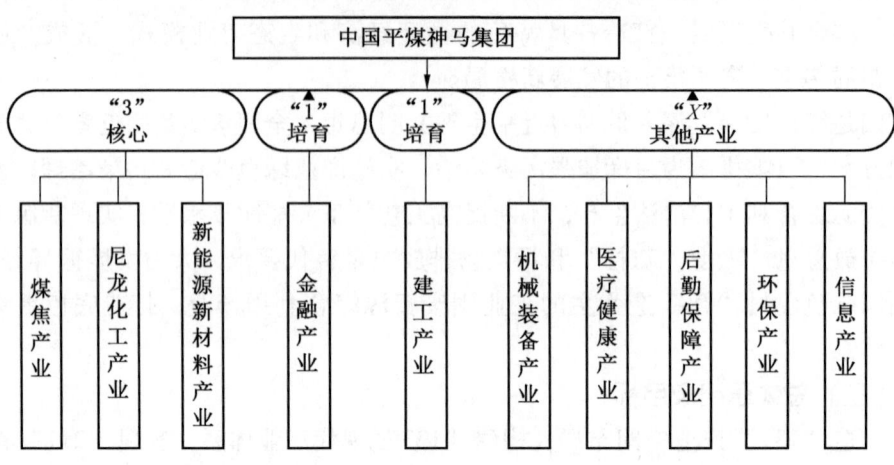

图 1　中国平煤神马集团产业体系图

"3"即 3 大具备竞争优势与市场前景的核心产业，通过人才、技术、资金等资源的密集投入，重点发展煤焦、尼龙化工以及新能源新材料三大核心产业，以强化竞争优势与市场地位。

"1"即 1 个金融产业，以"产业基金"和"租赁"业务为抓手，盘活固定资产，撬动社会资本，实现金融支持产业经营成本节约、产融结合提高资本回报和抗风险性的目标。

第二个"1"即 1 个建工产业，重点培育建工产业，积极整合省内资源，打造河南省级建工集团，开拓河南省内建筑市场。

"X"即 X 个其他产业，包括环保产业、信息产业、机械装备、医疗健康、后勤保障以及其他产业。通过自主经营、专业化运营与管理，实现产业自主独立发展。

三、各产业板块发展思路

（一）煤焦产业

充分利用集团优质主焦煤资源优势，通过实施"大精煤"战略，实现煤炭产业由"量大"向"质优"转变。继续向产业链下游、价值链高地延伸，做强煤基特色产业链，大幅提高精细化产品比重，实现煤焦一体化发展。

1. 煤炭采选

一是实施大精煤战略。加强优质炼焦煤生产组织，不断加大原煤入选力度。通过采取强化源头煤质管理，降低入选原料煤灰分；不断完善选煤生产工艺，制定科学配洗方案等措施，"十四五"末精煤回收率提高2%以上。

二是提高矿井智能化水平。围绕绿色化、智能化和技术"三大改造"，优化生产工艺，科学选择攻关方案；借助信息化及科技手段，强化自动化采掘，提升人均开采效率；加强科技创新攻关，着力破解制约煤矿安全高效生产难题，推动煤炭采选业高质量发展。

三是优化产能布局，对矿井进行科学分类管理，结合各矿开采条件、煤层赋存、资源储量、技术装备、系统能力、安全保障、煤质煤种、开采效益等情况，将矿井划分为提档升级矿井、逐步退出矿井、维持现状矿井、在建矿井与规划建设矿井五类，按照分类处置原则，对开采条件相对较好、剩余储量丰富、优质煤种比重大、具有释放优质产能的潜力矿井进行提档升级；对所剩资源储量不多、开采效率低，安全生产条件差，且没有后备资源储量的资源枯竭矿井逐步退出，其余生产矿井维持现状，并做好重组煤矿的复工复产及退出工作。

四是开发静脉产业，拓展矸石资源化利用途径，提高矸石综合利用率，通过发展循环经济与静脉产业，实现煤炭板块可持续发展。

五是持续加强煤炭企业兼并重组与化解落后产能，积极推进15对重组煤矿复工复产或合并开发。"十四五"期间，拟对集团剩余重组煤矿和集团直管矿井中生产规模较小、资源临近枯竭、安全风险和生产成本高、开采难度大且难以实现采煤机械化的煤矿，开展淘汰落后产能和化解过剩产能工作。

2. 焦化

一是优化产能结构。先进产能置换落后产能，加快关闭退出技术落后、污染严重、生产成本高的焦炭产能，有序推进技术先进、绿色环保的生产装备大型化改造升级项目建设，提升生产运营效率，降低焦炭单位生产成本。

二是经营管理标准化。积极推进四家焦化企业在生产、经营与管理方面的优秀实践分享与标准化，降低成本，提升焦化产业利润率。

三是提高焦化产品附加值。立足"以焦促化、以化养焦"，大力推进煤焦油产品深加工，培育发展以煤焦副产品为基础的精细化工产品，例如咔唑、精蒽、甲基萘等，实现精细化发展和资源循环利用，提升焦化产品附加值。

四是推进生产管理智能化。积极推进焦炉智能化成套设备的全线应用，提高设备的自动化水平和生产过程的可视化水平，实现"有人值守、无人作业"，提升安全生产水平，提升人均工效。

（二）尼龙化工产业

对标全球行业一流，推动尼龙化工产业提档升级。抓住平顶山尼龙新材料产业集群（中国尼龙城）纳入国家首批66个新兴产业集群和河南省政府将尼龙及化工新材料列入重点培育的10个新兴制造业产业集群，与平顶山市政府携手大力推进"中国尼龙城"建设的政策机遇，依托集团煤炭、粗苯、氢气、液氨等内部资源，实现优势互补，大力发展PA66、PA6差别化纤维、改性工程塑料及注塑、特种尼龙、聚氨酯等尼龙高端产品，形成以尼龙66为核心业务，尼龙6为培育业务，特种尼龙为新兴业务的三大产业链，全力打造产品高端、国际一流的千亿级尼龙新材料产业集聚区，努力建成规模领先、产业链最完整、集聚效应最明显、具有国际一流竞争力的尼龙产业集团。继续依托本地"一黑一白"资源优势，将盐化工和尼龙、新材料产业更紧密地结合在一起，推动高端精细化工产品发展，全力建成我国最强的PC新材料基地和中部地区一流的盐化工基地。

1. 尼龙化工

一是积极实施大尼龙战略。尼龙66与尼龙6并行发展，进军特种尼龙，完善产业链条，扩大产业规模，吸引下游客户集聚发展，形成世界级尼龙新材料产业集群。二是实施差异化高端化战略。以科技创新为引导，调整产品结构和产业结构，开发高端产品，提高产品附加值，占领价值链高端位置。三是补短板提升产业竞争力。解决制约产业发展的关键原料问题，降低动力工程成本，降低产业风险，提高市场竞争力。四是技术改造与新项目建设并重。通过对现有装置进行技术改造升级，小投入取得大产出，达到降低单位产能投资强度的效果。五是实现国际化运营。逐步做大海外市场，在加强出口和内循环的基础上，探索海外投资和产能建设。

2. 盐化工

一是严控板块投资，限制对盐化工产业的投入，谨慎研判盐化工板块扩张。二是深耕光气，充分利用光气资源，借由PC项目拉动板块整体盈利能力。三是探索电价降低，探索分布式光伏发电、电厂直购、电网谈判等方式，力求降低用电成本。四是寻求跨板块协同，基于集团产业园规划，寻求与尼龙、新能源新材料等产业潜在协同。五是储备研发动力，结合集团整体及盐化工板块战略方向（如高端PC市场），不断完善研发体系、培育高端产品研发人才，为向产业链高附加值下游进一步延伸蓄势。

（三）新能源新材料产业

坚持科技创新，提升新能源新材料产业支撑力。立足技术和市场最前沿，瞄准国内领先、行业一流的发展定位，推动新能源新材料产业调整转型再提速，抢占未来发展制高点。继续拓展和延伸现有产业链条，在原材料供应、下游产品研发方面，与国内外领先企业开展全方位合作，大力发展光伏新能源等产业，积极探索硅碳材料向前瞻性产业领域迈进，打造高端碳材料、硅材料产业链，推动新能源新材料向更高端领域迈进，打造世界一流的新能源新材料产业基地。

一是要加快光伏产业下游集中式和分布式发电系统建设速度，打造绿色工厂，分享光伏产业发展红利；二是要利用集团煤焦到针状焦的产业链优势，重点布局负极材料，逐步向碳硅负极材料领域延伸，为发展下游储能电池打下良好基础，进一步深化"光伏+储能"业务模式；三是要持续保持石墨电极市场领先地位，依托研究院开发高利润新产品，进一步提升超高功率石墨电极产能和品质，并向碳纤维、石墨烯等领域加大研发投资，培育新材料领域新经济增长点。

（四）建工产业

一是整合省内资源，打造省级建工集团。积极整合省内资源，打造河南省内的省级建工集团，承接河南省内公共基础设施项目，优化业务结构。二是聚焦轨道交通与房地产开发业务。一方面依托建工集团地下空间作业以及建筑资质优势，重点发力公路、地铁、铁路项目的建设工程。另一方面通过投资、并购、参股等方式与具备房地产开发资质的企业合作，聚焦河南省内房产开发市场。三是业务模式转型。以施工建设为主营业务，向前端投融资、后端运营拓展，拓展业务模式，依托省内资源向EPC和BOT业务模式转型，提升建工集团利润率水平。

（五）金融产业

一是整合集团内部资源，打造一体化金融平台。加快推动集团下属优质金融资源整合，包括下属财务公司、中平投资公司、融资担保公司、平煤神马融资租赁公司、资产管理公司等单位，形成多样化的"大金融"格局，打破原有"小而散"局面。建立统一的投融资平台，协调子公司资金需求和投资方向；通过并购外部的银行、证券、保险等大型金融资产，进一步强化集团金融产业竞争力，并向外部市场提供金融服务。

二是优化融资渠道，保障集团资金需求。融资渠道重心由债务性融资向权益性融资转变。债务性融资优先采用政策性金融机构贷款等方式，实现贷款期限最长化、贷款利率最低化；通过发行永续债、开展资本市场融资、股权基金等方式引进权益类资金，进一步释放债务性融资压力，保障集团资金需求。

三是重点发展产业基金，撬动社会资本。为保障集团"十四五"期间项目投资的资金需求（30%资本金主要来源于利润留成和折旧计提；70%贷款由债务性融资和权益类融资实现），依托省级政府资源支持，重点发展尼龙、新能源新材料、环保节能等战略性新兴产业基金，发挥杠杆效应，进一步撬动社会资本。

四是推动实业发展，孵化新兴产业。借助资本力量进一步扩大招商引资力度，做大做强尼龙新材料产业集聚区、许昌硅碳先进材料产业园、开封精细化工园区；同时，孵化高潜初创型企业，培育集团未来经济新增长点。

（六）其他产业

1. 环保产业

落实集团产业绿色发展战略要求，重点围绕服务集团煤焦、尼龙化工、新能源新材料三大核心产业工业资源综合利用和环保升级发展需要，发展工业资源综合利用、环保节能工程建设、第三方运维服务。

2. 信息产业

坚持立足科学发展，着力自主创新，完善体制机制。一是打造智慧企业。通过5年的信息化建设，打通信息主干道，实现人、财、物、产、供、销、存资源共享，以数字化技术和专业模式转型，推动集团和产业的创新发展。二是建设智慧工厂、智能矿山、智慧园区。重点实施数字化智能化改造，广泛应用大数据、工业互联网、物联网、5G等信息技术，建成技术成熟先进、管理有效、信息"两化"深度融合的国内一流智能园区和智能工厂。三是要重点布局工业互联网。到2025年，形成覆盖生产、经营、管理、安全、环保、党建的智能化、信息化矩阵；完成集团党的建设"一保证"，安全生产"一张图"，生产调度"一系统"，财税人资"一本账"，物资设备"一个库"，数据传输"一张网"，计算存储"一个云"，资金归集"一个池"。

3. 机械装备产业

一是调整产权关系，推动企业市场化改革。以集团"四项工程"为指导，围绕提升市场化运作能力，着力推进装备产业内部并购重组，逐步归零三级以下法人。二是优化产业结构，着力发展智能制造、高端铸造、表面耐磨处理技术，打通产业链堵点；着力发展采煤机、掘进机、电液控制修能力，补齐产业链短板。三是调整产品结构,推动产业高端化升级。逐步淘汰技术门槛低、附加值不高的落后产能,集中优势资源,提升产品技术质量,降低产品生产成本,增加企业盈利空间。四是强力拓展市场,推动产业服务升级。

4. 医疗健康产业

强化医疗卫生体系化建设,提高综合服务能力;强化人才队伍与医院学科建设;加强医院安全质量与内涵管理,开展对外合作改制;加强行风政风建设,树立良好行业形象。

5. 后勤服务业

对两堂一舍进行分类专业化管理;对工业和办公物业进行科学考核与社会化运营推进;进一步优化供水项目,提高供水服务品质。

四、园区发展规划

(一)豫西南煤基先进材料工业长廊

以"中国尼龙城"建设为基础,形成平顶山尼龙新型材料、硅碳先进材料两个核心产业集群,最终在 500~1000 平方千米范围内,搭建起以许南公路为中轴线、连接驻马店—信阳—郑州—许昌—平顶山—南阳六个地市、特色鲜明的区域经济带。同时,以工业走廊为核心,辐射带动一大批配套中小企业、特色农业、立体养殖业协同发展,促进周边县域经济发展和乡村振兴。

(二)平顶山尼龙新材料产业集聚区(集团所属部分)

依托集团产业优势,落实"大尼龙、全产业链、国际化、创新引领"发展战略,发展尼龙化纤及制品、尼龙工程塑料及制品、聚氨酯及制品三大产业链条,打造国际一流的尼龙新材料产业集群。在发展路径方面,主要发展尼龙中间体、聚合物等上游产业,通过招商引资,吸引国内外先进企业入驻园区,发展中下游产业。经过 5~10 年努力,园区实现 100 万吨己二酸、100 万吨己内酰胺、100 万吨尼龙 66 系列产品产能,建成国际一流的尼龙新材料产业集群。

(三)许昌硅碳新材料产业园

持续保持石墨电极市场领先地位,依托研究院开发高利润新产品;与隆基股份保持紧密联系,加快光伏产业相关项目建设速度,分享光伏产业发展红利;利用产业链优势,布局锂电负极产业,为储能产业发展打下良好基础。

(四)开封精细化工产业园

打造集团"煤、汽、电、盐、碱、氯、下游氯产品"产业循环经济产业链,形成产业链相对完整、具有规模和成本优势的精细化工产业园区。

五、支撑工作与保障措施

（一）体制机制创新

以健全完善市场化经营机制为主线，重点推进人事、中长期激励和经营绩效考核三项重点改革任务，增强企业竞争力、创新力、控制力、影响力、抗风险能力。推动治理机制更加制度化、规范化，推动用人机制更加差异化、市场化，推动激励机制更加精准化、多样化，推进国有经济布局优化和产业结构调整，分层分类、积极稳妥深化混合所有制改革。

（二）科技创新

坚持把创新作为引领发展的第一动力，把实施科技创新"六个一批"作为重要抓手，坚持抓好当前与谋划长远相结合、坚持自主创新与开放合作相结合、坚持内部"挖智"与外部"招才"相结合。聚焦集团产业发展技术瓶颈，坚持"有选择引进、有重点突破、有目标赶超"工作思路，构建更加完善的科技创新体系，奋力打造行业科技创新标杆，为集团高质量转型发展提供强有力科技支撑。

（三）国际化经营

提升资本运营层次和水平，树立国际化视野、全方位提升开放带动水平。强化与集团产业上下游企业的合资合作，重点围绕煤焦、尼龙化工、新能源新材料加强合资合作，同时以合资合作、新建项目等方式带动集团高新技术新兴产业发展。积极寻求与技术、资本、市场、人才等拥有者的合资合作，拓展国际化视野，推动神马股份在海外并购，规避贸易壁垒，扩大其全球市场份额。

（四）安全发展

牢固树立以人为本、安全发展的理念，深化安全管理体制机制改革，严格落实安全生产主体责任和安全第一责任，以构建安全生产长效机制为主线，抓好风险预控，实现超前防范，不断增强系统管控和综合保障能力，以科技进步为重要支撑，规范安全管理，加强基础建设，全面提升企业全员安全素质和安全生产综合保障水平，杜绝较大以上事故，严格控制各类零星事故，实现集团安全稳定健康有序发展。

（五）瓦斯治理

牢牢把握"六个坚持"基本原则，坚持市场引导，强化政策扶持，加大科技攻关，统筹布局，合理开发，落实区域瓦斯综合治理技术路线，加大煤矿瓦斯抽采利用力度，推进重点煤矿瓦斯规模化抽采利用，保障煤矿安全生产，增加清洁能源供应，保护生态环境，实现集团全面可持续发展。

（六）循环经济

以污染物近零排放为追求目标，主要污染物排放总量逐年下降，化学需氧量、氨氮、二氧化硫、氮氧化物五年排放总量分别控制在1147吨、120吨、1055吨、2733吨，比"十三五"末均下降6%。到2025年，集团能源消耗总量控制在400万吨以内。稳步下降能源消费强度，到2025年万元产值综合能耗下降10%。

（七）智能化发展

以创新促发展，统筹抓好智慧企业、智能矿山、智慧工厂等各项工作，夯实"智慧平煤神马"信息基础设施，聚焦三大产业的数字化转型升级，加快推进人、财、物、产、供、销全面一体化集成管理的企业ERP系统建设，构建工业云中心、工业大数据、运营共享服务三大数字中心，打造集团工业互联网平台，推动集团数字化转型，提升集团数字核心竞争力。

（八）资本运作

围绕集团"六个坚持"，推进一切有形与无形资产，通过流动、裂变、组合、优化配置等方式进行有效运营，通过实施"资产资本化、资本证券化"，实现企业整体上市。促进实业发展与资本运作"双轮驱动、两翼共振"，助力集团产业结构调整升级，产业规模螺旋上升，发展质量高效提升。

（九）法治建设

坚持以事前防范法律风险和事中法律控制为主、事后法律补救为辅的原则，通过建立健全集团依法决策、依法经营、诚信守法的管理制度，着力完善企业法律风险防范机制，不断提升企业法治管理能力，推动企业治理体系和治理能力现代化，为促进集团健康可持续发展提供坚强的法治保障。

（十）企业文化建设

坚持以社会主义核心价值观引领文化建设，紧紧围绕举旗帜、聚民心、育新人、兴文化、展形象的使命任务，充分发挥文化引领风尚、教育人民、服务社会、推动发展的作用，激发文化创新创造活力，不断提升全体干部职工产业兴国、实业报国的精气神，不断推动形成适应新时代要求的思想观念、精神面貌、文明风尚、行为规范，以高度的文化自信、坚定的价值追求和丰富的文化实践，为集团高质量转型发展、加快建成具有全球竞争力的世界一流企业提供强大文化支撑和精神力量。

（十一）人力资源

按照控制总量、优化结构、提升素质、夯实基础的基本工作思路，通过控员定员，优化配置，提升效率效益，持续不断地为集团高质量转型发展提供充足的活力。一是用工总量得到有效控制，二是知识结构得到明显优化，三是技能水平得到显著提升，四是职工素质得到充分提高。

深入推进人才强企战略，着力统筹推进各领域人才队伍建设，进一步深化人才发展体制机制改革，持续优化人才政策环境，更大力度实施人才工程，激发人才存量潜能，优化人才增量结构，扩大人才总量规模，加快构建科学规范、开放包容、运行高效的更具竞争力的人才制度体系，为推动集团高质量转型发展、加快建成世界一流企业提供强大智慧源泉和人才支持。

（十二）党建工作

以习近平新时代中国特色社会主义思想为指导，以"两个高质量"双百分综合考核为抓手，全面履行管党治党的政治责任，深入推进"三四四一"党建工作机制，努力提高党的建设质量，巩固企业发展的"根"和"魂"，为集团转型高质量发展提供有力保证。

山西焦煤集团有限责任公司"十四五"发展规划

序

"十四五"时期是我国开启全面建设社会主义现代化国家新征程，向第二个百年奋斗目标进军的重要阶段；是全省聚焦"全方位推动高质量发展"目标要求，在转型发展上率先蹚新路的关键时期；是焦煤集团立足新发展阶段、贯彻新发展理念，加快新焦煤建设的重大战略机遇期。

"不谋全局者，不足谋一域；不谋万世者，不足谋一时"。面对百年未有之大变局，集团公司以习近平新时代中国特色社会主义思想为指导，重启"资源重整、组织重构、文化兴业、内涵发展"发展路径，坚定高起点、高标准发展步伐，聚焦能源改革、安全生产、"双碳"目标，聚焦转型发展、深化改革、提质增效，将新发展理念有机融入发展大局，确保了企业始终朝着正确的方向前行，必将把新焦煤建设事业推向新的高度。

新阶段、新挑战、新机遇。希望集团上下遵循习近平总书记"加快建设世界一流企业"要求，紧紧围绕"十四五"发展规划这一重大战略目标，时不我待、只争朝夕，与时俱进、不负韶华，为加快建设具有全球竞争力的世界一流炼焦煤企业而不懈奋斗！

一、企业发展现状与"十三五"简要评价

"十三五"期间的重大突破与成就：山西焦煤集团积极响应改革号召，深入推进"双百行动"并积极推进专业化重组；规模实力进一步扩大；已初步构建集约化发展模式；基本形成多元化产业布局；安全保障能力持续提升；清洁利用成效显著；在新商业模式多元探索上形成有效尝试；企业文化体系逐步形成。

企业发展的经验教训与提升方向：山西焦煤集团经营水平有待提高、资源储量有待提升、管理合力有待激发、市场理念有待更新、转型阻力有待破除、资产证券化有待推进。

二、发展环境分析

（一）宏观环境分析

国际政治经济环境：全球经济延续高债务低利率低增长态势、国际经济大循环调整加快、全球治理向多极化方向加快重构等趋势凸显。

国内政治经济环境："国内国际双循环相互促进的新发展格局"逐步形成、国内经济增长中枢下调但结构优化潜力巨大、经济社会复杂性提高导致风险管理难度加大、绿色发展比较优势更加凸显、对外开放面临更多非经济因素影响、国企改革将进入深水区等将对企业发展造成深刻影响。

山西省政治经济环境：山西经济处于转型发展的关键阶段，作为全国第一个全省域、全方位、系统性的国家资源型经济转型综合配套改革试验区，山西省转型综改的序幕已经拉开，如何落实中央和山西对国企改革的相关决策部署、提升自身产业集约化水平和市场竞争力，将是山西焦煤集团在"十四五"期间必须肩负的改革发展历史使命。

（二）产业环境及发展趋势分析

煤炭产业：随着宏观格局的演变即将迈入深化供给侧结构性改革、推动需求侧变革、促进高质量发展的转型时期，安全环保要求不断提升，向新技术、新产业、新业态、新模式、新产品的创新变革成为行业发展的主旋律。长期来看，炼焦煤需求随下游焦炭和钢铁产业呈现下滑态势，预计至2025年需求规模将降至4.4亿吨。

焦化产业：焦炭需求短期内受粗钢产量增长刺激将以年均0.6%的增速上涨至接近每年4.7亿吨；中长期来看虽受粗钢产量下行影响进入平台期，但国内需求总量规模依旧较大，将维持在4亿吨以上。焦钢联合、园区化、大型化、智能化、绿色化、焦化产业链融合发展等趋势显著。

煤化工产业："三化一型"高质量发展、打造高端碳材料和碳基合成新材料集聚区成为核心发展趋势，焦炉煤气高端综合利用转型和煤焦油精细化加工成为焦化煤化工高端转型的主要抓手。

民爆产业："十四五"期间受主要下游市场萎缩态势影响，将进入缓慢下行阶段，预计2025年市场规模将回落至310亿元。同时，供需关系调整和规范化发展引导行业利润提升，产品结构优化将推动行业高质量发展，爆破服务占比提升，一体化趋势逐步显现，行业重组将推动集中度进一步提升。

金融产业："十四五"期间，按照习近平总书记指示，深化金融供给侧结构性改革、增强金融服务实体经济能力、防范化解金融风险、推进金融改革开放，推动我国金融业高质量发展。

三、发展战略与指导思想

（一）指导思想与总体要求

指导思想：以习近平新时代中国特色社会主义思想为指导，深入贯彻党的十九大和十九届历次全会精神，全面学习贯彻习近平总书记"三篇光辉文献"和视察山西重要讲话重要指示精神，紧紧围绕山西省委"主强辅优、分灶吃饭、对标挖潜、突破两线、流程管控、数智支撑、业绩考核、奖罚分明"32字要求，以"资源重整、组织重构、文化兴业、内涵发展"为主攻方向，以"聚焦主业、深化改革、全面变革、创新发展"为战略路径，全面增强企业核心竞争力，率先蹚出一条高质量转型发展新路子，打造具有全球竞争力的世界一流炼焦煤企业。

基本原则：坚持集约化发展、坚持协调发展、坚持全面深化改革、坚持安全发展、坚持循环发展、坚持创新驱动、坚持法治引领、坚持开放融合、坚持成果共享、坚持廉洁发展。

（二）愿景定位

"十四五"期间，秉承国家高质量发展、经济转型、国企改革等相关政策与规划要求，落实山西省委、省政府部署，全力将山西焦煤集团打造成为具有全球竞争力的世界一流炼焦煤企业。

（三）发展思路

（1）战略目标：全力打造具有全球竞争力的世界一流炼焦煤企业，坚定实施"三个三年三步走"发展战略。

2020年山西焦煤与山煤集团联合重组后，组建了新的焦煤集团，提出2020—2028年"三个三年三步走"发展战略。

第一个三年（2020—2022年），初见成效。打牢高质量转型发展基础，培育核心竞争力，到2022年新焦煤建设初见成效。

第二个三年（2023—2025 年），振兴崛起。进入一个新的振兴时期，核心竞争力基本形成，高质量转型发展效益凸显，到2025年新焦煤建设基本实现。

第三个三年（2026—2028 年），自成标杆。集团公司核心竞争力持续增强，领跑国内煤焦行业，跨入世界一流煤焦企业行列，到2028年新焦煤建设全面实现。

（2）战术策略：优化提速"三个三年三步走"，三年并作两年走，9年目标7年完成。

2020—2022 年，强基固本。全面学、深入学、对标学，坚持向世界一流、国内领先企业学习，向一切值得我们学习的经验、做法学习。通过"学"实实在在打牢高质量发展的基础，实实在在迈过全国同行业平均水平的"生存线"。

2023—2024 年，高质发展。三年并作两年走，全面赶上、迎头赶上、大踏步超越时代步伐，闯出一条创新发展新路子，成为行业发展的"并跑者"。通过"赶"，推动新模式、新技术、新管理创新集成，全面跨过全国先进水平的"发展线"。

2025—2026 年，行业领军。再用两年时间完成第三个"三步走"，快速超越、强力超越，跨入世界一流企业行列，成为行业发展的"领跑者"。通过"超"，独树一帜、自成标杆，成为国际炼焦煤市场的领军级企业。

四、企业发展主要目标

（一）远景规划目标

山西焦煤集团产业结构和企业布局进一步优化，构建主业、辅业、其他业务协同发展的一体化产业生态圈；形成全球领先的生产水平、产品及服务品质，具备高品质的精益生产、智能化及数字化技术水平；树立在全球资源配置中的领军地位，打造国际知名、行业标杆的品牌形象。

（二）五年发展目标

——形成典范的行业地位。

市场份额：焦煤全国市占率（基于生产销量）突破20％，焦炭全国市占率（基于生产销量）突破5％。

行业引领：成为焦煤行业产品标准、市场价格、发展方向的"风向标"。

品牌形象：形成国际知名、行业标杆的品牌形象。

——实现领军的业务成就。

营业收入规模：至 2025 年达到 3700 亿元营业收入，保持在全球 500 强前列。

盈利水平：至 2025 年达到约 4.5% 利润率（基于利润总额），接近行业领先水平。成本管理达到行业中上水平。

业务布局：基本形成主辅业协同发展、国内外统筹布局的业务结构。

——打造领先的运营能力。

技术创新：智能化生产、精益化管理达到行业领先水平，不断创新行业生产技术及工艺流程。

生产效率：劳动生产率达到国内行业领先水平。

服务品质：满足客户需求，提供成熟丰富的综合解决方案。

可持续发展：建立领先的安全环保管理能力，拥有丰富的资源储量。

（三）发展目标分解

1. 总体目标

山西焦煤集团将形成煤炭、焦化、现代物流、民爆四大产业以及金融支撑性产业五大产业协同发展的产业格局，产业结构和企业布局得到调整优化，产业产权结构更加合理，治理结构及管控能力进一步完善，业务运营流程更加优化，混合所有制改革取得突出成果，核心竞争力和行业影响力进一步增强，品牌形象进一步提高，为山西焦煤集团实现长远战略目标奠定基础。

2. 产业结构调整目标

"十四五"末，产业结构调整目标是：强化煤炭和焦化业务的主业地位，发挥金融、民爆、煤化工三大辅业的协同效应，产业结构优化调整取得明显成效。

3. 主要经济指标

"十四五"末，经济发展目标是：实现营业收入 3700 亿元以上，利润总额 165 亿元以上。

4. 技术进步指标

加大科研经费投入，保持研究开发费用占营业收入比维持在 1.5% 以上；力争"十四五"规划期结束后，集团公司重大技术攻关项目达到 60 项。重点关注技术对煤焦主业的支撑作用，采煤综合机械化程度和掘进机械化程度维持在 100%，完成智能矿山建设 20 座以上。

5. 安全生产目标

树立安全生产理念，制定安全生产目标，落实安全生产责任制，强化安全管理力度，提升从业人员素质，开展安全风险分级管控，排查治理事故隐患，不断规范、持续改进安全生产管理，适应安全治理体系和治理能力现代化要求，实现安全发展。

6. 节能环保目标

实施全生命周期生态环境保护，实现生产开发与生态环境协调发展。积极开展新型高效、绿色、经济的生态修复技术；利用信息化、智慧化手段快速推进矿区生态文明建设；持续深化伴生资源利用及新技术应用。执行完善生态环保及资源利用制度，落实生态环境监测主体责任制。

7. 投资风险控制目标

坚持"三重一大"决策程序，围绕山西焦煤集团整体战略及产业布局，合理控制投资节奏，有效管控投资风险，最终实现进一步提高投资效率、支撑产业发展、降低集团资产负债率的目标。

8. 组织结构调整目标

推进整合构建世界一流的全新组织管控体系，强化集团总部、二级单位、三级单位分别作为决策层、经营层、执行层的组织架构，建立高效协作、分工明确的组织定位和职能分工体系，进一步提高管理效能。重塑山西焦煤集团总部功能定位，强化其战略决策、资本运营、效益创造、风险防控的中心角色；发挥上市公司平台优势，做强二级单位经营及管理能力；进一步强化三级单位生产能力，激发全员生产活力。

9. 人力资源目标

建立企业人才选拔、培育、激励长效机制，着力加强煤炭生产技术、科技创新、品牌营销、企业管理及金融产业的人才团队建设和培养。进一步深化"三项制度"改革，破除体制机制障碍；进一步健全人才发展机制，完善人才培养体系。

10. 社会民生目标

通过改善一线员工作业环境、加强职业健康管理、提供职工保障等手段，持续改善民生，增进员工福祉，坚持把"为员工谋福祉"作为一切工作的出发点、落脚点，促进职工全面发展、和谐稳定。

(四) 发展路径

资源重组方面。遵循资源资产化、资产资本化、资本证券化发展理念，打破内部资源壁垒，利用上市公司平台推动煤炭资源整合和专业化重组，实现资源合理流动、组合、配置。立足国际国内"两个市场",开放上下游产业合作推动煤炭产业链深度融合,形成全球化的炼焦煤市场引领力和核心竞争力。

组织重构方面。坚持组织架构扁平化原则,实施组织体系变革,压缩管理层级,简化部门设置,明晰职责定位,分流富余人员,全面优化管理要素配置,消除组织传统惯性,激活组织沉淀资源,同步推进业务流程再造,通过KPI拉通"端到端"的业务流程,形成权责分明、简洁有力、运转高效的现代化企业组织体系。

文化兴业方面。顺应市场化取向和人性化特征,结合企业多年形成的优良传统,培育、提炼、塑造具有自身特色的价值理念、经营准则、道德规范等,牢固树立以奋斗者为本、长期艰苦奋斗的核心价值观,大力推崇以价值为导向、以结果论英雄的管理理念,全力奉行"以客户为中心、以效益为中心"的经营理念,突出文化引领,推动企业管理向文化管理迈进。

内涵发展方面。树立国际视野,勇立时代潮头,聚焦战略目标,锁定世界一流,对标立标、深化改革、全面变革、创新驱动,破除结构性、体制性、机制性矛盾,加快构建企业现代化制度体系、管理体系、产业体系,全面创新管理模式、商业模式、盈利模式,突出资本引领,强化安全保障,率先蹚出高质量转型发展新路。

五、规划期内主要任务及重大项目

(一) 主要任务

1. 保障安全生产水平

树立安全生产理念。按照"坚决守住不发生重大生产安全事故的底线"和"四铁""四硬"要求,贯彻落实"安全第一,预防为主,综合治理"的安全生产方针,牢固树立安全生产红线意识,用先进的安全生产理念,指导煤矿开展安全生产工作。

制定安全生产目标。制定可明确考核的安全生产目标,纳入安全生产专项整治三年行动计划内容,并建立安全生产目标管理制度。坚持贯彻安全生产"零事故"目标,并对隐患、违章、事故的量化指标,以及对重大安全风险管控效果目标等细化指标进行明确规定。

落实安全责任制度。强化各子分公司董事长、总经理、总工程师和基层矿厂长、区队长、班组长带头落实安全生产第一责任,强化风险意识,实施并兑现安全承诺，落实安全生产主体责任，提供必要的机构、人员、制度、技术、资金等保障，有效推动安全生产标准化管理体系运行，实现安全管理全员参与。

强化安全管理力度。对各项制度的制定、宣贯、执行、考核、修订废止等环节进行规范；借鉴杜邦安全管理体系，构建全方位的安全管理范围；建立并落实管理制度，强化现场管理，定期开展安全生产检查和管理行为、操作行为纠偏，实施安全生产各环节的过程控制；健全技术管理，开展技术创新，推广先进实用技术、装备、工艺，优化生产系统，推动煤矿减水平、减头面、减人员。

提升从业人员素质。明确煤矿人员配备，提高学历、专业、资质的相关要求。加强煤矿从业人员安全培训，提升从业人员安全素质，并建立健全从业人员安全培训档案。

实施风险分级管控。建立安全风险辨识评估结果应用机制，将评估结果应用于指导生产计划、作业规程、操作规程、应急救援预案以及安全技术措施等技术文件的编制和完善中。制定落实安全风险管控方案，按期向煤矿安全监管部门和监察机构如实报告重大安全风险。

排查治理事故隐患。对排查出的事故隐患进行分级，按事故隐患等级进行登记、治理、验收、销号；对治理过程中存在危险的事故隐患治理配备安全措施；对治理过程危险性较大的事故隐患，制定现场处置方案，治理过程中有专人现场指挥和监督，并设置警示标识。

2. 推进环保节能进程

实施全生命周期生态环境保护。积极履行贯穿煤炭、炼焦等工业全流程和全环境要素的生态环保义务，主动落实生态环保责任、全环境监测、矿山绿色开采、资源高效利用作为衡量绿色矿山的核心指标，将全生命周期生态环保工作作为绿色发展的核心工作。

持续深化共伴生资源利用。在持续推进煤炭生产智能化建设的同时，积极拓展煤炭工业全生命周期过程中共伴生资源回收利用及新技术应用。深入推进煤炭分质分级梯级利用的试点，从源头上控制污染物排放，提高煤炭资源综合利用效率和价值。

执行完善环保节能及资源利用制度。严格执行生态环境保护制度，完善资源利用制度，着重落实目标责任制及考核机制。在完善全周期考核的基础上，进一步落实目标责任制度，并配套制定相关管理规范。

推进环保信息化建设。进一步梳理集团及子公司的各类生态环保信息，并进行相关数据清洗、整理和归纳工作，将"有效""有用"的数据上传至集团信息平台。将现有的碳资产管理与监测平台与集团信息平台进行对接，实现集团碳排放量的自动核算、碳资产的统一管理。

优化精益管控水平。有效整合内部生态环保资源，推动环保设施的智能化、专业化管理，确保精益理念先行，有效实现降本增效。注重在现有制度中导入精益化管控的理念、模式、方法、程序，完善工作标准、优化业务流程，形成具有焦煤特色的生态环保精益管控模式。

严格落实三线一单制度。严格按照生态保护红线、环境质量底线、资源利用上线和生态环境准入清单，控制高污染、高能耗项目，持续推进高能耗、高污染设备及工艺的淘汰，推广应用新型绿色、清洁高效相关环节的设备及工艺推荐名录。

深化节能减排工作。从管理、体系、技术等角度出发，进一步推进集团及分公司节能减排工作，强化重点用能单位节能管理机制与体系建设，加速集团内部节能减排技术的研发，建立集团碳排放管理体系。

积极推进绿色创建示范项目。加速推进国家级工业资源综合利用基地试点示范建设，开展以煤炭、焦化生产过程绿色化为核心的绿色园区创建活动，推进绿色供应链制造服务体系创建。

3. 加速推动科技创新

矿山智能化建设和生产装备智能化改造。构建"基础设施—数字平台—智能应用"的智能矿山整体架构，包括以"一张网"和基础设备为主体的智能设施体系、以地质资源信息"一张图"为基础的数字平台体系、以"八大智能应用"为主体的全流程智能体系；采取"试点先行、以点带面、全面推广"的智能矿山分步建设路径，"十四五"期间将在"十三五"智能矿山建设的基础上，大力开展智能矿山（含智能选煤厂）建设。

生产工艺技术革新。山西焦煤集团将国家级科研平台等领先科研资源，根据自有矿井特征有针对性地进行先进生产技术攻关，将采洗配销一体化技术、稀缺煤种精细化开采、配煤、保水开采、瓦斯抽采、灾害防治、煤基固废综合利用、干熄焦和民爆产品生产技术等九大技术方向作为突破重点，构建集团科技竞争力。

4. 构建现代产业体系

煤炭主业做优做强。坚持走"减、优、绿"之路，继续淘汰退出落后产能，继续加强现有矿井技改升级和现代化大型矿井建设;坚持"一级安全生产标准化"和"特级安全高效矿井"两大认定同步推进,先进产能占比保持在85%以上。通过推进配煤基地建设"撬动"外部优质货源,拓展统购统销业务,与集团炼焦煤产品形成优势互补。同步推进集团内部和省内优质炼焦煤资源的优化重组,进一步做优做强炼焦煤主业,为建设世界一流煤炭企业奠定基础。

焦化产业坚持走技术引领和效率效益优先之路,紧紧围绕山西省焦化产业的区域布局和园区布局,以现有产业为基础,进一步优化发展规划,打造大型焦化产业集群。

多元业务市场化发展。现代物流产业要立足于服务内部、外部两个市场,建立集团现代煤炭物流管控中心,建立物流信息管理、数据研发、物流大数据深度融合的一流综合性服务平台。

民爆产业要积极推进技改升级,提升运营管控质量。研究推进商业模式转型,加强新业务、新产品的拓展开发,提供差异化产品和服务,打造山西民爆品牌。

金融支撑性产业要紧紧围绕服务主辅业发展,进一步发挥功能、开拓创新,加强风险防控,着力打造与主业联动发展的产融协同体系,为企业高质量转型发展提供金融支持。

电力产业要以实现资源清洁高效利用及业务增盈为重点,积极引进战略投资者,坚持煤电一体化发展。火电要坚持走坑口低热值煤热电联产的道路,瓦斯发电坚持与瓦斯治理相结合,以用促抽。

建筑建材、装备制造产业要紧紧围绕扭亏增盈,大力推进内部业务梳理和协同,强化市场化运营,不断提高产品和服务质量,在服务好内部市场基础上,积极走出去开拓外部市场。

盐化板块"退盐还湖",同时省外企业要积极开展元明粉资源整合,做优做强元明粉产业;日化板块要进一步推进商业模式和盈利模式变革,优化物流链、供应链和销售链,切实扭亏为盈。同时积极寻求资产合并重组或外部合作,完成转型发展使命。

新能源板块积极响应"2030碳达峰、2060碳中和"国家战略,加强外部企业深度合作,建储并行、持续深耕,不断扩大新能源产业规模。

5. 提升管理理念能力

落实精益化管理。全员合力坚定不移地推行精益化管理,建立有效的制度搭接,注重在现有制度中导入精益化管理的理念、模式、方法、程序,完善工作标准、优化业务流程,系统做好精益化管理与现有制度的协同,形成具有焦煤特色的精益化制度体系。运用管理会计手段作为精益化管理的支撑,强化数据的整合、汇总与精细计量,在对数据进行分析、加工的基础上,建立自动化反馈和管控模型,一切以数据、信息为依据,做到公开、公正、公平、透明,实现全环节全流程接收控制与监督。

强化经营管理。出台全面预算管理实施意见,运用市场化手段,实现各类闲置资产的平衡调拨和有效利用,盘活低效无效资产。加强股权投资管理,分门别类采取措施,对长期不分红、低于市场平均回报率的项目加快市场化出清,减少资金沉淀。加大应收账款回收工作力度,转变应收账款清收工作思路,积极构建激励与约束并行的专业化清收模式,力争在清收实效上取得突破。

推行对标管理。积极落实对标管理,通过科学选取行业标杆,构建"集团公司—专业系统—所属单位"三级对标体系,分系统分单位制定对标管理实施办法,对标一流,持续改进。

全力减亏扭亏。重点对长年亏损、大额亏损成员企业运用5W2H分析法精准定位亏损原因,制定符合实际、具有可操作性的处置方案,一企一策、一事一表,明确工作任务、方法、完成时限、分类处置、集中攻坚。

6. 打造循环经济园区

建立园区化的清洁高效循环利用产业群落,以园区化模式加强煤炭及综合利用、产业延伸等多元业态之间的协同发展,创造1+1>2的经济效应,实现产业链一体化、专业化、精细化和高端化发展。打造"煤—电—材"和"煤—焦—化"两大循环产业链,以六大清洁高效循环利用园区为重点依托,逐步实现煤炭和下游电力、建材、焦化等产业的科学整合,打造清洁高效循环利用一体化示范区,先试先行,持续推进。

7. 建立健全市场机制

全面推进市场化管理机制。推进"三项制度"改革,提高管理活力。按照省属企业"六定"改革要求,以"三项制度"改革为切入点和突破口,持续在破除体制机制积弊上发力,实现"能者上、平者让、庸者下、劣者汰",推动改革一步比一步深入。推广职业经理人制度,完善管理机制。不断健全完善职业经理人市场化选聘、契约化管理、差异化薪酬和市场化退出机制,进一步完善国有企业市场化运行机制和现代企业制度。重点在金融、贸易等领域加快试点步伐,明晰职业经理人与企业董事会的权责，做到权责对等、授权充分。加大混改工作力度，优化企业治理。通过引入具有协同效应和领先优势的战略投资者，实现股权多元化结构，有利于健全协调运转、有效制衡的法人治理结构，落实企业市场主体地位。

全面建立市场化经营机制。对内全面引入价格机制、竞争机制，模拟内部市场化运营。通过建立内部市场分级和价格结算体系，推进契约化、精益化管理提升。对外全面构建"以客户为中心"的市场化经营模式。全面构建"以客户为中心、以客户需求为导向"的经营及销售模式，进一步为客户创造价值。

8. 强化资本运作能力

做大上市平台。加大资本运营能力，发挥上市平台优势，加速资源资产化、资产资本化、资本证券化，增强市场引领能力，向资本要效益；打造成全国炼焦煤规模产能最大、资产质量最优、盈利能力最强的上市公司，力争三年内盈利能力跨入全国煤炭上市公司前五强；积极推进主板上市工作，对新兴产业的中小企业加快新三板挂牌。

优化融资结构。构建集团多层次低成本融资体系，积极推动组建"产业并购发展基金"，采取"PE+上市公司"模式从资本市场引入资金优化融资结构。

加强管理创新。建立投融资项目库，推进硬核优质项目落地。深化公司债政策研究，建立规范高效的公司债运作机制。建立项目后评价管理机制，做好过程监控和效果评价，维护资本安全。

推进产融结合。充分发挥集团下属财务公司对成员单位的资金集聚和融通功能，采取切实措施不断提高成员单位在财务公司的资金归集度，进一步发挥为成员单位提供信贷服务和支持的作用。

9. 深化企业文化建设

重塑"以奋斗者为本，长期艰苦奋斗"的核心价值观。树立和宣贯"以奋斗者为本，长期艰苦奋斗"的核心价值观，倡导艰苦奋斗、砥砺前行的进取意识，继承和发扬焦煤人身上蕴藏着的"执着勇敢、坚韧不拔"优良品格和"自强不息、与时俱进"的奋斗精神。

发扬"团结、奉献、求实、进取"的企业精神，彰显焦煤人的理想信念、价值追求、意志品质和行为准则。

牢筑"发展企业、奉献社会、造福员工"的企业宗旨，在发展中进一步牢筑该宗旨，引导集团为企业创价值、为社会做贡献、为员工谋福祉。

全方位打造企业文化。倡导先进文化理念，创新企业文化载体，开展企业文化活动，选树企业先进典型，营造浓厚企业文化氛围，真正把企业文化转化为全体员工共同的思想准则、价值取向和行为规范，全力打造新焦煤走向世界一流企业的文化软实力和核心竞争力。

10. 全面落实党建统领

加强党的政治建设。坚定政治信仰，增强"四个意识"、坚定"四个自信"、做到"两个维护"，在政治立场、政治方向、政治原则、政治道路上始终同以习近平同志为核心的党中央保持高度一致。要求各级党员干部始终用习近平新时代中国特色社会主义思想来武装头脑、指导实践、推动工作，用政治眼光来观察和分析问题，站在事关转型发展的全局和高度上作决策、抓工作、保落实。

强化政治生态建设。严肃党内政治生活，严格执行民主集中制，坚持个人服从组织、少数服从多数、下级服从上级的原则，用严明的政治规矩和政治纪律保障良好政治生态。坚持问题导向，注重"靶向治疗"，集中精力处置好基层单位存在的自由主义、本位主义、"团团伙伙"、圈子文化等不良现象，解决好执行集团公司重大决策"做选择、打折扣、搞变通"等问题，筑牢企业发展根基。

推进党风廉政建设。深入开展国企反腐败工作，将"不敢腐、不能腐、不想腐"的"三不"体制机制建设落到实处。

落实党内政治监督。成立党委督查委员会，明确了工作职责和相关要求，从源头上搭建起党内政治监督的框架体系，未来将进一步强化政治监督，形成监督任务具体化、监督形式多样化、监督结果长效化的工作机制。

强力推进作风建设。巩固拓展中央八项规定精神在集团公司落地生根、成风化俗，持续推动纠"四风"和树新风工作常态化长效化。

深化党建与生产经营融合。强化一体推进"三不"建设与企业生产经营深度融合，实现纪律建设与内控制度的融合，紧盯重大工程、重点领域、关键岗位，强化对权力集中、资金密集、资源富集的部门和岗位的监督，加快完善细化管控制度，堵塞盲点漏洞。

（二）重大项目

"十四五"期间，山西焦煤集团要坚持按照全产业、智能化发展理念，以重点项目建设为支撑，加快推进由"能源企业"向"具有全球竞争力的世界一流炼焦煤企业"发展。规划建设重点项目182个，其中煤炭产业项目120个（煤矿项目62个，选煤厂项目44个，智能化建设项目14个），焦化产业重点项目7

个，煤化工产业重点项目1个，物流产业重点项目15个，民爆产业重点项目2个，金融业重点项目3个，电力产业重点项目23个，日化盐化产业重点项目5个，其他重点项目6个。

六、保障举措与政策建议

（一）规划保障举措

优化组织管控。在"十四五"期间，山西焦煤集团肩负山西省焦煤产业资源整合发展与打造世界一流企业的双重重任，以"资源重整、组织重构、文化重塑、企业重振"为思路推进整合构建世界一流全新组织体系，集中优质资产聚焦发展，凝聚组织合力，激发全员活力。在新的组织管控体系下，山西焦煤集团要着力打造贯穿决策层、经营层、执行层的高效协作、分工明确的组织构架和职能定位，提高管理效能。具体来说，山西焦煤集团将打造"抓战略、抓管理"的山西焦煤集团总部、"抓经营、抓利润"的二级单位和"抓安全、抓成本"的基层单位。

提升规划管理。战略规划是集团高质量发展的重要指引，山西焦煤集团将完善战略规划管理体系，从整体出发进行系统性战略规划制定，同时在战略规划实施过程中进行动态化管理，切实强化规划对集团发展的引领和指导作用。

健全人才体系。深化"三项制度"改革，建立企业人才选拔、培育、激励长效机制，着力加强煤焦生产技术、科技创新、操作人员、品牌营销、企业管理、金融等人才团队建设和培养，合理构建集团人才梯队。

推进信息建设。通过建立以管理手段信息化、管理内容数字化为基础，以安全生产和管控一体化为核心，以信息流为主线，覆盖企业人、财、物、产、供、销等各项生产经营活动全过程的高级决策支持平台，实现物流、信息流、资金流、价值流及工作流的高度统一和集成。实现山西焦煤集团及其二级集团公司的协调控制与和谐运作，强化集团生产经营的高效率和高效益，促进集团的可持续全面发展，为实现集团"十四五"目标提供技术支持和决策保障。

强化风险管控。风险管理是确保集团稳定发展的关键，山西焦煤集团将围绕投资风险、政策风险、市场风险、贸易风险、债务到期兑付风险、担保风险、法律风险等经营风险开展一系列防控措施，提升集团对各类风险的抵御能力，提升企业生产经营的稳定性。

落实法治建设。为贯彻落实党中央关于全面依法治国的战略部署，增强企法治管理水平和员工法治意识,进一步推动法治国企建设,保障企业深化改革、高质量发展,山西焦煤集团将从加强法规制度和机制建设、推动全员普法和法治文化建设、落实法律顾问制度建设、完善法治人才培养机制等四个方面加强企业法治建设。

关注民生问题。持续改善民生,增进员工福祉,全面提升员工幸福指数。坚持把"为员工谋福祉"作为一切工作的出发点、落脚点,"面子"与"里子"并重,不断改善员工物质和精神生活,持续提升员工获得感、幸福感、安全感。

(二)规划实施政策建议

建议将规划项目纳入政府行业规划并加快审批手续办理。争取政府支持山西焦煤集团的规划项目进入山西省各级政府与相关行业发展规划,并尽可能与国家相关行业发展规划相衔接。将山西焦煤集团提出建设的循环经济园区规划纳入省、市、县相关循环经济规划之中。同时,争取政府在项目审批、土地批复等方面给予支持,加快重点项目建设进度,建议在确保项目核准质量的前提下,尽可能减少不必要的重复过程,简化环节,加快项目核准的进程。一体化循环经济园区项目发展过程中,争取政府大力倡导外部企业积极加入循环经济合作网络,给予政策倾向支持,以建立多元化合作模式,实现社会层面的循环经济生态的构建。希望政府积极推进山西焦煤集团智能矿山等重大项目的示范项目评选工作,打造先试先行氛围,促进行业的智能化转型。

建议煤炭资源配置上优先向山西焦煤倾斜。在重整划转资源方面,争取国家、山西省资源管理部门在煤炭资源尤其是炼焦煤资源配给方面给予山西焦煤集团大力支持,优先划转优质资源给到山西焦煤,助力其炼焦煤行业地位和话语权的提升,并加快有关矿业权申请批复的过程。

建议铁路运力向煤矿生产主体企业倾斜。作为煤炭资源整合主体,山西省省属煤炭企业在全省范围内开展了资源整合工作,整合了相当数量的地方煤矿,但与之相匹配的铁路运力计划未相应配备给兼并后的煤矿企业,争取协调铁路部门将原有的铁路运力向资源整合后的煤矿生产主体企业倾斜,缓解目前整合矿井产销困难的矛盾。

建议推动山西焦化引领全省绿色焦化基地建设。建议山西省委、省政府对国有、已批未建(包括未实质性建设的)、未"上大关小"、不符合规划布局的焦化产能以行政化与市场化相结合的方式进行整合,在产能指标购买上提供便利和资金支持,以便进一步优化山西省焦化产业布局,并借鉴山西焦化在焦化绿色生产技术方面的积累，推动全省绿色焦化基地建设。

　　建议创造走出去开发省外和国外资源条件。从提升炼焦煤优质资源掌控、争取更大发展空间、力争世界一流的角度考虑，山西焦煤集团应积极探索海外煤矿资源整合以及与国际知名企业合作，获取优质资源，建设能源化工基地，学习先进管理经验。建议山西省委、省政府从培育大型煤炭企业集团的角度，协助山西焦煤集团的海外投资与合作，在搭建海外沟通通道、海外政府与相关部门对接、规划报批审核等方面给予更多支持。

　　建议支持推动人才发展与科技创新。争取政府在规划期内出台煤炭企业所需专业人才引进的激励政策，吸引省内外尖端人才的流入，并积极导流、分配相关人才进入到山西焦煤集团。同时，争取上级科研经费支持，为企业科研创新项目提供专项拨款，鼓励企业与高等院校、科研机构建立合作关系，并设立奖励科技创新项目的奖项，营造鼓励企业科技创新的友好环境。

内蒙古平庄煤业（集团）有限责任公司"十四五"发展规划

前　　言

我国"相对富煤、贫油、少气"的资源赋存特征，决定了煤炭在当前及今后一段时间仍是我国的基础能源和重要工业原料，是保障我国能源安全的"压舱石"和"稳定器"，将煤炭资源开发好、利用好，是深入贯彻落实习近平总书记"四个革命、一个合作"能源安全新战略，积极落实"碳达峰、碳中和"决策部署的必然之举。

"十四五"时期是我国乘势而上开启全面建设社会主义现代化国家新征程、向第二个百年奋斗目标进军的第一个五年，同时也是推动经济社会高质量发展，加快形成以国内大循环为主、国内国际双循环相互促进新发展格局的关键期。

煤炭生产作为平庄煤业主营产业，是平庄煤业贯彻落实"五个领先"发展战略，坚持"以煤为主、安全高效、绿色智能、创新发展"发展思路，加快建设行业一流企业，打造"百年老店"发展战略的重要支撑。为推动煤炭产业高质量发展，提升保供能力，促进产业协同，助力平庄煤业实现行业领先煤炭企业目标和集团公司"一个目标、三型五化、七个一流"发展战略落地，根据《能源生产和消费革命战略（2016—2030）》《"十四五"现代能源体系规划》《中共中央　国务院关于新时代推进西部大开发形成新格局的指导意见》《中央企业煤电资源区域整合试点工作方案》等文件精神，制定本规划。

第一章 发 展 基 础

一、基本情况

（一）平庄煤业概述

内蒙古平庄煤业（集团）有限责任公司（以下简称"平庄煤业"或"公司"）是隶属国家能源投资集团有限责任公司（以下简称"国家能源集团"或"集团公司"）的大型煤炭企业，注册地位于内蒙古赤峰市元宝山区。前身为1959年成立的平庄矿务局，先后隶属于原煤炭部、原东北内蒙古煤炭工业联合公司、内蒙古自治区、赤峰市。2008年6月，赤峰市政府与原中国国电集团公司达成战略重组协议，由国电集团51%控股平庄煤业。2017年11月国务院批准中国国电集团和中国神华集团合并组建国家能源集团，平庄煤业实际控制人变更为国家能源集团。截至2020年末，平庄煤业拥有煤炭生产能力5490万吨，资产总额达315.2亿元，在籍员工17163人，2020年主营业务收入103亿元。

2017年平庄煤业被中国煤炭工业协会授予"中国煤炭工业3A级信用企业"，2019年全国煤炭企业产能排名前20位，四处煤矿达到安全生产标准化管理体系一级标准，三项露天煤矿技术规范成为国家或行业标准。煤炭产能居集团公司四强，荣获2019年度"集团公司安全环保先进单位"，2017、2018年连续2年在集团公司经营业绩考核中荣获A级，并被授予"先进单位"，2019年被集团公司党组授予"先进基层党组织"及"'社会主义是干出来的'岗位建功行动优秀组织单位"荣誉称号，2020年获得第六届"全国文明单位"、国家能源首届文明单位、国家能源首届文明单位标兵。平庄煤业现有17个本部部门，2个直属服务中心，26个所属单位。

（二）煤炭资源状况

平庄煤业拥有的煤炭资源主要分布在内蒙古东部的赤峰市与锡林郭勒盟、内蒙古西部的鄂尔多斯市以及新疆伊犁州。截至2020年末，平庄煤业保有煤炭储量64.43亿吨，可采储量19.65亿吨，其中：赤峰地区（五处）保有7.13亿吨，可采3.62亿吨。现有矿业权18个，其中：采矿权13个，探矿权5个。现有正常生产煤矿8处（其中1处手续不全），在建煤矿1处，合计产能5490万吨/年。

（1）赤峰地区拥有7个采矿权，包括：正常生产煤矿4处，在建煤矿1处，关闭煤矿2处。

（2）锡盟地区拥有6个矿业权，包括：采矿权5个，探矿权1个。

（3）蒙西地区拥有2个矿业权。

（4）新疆地区拥有3个探矿权。

平庄煤业在赤峰市、锡林郭勒盟拥有的煤炭主要为褐煤，低硫、低磷、中低灰，发热量为2800～5000大卡/千克，主要为火力发电、工业锅炉、民用煤，也是生产甲醇、二甲醚及煤炭气化的优质原料；在鄂尔多斯市赋存的煤炭主要为长焰煤；在新疆伊犁州赋存的煤炭主要为不黏煤，暂未开发。已开发的煤炭产品主要销往蒙东、东北、华北区域。关联产业主要为锗产品，关联业务为发电、供热。

（三）煤炭生产情况

截至2020年末，平庄煤业拥有生产煤矿六处（井工煤矿三处、露天煤矿三处）、核定产能2870万吨/年，在建煤矿三处（井工煤矿一处、露天煤矿两处）、设计能力2620万吨/年，规划煤矿三处（均为井工煤矿）、规划能力1080万吨/年。

（四）相关产业概况

平庄煤业蒙东能源锡林郭勒盟乌兰图嘎煤炭有限责任公司锗矿富含锗金属资源，其中锗资源储量居国家已探明储量首位。

二、"十三五"取得成绩

（一）产业结构不断优化

平庄煤业始终坚持做强煤炭主业，积累优质煤炭资源，淘汰落后产能。"十三五"以来，淘汰煤矿三处，合计退出落后产能380万吨/年；成立了矿建工程分公司，承担公司内部露天煤矿选采、运输、储运系统运营、锅炉运行等工作。

（二）安全水平持续提升

"十三五"以来，平庄煤业安全生产双重预防体系建设逐步落实，并且与煤矿安全生产标准化管理体系建设有机结合，安全管理水平持续提升。

（三）产量效益稳中向上

"十三五"以来，平庄煤业在产量方面，面对煤矿优质产能释放受限、西露天煤矿（井工）停产、"去产能"减产等不利因素，着力优化生产布局，改进工艺装备，强化生产组织管理，保证生产接续。

（四）科技创新成果丰硕

"十三五"以来，平庄煤业以科技创新为主线，针对制约生产的矿压显现、自然发火、矿井水害、露天煤矿边坡、防治水等技术难题进行了技术攻关，累计开展各类科技创新项目50余项。

（五）绿色开采成绩斐然

"十三五"以来，平庄煤业在水处理（矿井水、生活污水）、矿区生产系统除尘、露天煤场防尘、排土场、塌陷区和矸石山治理等方面加大投入力度，累计投资8.14亿元，提前完成"十三五"规划目标，被锡林郭勒盟列为绿色矿山示范企业。

（六）机构人员逐步精简

"十三五"期间，平庄煤业所属单位全部实行二级管理，压缩了管理层级，实现扁平化管理；减少法人户数3家。

（七）人员管理日益规范

干部方面：完成了平庄煤业所属单位管理岗"四定"工作，并对管理岗进行了重新聘任，建立了科级管理人员退出机制，促进了人才竞争与流动，人员编制管理更加严谨规范。

（八）薪酬制度更趋合理

"十三五"期间，平庄煤业深入调整薪酬分配结构，合理拉大一线、辅助、地面人员收入差距，2017年以来引导1000余名员工向生产一线正向流动。

（九）教育培训成果丰硕

平庄煤业以"一网两体系五库三基地"工作载体，开创了平庄煤业教育培训"一三三"工作格局。

（十）遗留问题妥善解决

平庄煤业本着维护职工权益、维护矿区和谐稳定的原则，重点解决在籍员工转招前临时工工龄接续问题，录入临时工工资台账等相关信息125万余条，共为345名员工补缴了养老保险，工龄得以接续；积极协调地方政府，职工基本医疗保险于2017年1月1日移交元宝山区统筹管理，结束了医疗保险内部封闭运行的历史，解决了职工群众长期反映强烈的历史遗留问题。

（十一）依法治企深入推进

平庄煤业以"法治平庄煤业"建设为载体，优化顶层设计。

（十二）考核机制更加健全

平庄煤业实施"清单式管理,说清楚机制",以"科学定责—责任分解—制定清单—落实责任—定期督查—说清楚—整改落实—考核奖惩"为主线,将合规管理融入各个管理环节。

三、存在问题

(1) 安全形势依然严峻。
(2) 资源接续日趋紧张。
(3) 生产装备相对落后。
(4) 历史包袱较为沉重。
(5) 经营压力不断增大。
(6) 机构人员有待优化。

第二章　发展环境和条件分析

一、外部发展环境分析

(一) 宏观经济发展环境

(1) 国际环境复杂多变。
(2) 国内经济韧劲十足。
(3) "双碳"目标全面实施。

(二) 能源行业发展环境

(1) 从国家层面看,我国发展仍处于重要战略机遇期。2020年我国成为全球主要经济体中唯一经济正增长国家,突显我国经济的巨大韧性,国家经济长期向好的基本面没有改变。2021年国民经济增长快速恢复,能源需求总量在碳达峰前还会继续增加,我们还有一个较长时间的机遇"窗口期"。

(2) 能源结构大调整,可再生能源由替代能源逐步向主要能源发展,煤炭行业发展面临巨大挑战。

(3) 能源消费与经济增速关系相对稳定。

(三) 煤炭行业发展环境

(1) 从能源格局看,煤炭在我国能源体系中的主体地位和压舱石作用不会改变。

(2) 煤炭行业定位明确，产业政策不断调整。

(3) 煤炭供给整体宽松，消费市场逐步转移。

（四）区域发展环境

(1) 东北振兴、京津冀一体化迎来新机遇。

(2) 东北煤炭供需缺口大，保供压力大，煤炭市场广阔。

(3) 全国进口煤炭数量稳中有升。

(4) 俄罗斯进口煤进入黑龙江，对黑龙江、吉林煤炭市场影响较大。

(5) 北方主要港口发运煤炭呈增加趋势。

(6) 内蒙古加快煤炭工业高质量发展步伐。

(7) 内蒙古严格能源消费总量和强度"双控"。

(8) 内蒙古煤矿智能化建设全面提速。

(9) 内蒙古绿色矿山建设持续加快。

(10) 内蒙古煤炭资源获取难度进一步加大。

(11) 内蒙古征地难题严重制约露天煤矿发展。

（五）外部发展环境总结

"十四五"期间，国际环境复杂多变，国内转型任务较重，国内经济转入中速增长平台；国内能源需求有所增长，"碳达峰、碳中和"推动能源绿色低碳转型，能源消费与经济增速关系相对稳定；世界煤炭供需维持在80亿吨左右，总体呈减弱趋势，亚洲、非洲有一定增长，国内煤炭行业定位更加明确，发展面临巨大挑战，产业政策不断调整，煤炭主体能源地位继续保持，占能源消费比例持续下降，煤炭开发布局逐步优化，消费重心加速西移。

二、内部发展条件分析

（一）优势条件

(1) 技术力量扎实。

(2) 管理经验丰富。

(3) 区位优势明显。

(4) 成本控制能力。

（二）劣势条件

(1) 本埠资源枯竭。

(2) 煤质制约销售。

(3) 员工结构问题凸显。

(三) 内部发展条件总结

平庄煤业建企 60 多年以来，积累了丰富的煤炭生产管理经验，培养了一大批优秀的管理人才和技术人才；借力集团公司实力和影响力，参与资源开发空间很大，在资源获取方面具有较强的竞争力；平庄煤业露天煤矿产量较大，约占公司总产量的 85%，露天煤矿开采条件相对优越，原煤生产成本较低；区位优势明显、市场前景广阔，同时也面临本埠资源枯竭、煤质制约销售、员工老龄化严重、人才断档风险增加等内部制约因素。

第三章 "十四五"发展目标

一、指导思想

以习近平新时代中国特色社会主义思想为指导，坚持稳中求进工作总基调，立足新发展阶段，贯彻新发展理念，构建新发展格局，遵循"四个革命、一个合作"能源安全新战略，深化煤炭供给侧结构性改革，推进煤炭清洁高效利用，落实"碳达峰、碳中和"目标要求，以集团公司"一个目标、三型五化、七个一流"总体发展战略为统领，以改革创新为动力，以外拓资源、内涵增效为途径，以安全生产为主线，推动矿区的生产生活环境持续改善，矿区职工的获得感、幸福感不断提高，全面做好煤炭这篇大文章，实现高质量发展，将平庄煤业建设成为国内领先的煤炭企业。

二、基本原则

(一) 坚持规划引领

"十四五"规划承接平庄煤业发展战略，根据国家、地方以及集团公司发展规划和产业政策，在分析企业外部环境和内部条件及其变化趋势的基础上，为公司长期生存和发展做出的具有前瞻性、指导性、全局性的发展定位、发展目标和相应的实施方案，关系到公司的发展改革、生产经营和经济效益，同时也是助力集团公司"一个目标、三型五化、七个一流"发展战略落地的重要支撑。

(二) 坚持安全发展

以习近平新时代中国特色社会主义思想为指导，深入贯彻党的十九大和十九届历次全会精神，全面把握新的发展阶段安全环保工作新要求，以新发展理念为引领，围绕高质量发展，树牢红线意识，强化底线思维，完善治理体系，压实主体责任，提升管理效能，强化风险管控，推进专项治理，确保安全环保态势持续稳定，为"十四五"实现安全发展、高质量发展，全面建成行业领先煤炭企业奠定坚实的安全基础。

（三）坚持高效发展

高效是煤炭产业发展的必然趋势，随着供给侧结构性改革持续深入推进，无效、低效煤炭产能将不断退出，高产高效煤矿将成为煤炭产业的"主力军"，坚持以新发展理念为指引，掌握具有国内竞争力的核心技术和制约企业发展的"卡脖子"技术，打造平庄煤业高效生产新模式，实现各环节、各要素有机匹配，破除平庄煤业高质量发展障碍，从而加快推动平庄煤业提质增效取得实效。

（四）坚持绿色发展

牢固树立"绿水青山就是金山银山"的发展理念，深入践行"节约优先、保护优先、自然恢复为主"的生态文明建设方针，持续推进矿山地质环境恢复治理工作，加快绿色矿山建设进程，将生态环境约束转变为煤炭企业持续发展的推动力，加大节能减排力度，减少污染物排放，最大限度减轻煤炭开发对生态环境的影响，打造"零碳企业"，实现平庄煤业绿色发展。

（五）坚持智能发展

智能矿山是煤炭工业高质量发展的核心技术支撑，坚持"统筹规划、分类施策；需求引领、重点突破；试点先行、有序推进；自主创新、开放合作"的基本原则，以"机械化换人、自动化减人、智能化少人或无人"为核心，落实集团公司关于8个100%的智能化煤矿建设目标要求，重点突破井工煤矿智能化采掘、露天煤矿无人驾驶等技术瓶颈，充分运用煤矿智能化成熟技术开展示范项目建设，通过"以点带面、一矿一策"的方式，有序推进公司煤矿智能化建设，持续提升平庄煤业煤矿智能化发展水平。

（六）坚持共享发展

坚持以员工为中心，落实"共享"发展理念，增进员工福祉、促进员工发展，努力实现员工收入增长和企业发展效益同步、劳动报酬增长和劳动生产效率同步，实现企业和员工双赢发展，切实提高平庄煤业员工的获得感和幸福感。

三、发展战略

坚持"以煤为主、安全高效、绿色智能、创新发展"的发展定位,以"稳定本埠、提升蒙东、开拓蒙西"为发展方向,平庄煤业坚定不移融入集团发展大局。稳定本埠,即本埠职工队伍数量庞大,优化重组、减人提效任务重;井工煤矿也全部集中在本埠,较露天煤矿安全管理工作更为艰巨,将着力通过稳定安全形势和稳定职工队伍,保障改革发展稳定大局。提升蒙东,即高标准实施绿色矿山建设,实现绿色开采;积极跟进自治区关于蒙东地区的煤炭资源开发政策,寻求现有露天煤矿的接续资源;完成白音华500万吨/年产能核增,区域产能稳定在4000万吨/年以上。开拓蒙西,即发展重心西移,在集团准格尔核心区获取优质资源,助力解决集团巴准、准池铁路自有运量不足问题,持续巩固集团一体化运营优势,同时拓展平庄煤业战略发展空间。

四、发展目标

(一)"十四五"发展目标

"十四五"期间,平庄煤业紧盯产能产量、企业营收、安全管控、生产技术、科技创新、生态环保、人力资源、党的建设、企业文化建设九大发展目标,加快推动企业高质量发展。到"十四五"末,平庄煤业优质产能充分释放、接续资源逐步开发投产,产能达到6000万吨/年以上。

(二)远景发展目标(2030年)

若集团公司核心区资源如期获得,预计到2030年,为集团一体化核心区新增2600万吨/年产能规模,增加路港边际贡献26亿元以上。平庄煤业本埠煤矿保持稳产,蒙东基地稳步扩展,蒙西基地初步建成,绿色矿山、煤矿智能化水平进一步提高。总产能达8000万吨/年以上,利润至少在50亿元以上。适时开发新疆资源,向着建成亿吨煤炭企业目标迈进。

积极探索排土场和沉陷区等闲置土地利用,开发新能源项目;谋划发展矿区复垦治理与现代产业发展的生态经济,提升土地效益,着力打造集农业种植养殖、现代农业设施、农产品深加工、光伏发电、矿山观光、旅游休闲等于一体的矿区复垦治理与现代产业发展相结合的生态经济园区。

第四章 "十四五"专项规划

一、煤矿发展规划

（一）发展现状

平庄煤业现有煤矿11处，其中：生产煤矿6处、在建煤矿3处、规划煤矿2处。

（二）发展思路

"十四五"期间，以"稳定本埠、提升蒙东、开拓蒙西"为发展方向，促进量的合理增长和质的稳步提升。

（三）重点项目

"十四五"期间，平庄煤业煤矿发展规划重点项目共50项，其中：在建煤矿项目3项，新建煤矿项目2项，规划收购及竞拍资源项目3项，煤矿技改项目42项。

二、相关产业规划

（一）锗产业

锗资源属稀缺性、战略性资源。锡林郭勒盟锗资源储量居全国之首，盟政府提出打造世界级"锗都"发展战略。蒙东能源锗板块是目前锡林郭勒盟仅存的锗产业公司。据北京安泰科公司出具的《锗产业发展趋势和蒙东锗产业发展方向研究报告》显示：2021—2025年，随着国防军工进入新周期，卫星互联网逐渐布局，锗市场需求量将有所增长，锗未来市场前景谨慎乐观，价格适度趋升。2023—2025年，锗价格可能更多受国内供需结构的影响，出现大幅度下调的可能性不大，大概率将继续保持在8000元/千克以上的水平。从锗的贸易格局来看，初级产品出口减少，进口增加的趋势已然显现，出口主流产品从锗锭、二氧化锗向锗单晶等更高端产品延伸，国际市场初级产品供应过剩的情况将不再常见，全球锗价格趋向适度坚挺。

（二）新能源产业

按照"排土场（塌陷区）治理＋风光发电＋（采坑）空间利用＋生态农业"循环经济发展方向，积极探索排土场、沉陷区及废弃工业广场等闲置土地利用，合作开发光伏电源项目，盘活矿山土地资源，拓宽就业渠道，适度延伸业务领域，提高资源利用率和价值创造能力。积极与国家能源内蒙古公司、龙源集团、国华新能源、国电电力等集团内部企业开展交流合作，与地方政府进行有效对接，利用排土场、沉陷区及废弃工业广场等闲置土地开展光伏项目。

三、安全生产规划

（一）发展思路

以习近平总书记关于安全生产重要论述和指示批示精神为指导，坚持人民至上、生命至上，统筹发展与安全，精准把握立足新发展阶段、贯彻新发展理念、构建新发展格局对安全生产工作的新要求。树牢"生命至高无上、安全永远第一、责任重于泰山"的安全发展理念，以推动高质量发展为主题，健全安全管理体系，压实安全生产责任，强化风险源头管控，加强班组文化建设，夯实安全生产基础；以安全生产信息管理体系建设为主线，实现对安全生产标准化建设、岗位标准作业流程执行过程和安全风险辨识评估的量化管理考核，全面促进平庄煤业安全生产管理水平提升。

（二）重点项目

"十四五"期间，平庄煤业预计投入资金2.8亿元，用于实施信息化、智能化建设工程、重大危害专项治理工程、全员安全素质提升工程、安全生产科技驱动工程、职业危害一体化防治工程，通过采取"人防、物防、技防"等综合措施，完善和改进企业安全生产条件，筑牢夯实安全生产基础，确保安全生产的长治久安。

四、科技创新规划

（一）发展思路

"十四五"期间，平庄煤业坚持习近平新时代中国特色社会主义思想为指导，围绕建设世界一流示范企业和高质量发展的战略目标，持续推进科技创新工作，不断完善科技创新管理体系，加大科技创新项目和科技创新人才培养力度。深入开展课题攻关，促进自主创新成果产权化，密切关注行业先进科技成果的研发、应用情况，及时引进新设备、新技术、新工艺，不断提高企业矿山装备水平和科技含量，将科技成果转化为现实的生产力。

（二）重点项目

"十四五"期间,平庄煤业科技创新发展规划重点项目共9类20项,其中:防治水方面4项、自然发火防治方面4项、智能化方面1项、矿压防治技术研究2项、边坡类技术研究3项、采区转向开采类研究2项、绿色矿山研究与应用2项、帷幕截水控制研究1项、综合类1项。

五、智能化建设规划

(一)发展思路

"十四五"期间,加强顶层设计,科学谋划煤矿智能化建设,按照集团公司及自治区能源局煤矿智能化建设的总体要求,坚持试点先行、全面推进;重点实施、精准施策;技术引领、人才培养原则。以贺斯格乌拉南露天煤矿和老公营子煤矿为试点,充分运用煤矿智能化成熟技术开展示范项目建设,通过"以点带面、一矿一策"的方式,有效推进平庄煤业煤矿智能化建设。以保障职工安全、减轻职工劳动强度、危险区域少人(无人)为导向,重点突破井工煤矿智能化采掘、露天煤矿无人驾驶等技术瓶颈,大力提升煤矿智能化水平。加大技术、资金投入和人才培养力度,积极对标集团公司先进示范单位,着重激发智能化技术自主创新活力;秉承互利共赢理念,进一步加大产学研用合作力度,全力推动平庄煤业所属煤矿智能化技术集成创新应用。

(二)重点项目

"十四五"期间,平庄煤业科技创新发展规划重点项目共11项,项目估算总投资20.1亿元,主要开展网络建设、露天采剥、井工采煤、选煤厂等智能化建设。

六、生态建设规划

(一)发展思路

"十四五"期间,建立与生态治理同步的"重整、再造、提升"管理新机制,一体推进环境问题整治、生态保护修复,提升绿色发展水平。利用科技手段对白音华一号露天煤矿南排土场、贺斯格乌拉南露天煤矿东排土场进行排土场生态重构研究,对贺斯格乌拉南露天煤矿北排土场进行生态修复研究,对露天煤矿排土场植物进行筛选和配置研究,打造园林式绿化。推进平庄煤业建成资源利用集约化、开采方式科学化、生产工艺环保化、闭坑矿区生态化的绿色煤炭企业,形成煤矿采煤不见煤、矿区环境好于原生态、生产发展速度和生态修复速度相协调的良性发展格局,把各矿区建设成为和谐、文明、美丽的高标准绿色矿山,满足矿区群众对良好生态环境的期待，提升矿区群众的获得感、幸福感。

（二）重点项目

老公营子煤矿露天储煤场封闭项目等。

七、人力资源规划

（一）发展思路

"十四五"期间，以人为本，切实维护劳动者合法权益。保障接续，围绕公司发展战略保证人员合理接续，积极探索人才培养新模式；优化结构，不断调整员工年龄、知识和技术技能结构，着力打造堪当重任的人才队伍；控制总量，压降企业人力资源成本；减员提效，精干企业员工队伍；优化机构，合并业务优化组织机构设置；科学规范，人力资源管理水平明显提升。

（二）重点工作

（1）合并优化组织机构，精干企业员工队伍。
（2）深化干部制度改革，提升干部队伍素质。
（3）深化薪酬制度改革，加强全员绩效考核。
（4）深化用工制度改革，保障人员科学接续。
（5）强化员工教育培训，全面推进党管培训工作体制。

八、企业文化规划

（一）发展思路

以习近平新时代中国特色社会主义思想为指导，以坚持和加强党的全面领导为统领，以培育和践行社会主义核心价值观为根本，以贯彻落实集团公司"一个目标、三型五化、七个一流"的发展战略为重点，以"立足矿区，服务职工"为宗旨，以满足职工日益增长的精神文化需求为出发点和落脚点，以广大职工群众广泛参与和丰富多彩的文化产品为主要载体，充分发挥文化引领风尚、教育职工、服务企业、推动发展的作用，用先进的文化思想占领企业文化阵地，坚持以人为本和创新发展，突出统一标准、强化卓越导向、分类实施、循序渐进，强化文化驱动，促进文化提质，增强文化自觉自信，形成共同价值取向，为全面推进企业高质量发展提供正确的价值引领、坚强的思想保证和强有力的文化支撑。

（二）重点工作

全面贯彻集团公司企业文化核心价值理念体系，继承发扬平庄煤业优良传统文化基因，坚持"四注重四推动"，扎实推进企业文化建设，确保集团公司企业文化落地深植，以先进企业文化引领助推企业高质量发展。

(1) 注重核心文化引领，推动集团文化落地深植。

(2) 注重文化融合实践，推动企业持续健康发展。

(3) 注重企业文化管理，推动文化建设提质增效。

(4) 注重文化活动开展，推动文化素养显著提升。

九、低碳发展规划

（一）发展思路

以习近平新时代中国特色社会主义思想为指导，全面贯彻党的十九大和十九届历次全会和中央经济工作会议精神，深入贯彻习近平生态文明思想，立足新发展阶段，完整、准确、全面贯彻新发展理念，构建新发展格局，坚持碳达峰行动"全国统筹、节约优先、双轮驱动、内外畅通、防范风险"的总方针，坚持系统观念，处理好发展和减排、整体和局部、短期和长期的关系，落实习近平总书记视察榆林化工等系列讲话精神和重要指示批示精神，实行"一个目标、三型五化、七个一流"发展战略，把碳达峰碳中和纳入公司发展全局，有力有序有效做好碳达峰工作，明确目标任务，确保如期实现2030年前碳达峰目标。

（二）重点工作

"十四五"期间，平庄煤业按照集团公司低碳发展工作，统筹推动"双碳"战略目标实现，围绕集团公司碳达峰工作目标，制定低碳发展工作计划，建立健全碳排放数据统计分析、考核等制度，强化日常数据管理，做好碳排放数据报送审核工作。公司所属各单位承担碳排放数据质量管理主体责任，配合公司及集团公司如实报告碳排放情况，按期完成碳市场履约清缴工作，加大碳排放管理基础设备投入，做好监测计量设施的日常维护校验工作，落实碳减排工作。

第五章 经 济 分 析

一、投资估算

（一）投资原则

(1) 在建项目按照初步设计概算或按照项目计划投资计算。

（2）拟建项目按照可研报告投资估算数计算。

（3）拟建项目没有可行性研究报告的，比照相同或类似条件建设项目的平均投资水平估算总投资。

（4）参股项目只计算按股比需承担的资本金计入项目投资额。

（二）投资总额

"十四五"期间，平庄煤业主要投资方向为续建贺斯格乌拉南露天煤矿和胜利西二号露天煤矿，新建玻璃沟煤矿，规划重组煤矿（准格尔中部矿区海子塔井田），智能化建设项目、煤矿技改项目，科技创新以及生态环保建设。

二、效益测算

（一）销售收入

"十四五"期末，平庄煤业预计实现销售收入160亿元，较2020年增加60亿元，增长60%。

（二）利润总额

"十四五"期末，实现利润总额35亿元，较2020年增加24亿元，增长220%。

第六章 保 障 措 施

一、强化组织领导

完善统筹协调机制，成立平庄煤业"十四五"规划领导小组，抽调专职人员负责日常工作，统筹协调规划重大事项落实情况。建立规划实施的监测和动态评估机制，强化对规划实施情况的跟踪分析，做好规划评估和调整，完善相关政策和措施。加强各有关部门组织和协调，完善规划实施工作机制，认真组织规划落实，加强沟通协调，制定和完善各项配套政策措施，明确各有关部门的职责。各子分公司要明确责任主体，细化落实规划提出的主要目标和任务，全力保障规划顺利实施。

二、强化资金保障

聚焦"四效"，持续推进亏损企业治理工作，努力提升经营管理水平。结合集团公司"开源节流、增收节支"工作方案，拓宽增收渠道，加强成本费用管控。加强资金管理，坚持眼睛向内，不断深挖内部潜力，提高质量和效益。压降"两金"占用，狠抓货款回收，保证资金及早回笼；科学制定融资计划。依托集团公司财务公司，加大与各商业银行、融资租赁公司等金融机构的沟通力度，增大授信额度，合理倒贷，推动自主融资，置换高息负债，降低融资成本。推进商业承兑汇票业务结算，充分发挥票据池功能，加大票据入池拆分力度，扩大票据支付比例，减少现金支付，实现票据融资。增加煤炭资源获取资金投入，积极参与矿业权招标、拍卖、挂牌方式公开竞争出让，保障重点项目资金需求。

三、强化自主创新

健全科技创新体系，鼓励将新技术、新管理方法等成果转化为标准，推进科技创新项目标准化管理工作进程，推广先进适用技术，推动科技创新团队建设，加快重大技术攻关。积极构建科技创新平台，加强与大专院校、科研机构的合作交流，形成以六家煤矿、元宝山露天煤矿为主的大师工作室交流活动中心，有效推进公司创新创效工作。完善科技创新激励竞争机制，增设科技进步奖励等措施，激发员工创新热情，同时做好科技研发的资金保障。加强创新人才队伍建设培养一批掌握绿色矿山、智慧化矿山技术的创新型人才，打造专业化创新团队。

四、强化人才培养

根据专业化管理、集约化经营、科学化发展要求，积极稳妥推进管理机制改革，缩短管理链条，降低管理成本，提高管理效率。加强人才队伍建设，完善培养机制，激活流动机制，积极引进高层次人才，创新管理机制，激活现有存量人才，使各类人员在各自岗位上充分发挥专业特长。推进党管培训工作机制，强化员工教育培训，实施三大工程，推出五种激励，开展九项活动。

五、强化风险管控

加强安全制度建设，把安全作为企业的第一政治，作为全体干部员工的第一责任，强化安全责任落实，筑牢安全根基。加强"双控"体系建设，抓实员工安全培训教育，严格落实承包商项目安全管理制度，健全完善承包商相关方评价考核和退出机制。研判投资风险，全面评估项目投资过程可能面临的各种风险，确保重点项目稳健投资、安全运营。建立完善的风险评估制度和风险预警机制，全面加强从项目可研、设计、建设、生产等全过程的风险管控，切实保障各类项目投资安全，确保风险整体可控。

黑龙江龙煤矿业控股集团有限责任公司"十四五"发展规划

导　　语

编制五年发展规划是国家治理体系重要组成部分，也是国有企业公司治理的重要责任和内容。习近平总书记多次就"十四五"规划工作作出重要指示，指出要"乘势而上开启全面建设社会主义现代化国家新征程""为全面建设社会主义现代化国家开好局、起好步"。党中央、国务院和省委省政府高度重视"十四五"规划编制工作。

一、规划时限

基准期为2019年，部分主要经济技术指标采用2020年数据，规划时限为2021—2025年，展望2035年。

二、规划产业范围

规划产业范围涉及煤炭采选、新能源、现代物流贸易、矿山建设、节能环保、高端装备制造、特色农业，在"十四五"期间拟退出或者处置的煤电、化工、建材等其他产业不进行具体规划；地域范围涉及龙煤集团有产业布局的黑龙江及新疆。

三、存在的主要问题

1. 企业负担沉重，投融资能力较弱

多年来，龙煤集团承担着诸多企业办社会职能、离退休人员的统筹外费用，以及工伤残等费用，这些办社会职能大量消耗企业的资金流，占用大量资产，涉及人员较多，严重影响企业经济效益和市场竞争能力。近年来虽然通过三供一业移交、退休职工社会化管理等工作，解决了部分问题，但欠税、欠保、冗余人员多等问题仍然突出。同时，企业资产负债率较高，转型发展项目需要大量的资金投入，面临资本金严重不足的不利局面，筹集资金压力较大，也增加了筹资成本，加剧了企业的资金紧张程度。目前资金不足、投资能力弱已成为制约企业发展的瓶颈。

2. 体制机制不完善，治理水平仍需提升

管理体制不顺、机制不灵活。集团总部职能定位不清晰，战略管控不到位，职能部门机构设置不完善，各二级子公司基本处于自我发散发展状态。集团总部对龙煤集团产业发展仍处于管企业状态而不是转向经营产业，使产业散而众多，没有形成产业集群效应、产业协同效应、产业规模效应。

3. 产业结构"一煤独大"，转型发展基础薄弱

龙煤集团经过多年发展，投资产业领域分布较广，除煤炭产业外涉及 40 余个行业。但相关产业弱散小，结构性问题突出。特别是企业长期困难导致资金实力、人才队伍、产业经历等要素储备不足，发展相关产业的难度增大。加之企业发展战略缺乏前瞻性、针对性和系统性，创新驱动发展动力不足，导致企业抗御市场风险能力弱。2020 年，非煤产业产值占比 25.62%，部分企业处于亏损状态。

4. 自主创新能力不足，影响新旧动能转换

龙煤集团创新体系、创新平台没有搭建完善，缺乏适合自身发展的创新生态与创新环境。企业整体数字化、网络化、信息化、智能化等前沿科技推广与应用水平较低，限制企业治理能力的提升，影响产业新业务、新业态、新模式的创建、创新与产业链的现代化。子企业创新动力更多的是自身发展的紧迫需要，技术进步主要依靠外部支撑，影响企业新技术、新装备、新工艺、新方法、新思维的创新主动性、系统性与前瞻性，进一步限制创新成果推广应用的积极性与及时性，影响企业发展新旧动能转化。

5. 安全生产基础薄弱，安全风险仍然较高

龙煤集团矿老井深、系统复杂，多种灾害耦合交织，管理难度增大，采掘接续紧张，灾害治理不彻底等问题突出。现有生产煤矿中，高瓦斯矿井 9 个，煤与瓦斯突出矿井 16 个，冲击地压矿井 12 个，水文复杂矿井 8 个，水文极复杂矿井 2 个。加之安全生产投入不足，部分设备超期服役，生产接续紧张，安全生产基

础受到冲击，安全发展压力巨大。

6. 煤炭产量下降幅度大，缺乏规模效益

"十四五"期间，龙煤集团按照国家去产能政策，积极化解过剩和淘汰落后产能，加之受投入不足、采掘失衡、安全制约、新井补充不够等因素影响，2020年与2012年相比煤炭减产约1000万吨。尤其是后续还有部分产能将退出，产能过快下滑，新井补充不足，接续资源受限，既影响当期效益和长远发展，也影响省内煤炭安全供应。

7. 原煤生产成本高，抵抗市场风险能力弱

龙煤集团原煤成本较高，2016—2020年原煤成本分别为328.11元/吨、357.95元/吨、392.51元/吨、420.08元/吨、401.24元/吨。主要是煤炭生产受资源条件和开采条件制约，煤炭产量规模持续缩减，单位固定成本过高，加之治灾投入大，煤炭单位成本居高不下，对标先进煤炭企业差距很大。高成本导致企业盈利空间小，市场竞争力弱，抵御煤炭市场价格波动能力差，严重影响企业发展后劲。

第一章　SWOT　分　析

一、优势分析

外部独特的区域优势。一是龙煤集团地处东北亚中、俄、朝、韩、日相邻或相近地区，既有发达经济体又有经济欠发达国家，经济发展的不均衡和巨大的市场潜力为龙煤集团发展提供了良好机遇。二是东北地区煤炭缺口较大，而我国的煤炭主产地距离黑龙江省相对较远，对龙煤集团煤炭产品的市场冲击较小。三是东北地区拥有较完备的工业体系，高水平高校及科研机构众多，为龙煤集团在技术、人才等方面能够提供良好的发展基础。

内部发展的基础优势。龙煤集团拥有强大的凝聚力，"上下同心、共克时艰"求发展；主业煤炭的煤类以优质的炼焦煤资源为主，具有良好的品牌优势；具有丰富的复杂地质条件下煤炭开采技术和安全管理经验，为龙煤集团煤炭主业外部拓展提供了坚实基础；企业具有丰富的土地资源，所处区域具有良好生态资源；转型发展的非煤产业全面开花，矿山建设、物流贸易、装备制造、特色农业等产业取得了一定进展，为龙煤集团下一步的转型发展提供了部分方向和基础。

龙煤集团所具有的内部优势不仅为龙煤集团转型发展奠定良好基础，也是龙江能源产业实现新发展的基础保证，更是龙江国有企业深化改革的重要突破口。

强力的政策支持优势。国家区域协调发展及黑龙江省出台的煤城转型政策为龙煤集团带来政策机遇优势。最为重要的是，习近平总书记亲切关怀，对龙煤作出指示。2020年11月4日，省委书记专题会议提出要深入落实习近平总书记关于维护国家"五大安全"的重要指示精神，加快推进重点煤矿项目建设，大幅度提高煤炭自给率；2020年12月30日，省委经济工作会议指出"重点支持龙煤集团扩大产量，进一步提高我省煤炭自给能力，确保形成330万吨增量"。强力的政策支持为龙煤集团做强煤炭主业、实现煤炭高质量发展提供了有利条件。

二、劣势分析

区域经济水平不强，对龙煤缺乏带动作用。2020年，黑龙江省GDP为1.37万亿元，在全国31个省、自治区、直辖市中排名25位，与处于西部的新疆规模相当（1.38万亿元）。东北地区黑、吉、辽三省经济总量4.15万亿元，仅占全国的4%。受区域经济发展整体水平影响，龙煤集团产业发展水平整体不高，在管理、技术、人才、创新等方面缺乏核心竞争力。

煤炭产量难以增加，规模效益难以发挥。一是煤炭资源储备少。截至2019年底，龙煤集团保有资源储量73.2亿吨，省内采矿权资源中可采储量27亿吨，探矿权资源中可采储量6.1亿吨。相当部分生产煤矿10年之内将开采完毕。二是安全生产条件差。随着开采深度的不断延深，瓦斯、水、冲击地压等灾害耦合叠加，防治难度不断加大，制约着煤矿产能充分释放。三是单井产量相对较小。2020年，全公司38个生产煤矿，平均单井产量102.8万吨。四是"四化建设"进展慢，井下人员工效低。

煤矿开采条件复杂，开采成本居高不下。龙煤集团矿井大多为开采多年的老矿井，随着开采深度的不断延伸，各种灾害耦合交织，治理难度极大，安全投入不断增加，导致开采成本居高不下，与先进企业对比差距较大，影响煤炭产品竞争力，同时极大削弱了龙煤集团的煤类优势，对市场价格波动影响比较敏感，影响龙煤集团经济效益的提升。

转型发展人才短缺，人才引进困难较大。龙煤集团多年来聚焦煤炭主业，在煤矿设计、煤炭生产和销售等方面积累了一定的人才资源，具有较强技术实力，但在节能环保、新能源等方面人力资源缺失。在人才引进上，由于龙煤集团较长一段时期内发展积弱，盈利能力不强，管理体制机制不完善，员工薪酬、上升空间与同类企业相比处于明显劣势，因此人才引进较为困难，人员流失也比较严重。

三、机遇分析

时代发展机遇。中国特色社会主义已进入新时代，"十四五"时期是我国开启全面建设社会主义现代化国家新征程、向第二个百年奋斗目标进军的第一个五年，将进入高质量发展阶段，新的产业格局加快演变。当代中国正处在从大国走向强国的关键时期，正在从国际秩序的被动接受者转变为积极的参与者、建设者、引领者。当前和今后一个时期，国际新一轮科技革命和产业变革深入发展，和平与发展仍然是时代主题，人类命运共同体理念深入人心，我国发展仍然处于重要战略机遇期。大时代必有大机遇，对龙煤集团来说，世界和平与发展的时代主题、我国的国际地位、发展重点方向及新产业格局的构建对龙煤集团实现跨越式转型发展是一个巨大机遇。

政策支持机遇。习近平总书记在深入推进东北振兴座谈会上发表了重要讲话，对黑龙江省作了重要指示。国家相继出台了一系列振兴东北的政策文件和发展指导意见。

四、挑战分析

资源获取挑战。我国煤炭行业经过多年发展，地理位置优越、整装、优质煤炭资源已基本被占用，龙煤集团在优质煤炭资源的获取上面临挑战。

各类风险挑战。龙煤集团煤矿生产条件差；企业资产负债率高；国家更加重视生态环保、绿色发展、低碳发展；融资能力弱，投融资困难；产业结构不合理；受疫情影响，世界经济形势复杂多变，投资收益带来不确定性。这些安全风险、财务风险、环保风险、市场风险、投资风险，给龙煤集团带来诸多挑战。

公司治理挑战。我国国企改革进入深水区，《国企改革三年行动方案》的出台为国企改革指明了方向和改革内容，但行动方案的具体落实是难啃的硬骨头，全面推进治理体系和治理能力现代化对龙煤集团是一个挑战。

转型发展挑战。龙煤集团急缺转型发展的人才、技术、资金等，但企业自身缺乏相关集聚各种要素的吸引力，另外转型产业的战略选择以及建立适应转型发展的体制机制，这些给龙煤集团的转型发展带来挑战。

第二章 发展战略

一、企业愿景

缔造龙煤幸福家园，提供龙江发展动能，助力和谐美丽中国，打造发展质量一流的现代能源企业集团。

二、企业定位

清洁能源综合服务商、优质商品贸易商、焦钢企业服务商；黑龙江省煤炭保供"压舱石"、能源开发"主力军"。

三、战略目标

到2025年，现代企业制度及市场化经营机制基本完善，企业改革目标取得新突破，营业收入达到460亿元左右，利润29亿元左右，煤炭产量5100万吨左右，其中省内4700万吨左右。非煤比重达到40%以上，转型发展初见成效；战略新兴产业初步布局。

到2035年，企业治理体系和治理能力达到行业一流水平，形成产业基础高级化、产业链现代化、产业协同融合发展的现代产业体系新格局，实现新时代现代化新龙煤的战略目标。

四、发展思路

"十四五"期间，龙煤集团要立足新发展阶段，贯彻新发展理念，构建新发展格局，实施"1459"发展思路，加快企业高质量转型发展。即：围绕1个总目标，建立4级产业体系，加快推动5大转型，统筹实施9大任务。

"1"——围绕1个总目标。即"建设新时代现代化新龙煤"。在我国建设中国特色社会主义现代化的新时期内，将龙煤建设成"思想现代化、产业现代化、管理现代化、科技现代化、环境现代化"和"产业新、业态新、模式新"的发展质量一流的能源企业集团。

"4"——建立4级产业体系。一级是做强做优煤炭核心产业，二级是积极加快发展新能源、现代物流贸易、矿山建设、节能环保四个转型支撑产业，三级是探索培育高端装备制造、超前谋划新材料产业,四级是灵活发展特色农业等产业。

"5"——加快推动 5 大转型。发展定位由传统能源开发商向清洁能源产品服务商转型,产业结构由一煤独大向煤与非煤并重转型,发展动能由要素驱动向创新、资本运营双轮驱动转型,发展模式由经营产业向产融一体转型,产业基础、产业链由传统模式向高级化、高端化转型。

"9"——统筹实施 9 大任务。统筹实施"安全生产、产业转型、深化改革、科技创新、人才建设、资本运营、资源储备、社会责任、风险防控"九大任务。

五、产业布局

优化存量,做好增量。高端化发展转型支撑产业,探索研究战略新兴产业,超前谋划新产业,灵活发展其他存量产业,加快形成"做强做优煤炭产业,积极发展新能源、现代物流贸易、矿山建设、节能环保四个转型支撑产业,探索培育高端装备制造、超前谋划新材料等战略新兴产业,灵活发展特色农业等产业"的多层次产业发展新格局,构建特色鲜明、优势明显、专业集聚的现代能源产业体系。

六、区域布局

以黑龙江基地辐射东北、内蒙古和俄罗斯远东地区,并对接京津冀,积极融入国家"一带一路"倡议和西部大开发战略,将龙煤新疆公司作为走出去战略的试点。黑龙江基地重点发展煤炭产业,加快发展新能源、现代物流贸易、矿山建设、节能环保转型支撑产业,探索培育高端装备制造、超前谋划新材料等战略新兴产业,灵活发展特色农业等产业。

第三章 发 展 目 标

一、总体目标

到 2025 年,发展质量显著提升,转型初见成效,战略新兴产业初步布局,形成煤与非煤并重、产业与金融共融发展新格局。

二、分解目标

1. 经营目标

企业盈利水平、运营效率、资本增值保值能力明显提高，发展质量显著提升。到 2025 年底，消灭所有亏损子企业，龙煤集团营业收入达到 460 亿元左右，利润总额 29 亿元左右。

2. 安全生产

煤炭产业杜绝较大及以上事故，杜绝瓦斯煤尘爆炸及冲击地压等灾害事故，杜绝重大环境安全事故。有效控制零星伤亡事故和较大非人身伤害生产事故，煤矿安全生产保障能力得到明显提高，安全生产工作力争实现零死亡。大中型矿井全部达到一级安全高效煤矿标准和一级安全生产标准化煤矿标准。

3. 企业改革

各项改革取得突破性成果，企业竞争力、创新力、控制力、影响力和抗风险能力全面增强。现代企业制度基本完善，系统完备、科学规范、运行高效的具有龙煤特色的现代企业治理体系基本形成。资本结构持续优化，资产负债率处于合理水平。市场化经营机制全面建立，混合所有制改革稳妥有序推进。国有资产管理体系制度更加完善，无效、低效资产基本退出。党的领导和党的建设全面加强，与法人治理实现有效融合。

4. 转型发展

新产业格局初步构建，新能源、节能环保等战略新兴非煤产业收入占比达到 40% 以上；资本运营取得重大突破，力争实现 1 家公司上市，助力龙煤转型发展。

5. 自主创新

科技创新体系基本构建，自主创新能力得到明显提高，科技推广及应用水平明显提升，龙煤集团发展动力由要素驱动逐渐转变为创新驱动。科技年度投入占当年营业收入 2.5% 以上。

6. 智慧龙煤

智慧龙煤建设取得明显成效。建立虚拟化三级管控大数据云平台，实现集团一级平台战略管控、公司二级平台业务管控、厂处三级平台制度管控。实现安全监控的网络化、生产过程的自动化、经营管理的信息化、管理决策的智能化。各类煤矿建成智能感知、智能决策、自动执行的煤矿智能化体系。新建矿井、120

万吨/年及以上大型煤矿、灾害严重的煤矿基本实现智能化。

7. 人才队伍

在册职工控制在 9 万左右。力争职工人均收入达到全国行业平均水平，职工技能水平和文化素质大幅提高。人才结构得到优化，工人队伍高技能人才占比达到 6%，技工占比达到 75%。员工职称结构和年龄结构得到明显改善，培养和引进一批高技术人才、行业领军人才。

8. 节能环保

杜绝重大环境污染事故；综合能耗指标达标；污染物排放浓度和总量达标；原煤入选率 70% 以上；煤矸石、电厂灰渣利用率显著提高，煤矸石利用率 80% 以上；矿井水综合利用率 75% 以上；10% 以上浓度瓦斯利用率 80% 以上。

9. 风险防控

有效防范安全风险、战略风险、环保风险、市场风险、债务风险、投资风险、社会稳定风险等重大风险，重大风险事故发生为 0。

10. 品牌形象

新时代企业文化体系基本构建，文化内涵更加丰富；黑龙江能源安全保障中的国企地位进一步提升；以客户为中心，打造龙煤精品品牌，提高服务水平，顾客满意率 100%。

第四章　产业板块"十四五"发展重点

第一节　做强做优煤炭产业

一、发展思路

落实新发展理念，把握黑龙江省委省政府对龙煤集团在省煤炭工业发展中的战略定位，站在龙江能源安全、煤炭保供的高度，安全高效绿色开发煤炭资源，高质量发展煤炭产业。立足当前着眼长远，走内在挖潜和外延发展相结合之路。加快资源开发建设，做强做优煤炭主业。按照"深部扩储稳产、技改矿井提产、新建矿井增产"指导方针，着力推进矿井深部资源扩储、稳定矿井产量；着力加快现有矿井升级改造、整合矿井技改进度，提升矿井"四化"标准，实现安全高效开发，提高产能利用率，增加产量；全力推进资源开发，加速开展新矿井高标准建设，确保"十四五"末建成投产一批新矿井；积极开展集团外资源合作开发，使煤炭产业成为集团可持续发展的坚强基石。

二、煤炭产业发展目标

1. 产能规划目标

按照生产矿井稳产、技改矿井提产和新建矿井增产的工作思路，考虑安全、地质、资源等保障因素，高效开发煤炭资源。"十四五"期间，规划省内投产在建1个鹤岗鸟山煤矿、省外投产新疆公司康龙煤矿；开工新建6个煤矿项目（投产3个）；完成25个升级改造矿井项目。

（1）续建投产2个煤矿。2021年建成投产新疆公司康龙煤矿，设计能力60万吨/年；2022年建成投产鹤岗鸟山煤矿，设计能力120万吨/年，产量120万吨。

（2）新开工建设6个煤矿。设计总产能970万吨/年、新增产能760万吨/年。其中"十四五"末新增产能400万吨/年，"十五五"期间增加产能360万吨/年。

"十四五"末建成投产：①双鸭山东荣四矿（东荣三矿改扩建）设计产能400万吨/年。为东荣三矿改扩建，产能由210万吨/年增加到400万吨/年，新增产能190万吨/年；②双鸭山东辉煤矿设计能力180万吨/年，规划2025年投产；③七台河七峰一井设计能力30万吨/年，规划2024年投产。规划到2025年，双鸭山东荣四矿（东荣三矿改扩建）产量240万吨（净增70万吨），双鸭山东辉煤矿产量120万吨（净增），七台河七峰一井产量30万吨（净增）。

（3）升级改造项目。2025年投产25个，总产能855万吨/年、新增产能597万吨/年；其中，鸡西公司18个、总产能600万吨/年、新增产能398万吨/年，七台河公司7个、总产能255万吨/年、新增产能199万吨/年。规划25个升级改造项目2025年产量565万吨；其中，鸡西公司315万吨（净增），七台河公司250万吨/年（净增220万吨）。

加快存量煤矿扩储、释放产能，提高产能利用率，增加产量。规划省内现有存量煤矿2025年增加产量338万吨。

省外新疆公司。"十四五"期间完成黑眼泉煤矿扩能改造，由120万吨/年扩建到180万吨/年，增加产能60万吨/年，产量达到180万吨。进一步推进天合煤矿整合重组工作。

综上，"十四五"末，龙煤集团生产矿井40个（鸡西18个升级改造煤矿按1个统计），产能6071万吨/年、较2020年净增1308万吨/年，产量5125万吨、较2020年净增1220万吨。其中，省内煤矿36个，产能5681万吨/年、净增1188万吨/年，产量4745万吨、净增1173万吨；省外煤矿4个，产能390万吨/年、净增120万吨/年，产量380万吨、净增47万吨。年度煤炭产量根据市场及公司情况动态调整。

从各矿业公司看，到"十四五"末，鸡西公司生产矿井9个、产能1860万吨/年、产量1575万吨；鹤岗公司生产矿井8个、产能1196万吨/年、产量930万吨；双鸭山公司生产矿井8个、产能1700万吨/年、产量1350万吨；七台河公司生产矿井12个（含外埠1个）、产能985万吨/年、产量940万吨，其中本埠矿井11个、产能925万吨/年、产量890万吨；新疆公司生产矿井3个、产能330万吨/年、产量330万吨。

2. 洗选加工目标

"十四五"期间龙煤集团原煤入选率达到70%以上。2025年龙煤集团煤炭洗选能力达4485万吨/年，其中集团本部4065万吨/年，新疆公司420万吨/年。

2025年龙煤集团煤炭入选量/商品煤产量达到3660/2604万吨/年，其中集团本部3330/2364万吨/年，新疆公司330/240万吨/年。

3. 资源获取目标

"十四五"期间，集团在现有73亿吨保有资源储量的基础上，规划增加10.6亿吨的资源储量，均为12个煤矿深部扩储资源，其中，鸡西5个、鹤岗4个，双鸭山2个，七台河1个。"十四五"末期，龙煤集团总保有煤炭资源储量达到80亿吨。

4. "四化"建设目标

规划到2025年，龙煤集团煤矿采煤和掘进机械化水平分别达到100%和95%。集团煤矿工作面开采全部实现综合机械化，各主要系统完成自动化升级改造，监测、监控及地质灾害预测预警等系统实现数据信息化集成传输和管理。全集团120万吨/年及以上大型煤矿、灾害严重的18个煤矿基本实现智能化。

5. 项目投资目标

规划龙煤集团投资煤矿项目。2个在建的煤矿（鸟山煤矿和新疆康龙煤矿）；

6个新开工建设煤矿项目（其中：3个新开工煤矿项目"十四五"末期投产，3个新开工煤矿项目"十五五"期间投产）；25个升级改造煤矿项目；12个现有煤矿深部扩储项目。

规划项目总投资298.43亿元。按照项目进度，"十四五"期间安排总投资226.93亿元，其中：建设投资198.49亿元，矿业权收益金一次性缴纳20%（17.87亿元），勘探费用1.99亿元，购买产能指标8.57亿元。

6. 经济效益目标

按照煤矿所属区域及其煤种煤质综合确定原煤销售价格，根据煤炭规划产量，对煤炭销售收入进行测算，预计2025年集团煤炭产业实现销售收入277亿元，实现利润总额32亿元。

7. 安全生产目标

坚持贯彻"安全第一、预防为主、综合治理"的安全生产方针，安全生产管理体系严格有效运行，企业本质安全水平明显提升。杜绝较大及以上事故，杜绝瓦斯煤尘爆炸及冲击地压等灾害事故，杜绝重大环境安全事故。有效控制零星伤亡事故和较大非人身伤害生产事故，使煤矿总体安全水平得到极大提高，安全生产工作力争实现零死亡。大中型煤矿全部达到一级安全高效煤矿标准、一级安全生产标准化煤矿标准。

三、投资估算

"十四五"期间，规划省内1个在建煤矿、6个新开工建设煤矿、25个升级改造煤矿及12个现有煤矿深部扩储项目，总投资298.43亿元。

按照项目进度，"十四五"规划期总投资226.93亿元，其中：建设投资198.49亿元，矿业权收益金一次性缴纳20%、为17.87亿元，勘探费用1.99亿元，购买产能指标8.57亿元。

各年度投资安排：2021年投资39.32亿元，2022年投资71.15亿元，2023年建设投资53.99亿元；2024年建设投资43.14亿元；2025年建设投资19.33亿元。

四、效益预测

1. 销售收入预测

"十四五"规划期内预测的煤炭产业销售收入按年度分，2021年186亿元，

2022年200亿元，2023年225亿元，2024年249亿元，2025年277亿元。

2. 利润预测

"十四五"规划期内预测的煤炭产业利润按年度分，2021年23亿元，2022年24亿元，2023年24亿元，2024年28亿元，2025年32亿元。

第二节　加快发展新能源产业

一、发展思路

积极响应国家碳达峰、碳中和号召，支持龙煤集团低碳高质量发展，以黑龙江省东部可再生能源基地建设为契机，发展风、光、生物质等新能源电力，将新能源产业打造成龙煤集团转型发展的支撑产业，构建新能源（瓦斯）发电—电解水制氢—氢能储运利用的新能源产业链和以煤层气抽采利用、风光氢能互补耦合的以新能源为主体的新型电力系统，提高能源的综合利用水平。

二、发展目标

"十四五"末，建成龙江东部新能源微电网，打造国家级新能源产业基地。

规模目标：到2025年，新能源板块电力装机容量达到2891.6兆瓦，发电量32.39亿千瓦时。其中新能源（风电、光伏）装机容量2820兆瓦，发电量28.8亿千瓦时；瓦斯发电装机容量91.6兆瓦，发电量3.59亿千瓦时。

投资目标：规划"十四五"时期新能源产业总投资115.9亿元。2021—2025年分年度投资分别为5.67亿元、29.27亿元、29.42亿元、27.50亿元、24.30亿元。

经济效益目标：预计到2025年，新能源产业营业收入16.49亿元，利润5.90亿元。其中新能源发电营业收入13.40亿元，利润3.75亿元；瓦斯发电营业收入3.09亿元，利润2.15亿元。

三、投资估算

"十四五"期间，龙煤集团规划新建光伏和风电新能源项目，续建和新建瓦斯发电项目。

四、效益预测

预计到 2025 年，龙煤集团新能源产业营业收入达到 16.49 亿元，利润 5.90 亿元。

第三节　加快发展现代物流贸易产业

一、发展思路

抓住新一轮科技与产业革命、东北振兴、"一带一路"倡议及国家现代流通体系建设机遇，持续增强产运储销统筹能力。发挥地理区位、资源禀赋、产业布局等比较优势，立足黑龙江、辐射东北，坚持战略导向、强强联合、优势互补、双向流动，坚持专业化、市场化、社会化发展方向，推进国内外联合、公铁联运、信息联通、物贸联动一体化发展。围绕保供、服务、管理、创效职能定位，发展招标采购、物资贸易、煤炭物流、电子商务和其他农产品物流，构建以招标采购和贸易物流为主，集"物流、信息流、资金流"为一体、具备专业化服务能力的现代商贸物流体系。把现代物流贸易产业发展成龙煤集团的重要板块，支撑龙煤集团高质量发展。

二、发展目标

到 2025 年，建设形成"联通四矿、联结全国"的煤炭物资信息产业"智慧型"通道，全面建成"保供稳、服务优、管理强、创效多"的新时代现代化商贸物流体系。物流贸易产业实现收入 145 亿元，利润 7000 万元。其中，招标采购和贸易物流实现收入 100 亿元，实现利润 2500 万元；煤炭贸易跃上新台阶，依托俄罗斯进口、黑龙江地方企业煤炭和蒙东煤炭，实现煤炭贸易规模 1000 万吨以上，煤炭贸易收入 45 亿元，利润总额 4500 万元。

三、效益预测

"十四五"末，预计龙煤集团公司物流贸易产业销售收入达到 145 亿元，利润总额达到 0.7 亿元。

第四节 加快发展矿山建设产业

一、发展思路

按照龙煤集团高质量发展的要求，服务龙煤、辐射龙江、放眼全国。以服务龙煤集团矿山建设为中心，巩固省内矿建行业龙头地位，辐射东北三省及蒙东地区，向中西部地区拓展，开发全国煤矿与非煤矿山市场，全面提高建设企业管理水平。发挥内部市场和行业资质的优势，逐步把矿山建设产业打造成集勘查、设计、施工、运营于一体的具有全国竞争力的矿山建设承包商。

二、发展目标

到"十四五"末，矿山建设产业战略调整取得显著成效，服务集团矿山建设能力显著提高，业务结构、市场布局实现均衡发展，人力资源结构、素质、规模得到明显优化，以专业化、扁平化为特征的组织结构调整全面到位，企业经营状况明显改善，实现"五年三步走"规划目标。

三、效益预测

预计到2025年，矿山建设产业营业收入达到12.9亿元；利润达到0.31亿元。

第五节 加快发展节能环保产业

一、发展思路

积极响应国家把碳达峰碳中和纳入生态文明建设整体布局、实施重点行业领域减污降碳行动的要求，立足龙煤集团节能环保产业基础，积极创新应用碳减排技术，深入挖掘煤炭、电力等产业的碳减排潜力，充分发挥碳汇林作用，加强碳资产管理；围绕能源节约、环境治理和资源综合利用，研究矿井水、煤矸石、粉煤灰、瓦斯及各种余热的利用；依托现有人员和相关机构成立节能环保技术服务公司，开发技术服务业务，实现轻资产运营创收，培育壮大节能环保产业。

二、发展目标

到"十四五"末,将节能环保产业打造成龙煤集团支撑产业。综合能耗指标达标;污染物排放浓度和总量达标;深入研究低浓度瓦斯利用技术,瓦斯抽采浓度在10%以上的基本实现80%利用;煤矸石综合利用率每年递增10%以上,最终达到80%以上;矿井水利用率75%以上,其余达到达标排放;原煤入选率70%以上;煤炭质量和深加工取得积极进展,煤炭清洁利用水平迈上新台阶,努力实现经济发展与生态环境保护协同共进。

三、投资估算

"十四五"期间,估算节能环保总投资21.2亿元。

四、效益预测

2025年,预计节能环保销售收入23亿元,利润总额3.6亿元。

第六节 探索培育高端装备制造产业

一、发展思路

按照"制修并举"的发展思路,利用龙煤自身优势,坚持合作共赢原则,整合行业优质资源,强体健身,借势发展。整合内部资源,推进体制机制创新,优化装备制造布局,实施专业化运营、集约化发展。坚持以技术为引领,以市场为导向,以项目为支撑,立足集团公司优势产品,发展高端装备、智能制造,同步加强关键技术研发和引进,综合运用互联网、大数据和传感、视感、通信、人工智能、自动控制等现代信息技术,实现煤机产品成套化、高端化、智能化、品牌化发展,构建煤机装备、洗选设备、矿山智能电气、非煤装备和智能制造五大业务板块。立足黑龙江,拓展省外,壮大产业规模,支撑龙煤集团高质量发展。

二、发展目标

"十四五"期间,专业化运营水平显著提高,科技创新水平迈上新台阶,对外合作实现新突破，煤矿装备自给率超过50%。

"十四五"期间龙煤集团高端装备制造产业投资总规模1.88亿元，到2025年高端装备制造产业实现销售收入8亿元，利润总额0.3亿元。

三、投资估算

"十四五"期间，龙煤集团高端装备制造重点规模项目7项，总投资1.91亿元，规划期投资1.88亿元。

四、效益预测

到2025年，龙煤集团高端装备制造产业销售收入达到80500万元，利润总额达到3000万元。

第七节　灵活发展特色农业

一、发展思路

坚持高质量灵活发展，创新发展体制机制，充分发挥龙煤集团农业资源优势，优化种植与养殖结构与规模，强化市场体系与品牌建设，强化特色农业产业的科技、设施装备、人才和体制支撑，打造特色产业链及特色产品，促进特色农业实现规模化、集约化发展，为龙煤集团转型发展提供新动能。

二、发展目标

到"十四五"末，特色农业产业在种植、养殖、深加工等业务上得到较快发展，初步构建现代农业产业体系。

三、投资估算

"十四五"期间，龙煤集团特色农业项目总投资1.72亿元。

四、效益预测

预计到2025年，龙煤集团特色农业营业收入2.57亿元，利润总额0.1亿元。

第五章 投资估算和效益预测

一、投资估算

估算龙煤集团"十四五"期间各产业项目总投资368亿元。

按年度分：2021年31.18亿元、2022年96.22亿元、2023年94.77亿元、2024年74.25亿元、2025年43.74亿元。

按产业分：煤炭产业226.93亿元、新能源产业115.86亿元、节能环保产业21.20亿元、高端装备制造产业1.88亿元、特色农业1.72亿元。

二、效益预测

根据规划的各产业效益预测，考虑其他存量产业预期效益及离退休等固定成本支出，预计到2025年，龙煤集团营业收入达到460亿元，利润29亿元。

华亭煤业集团有限责任公司
高质量发展战略规划

一、规划编制背景

2017年,习近平总书记在党的十九大报告中提出:"我国经济已由高速增长阶段转向高质量发展阶段,正处在转变发展方式、优化经济结构、转换增长动力的攻关期,建设现代化经济体系是跨越关口的迫切要求和我国发展的战略目标。必须坚持质量第一、效益优先,以供给侧结构性改革为主线,推动经济发展质量变革、效率变革、动力变革,提高全要素生产率,着力加快建设实体经济、科技创新、现代金融、人力资源协同发展的产业体系,着力构建市场机制有效、微观主体有活力、宏观调控有度的经济体制,不断增强我国经济创新力和竞争力。"

2018年,国务院政府工作报告正式提出高质量发展的内涵和要求,并指出:"按照高质量发展的要求,统筹推进'五位一体'总体布局和协调推进'四个全面'战略布局,坚持以供给侧结构性改革为主线,统筹推进稳增长、促改革、调结构、惠民生、防风险各项工作。"我国经济已由高速增长阶段转向高质量发展阶段,同时明确提出"国有企业应通过改革创新,走在高质量发展前列"。

2019年是"十三五"规划检验效果关键之年,也是"十四五"规划启动之年,是华亭煤业集团有限责任公司(以下简称"华亭煤业公司")加快产业结构调整,提高可持续发展能力,实现全面建设大型能源化工企业关键时期。基于上述背景,在分析华亭煤业公司发展现状基础上,按照华亭煤业公司战略部署,调整和优化各产业板块,特编制本规划。

二、研究原则

(一)坚持前瞻性与敏锐性相结合的原则

在我国经济新常态背景下,调整优化产业结构和转变发展方式压力凸显,企业若想做出高质量的战略发展决策，不仅要增强前瞻性和敏锐性，对企业外部环境做出科学预测和判断，确定企业长远发展方向，及时把握当前环境变化，抓住发展机遇，做到前瞻性与敏锐性相结合。

（二）坚持中长期发展战略和近期经营规划相结合的原则

企业高质量发展战略规划应从企业长期、可持续发展竞争优势出发，谋划中期发展战略目标，明确企业长远发展方向；同时结合实际，确定企业近期目标和重点任务，提出切实可行、操作性强的对策方案，通过阶段性滚动调整，最终实现企业可持续发展。

（三）坚持效益优先和高质量发展相结合的原则

围绕提高企业经济效益、社会效益和生态效益核心环节，做好规划制定，立足企业实际，将切实履行社会责任作为着眼点，做到诚信经营、节约利用资源、保护生态环境，狠抓生产安全、保障员工权益等，形成做大做强与可持续、高质量发展相统一。

（四）坚持科技创新驱动与产业协同发展相结合的原则

加强科技创新，提升能源开发质量与效益，依靠科技创新化解能源开发约束条件，优化能源开发路线，利用产业协同创新理论，以产业结构升级为重要抓手，促进煤炭与电力协同、煤炭与煤化工协同、煤化工与下游产品协同、矿机矿材与主业协同，实现高质量发展。

三、企业概况

华亭煤业公司是经甘肃省人民政府批准，由原华亭矿务局、华亭矿区建设管理委员会、华亭县华亭煤矿联合重组，于2002年5月在甘肃省工商行政管理局注册成立的国有大型煤炭企业。2009年加入中国华能集团有限公司（简称"华能集团"）。

矿区煤炭品种为长焰煤和不黏煤，煤炭品质优良，具有高发热量、高挥发分、高化学活性及低灰、低硫、低磷等"三高三低"的特点，2015年注册的"华煤精化"品牌深受电力、化工、冶金等用户青睐。

四、取得成绩

"十三五"以来，华亭煤业公司在加快企业自身发展建设的同时，推进企业办社会职能分离移交工作，完成净石沟煤矿关井闭坑工作，完成梅苑超市、宝鸡旅行社、陇东水泥公司、煤矸石制砖公司、建安公司等下属公司的法人数量压减和资格注销工作，按照国家改革政策对"三供一业"实施剥离、总医院剥离移交、企业法人层级压减工作按期完成，加快推进医疗保险社会化管理移交，稳妥推进非煤产业内部体制机制改革，企业改革改制稳步推进，取得了高质量发展和管理新突破。

五、发展要求

（一）顺"势"而行，转变发展方式

国家宏观经济环境层面。面对严峻的国际形势和国内艰巨的改革发展任务，按照高质量发展总要求、以深化供给侧结构性改革为主线，打好三大攻坚战，统筹推进稳增长、促改革、调结构、惠民生、防风险各项工作，国民经济运行总体平稳、稳中有进。但是，在经济平稳运行的同时，我国也出现了民营企业困难增加、基建投资回落过快等问题，国际经济环境较为严峻，中美经贸摩擦不确定性明显上升，经济运行稳中有变、变中有忧，企业应高度重视。

煤炭及相关行业环境层面。煤炭产能过剩将趋于常态化，先进产能加快释放，煤炭运输通道建设加快，供给能力大幅增加，生态环境制约强化，煤炭消费总量增加受到抑制。煤炭行业转入结构性去产能、系统性优产能新阶段，提高职工安置和资产债务处置质量，推进企业改革重组和行业结构调整、布局优化、转型升级成为该阶段煤炭企业发展主要内容。煤炭市场供需基本平衡，但供需平衡基础较脆弱，行业发展不平衡不充分问题突出，生产力水平有待提升，去产能和"三供一业"分离移交难、人才流失与采掘一线招工接替等问题仍然突出，煤炭行业改革发展任重道远。

甘肃省及平凉市煤炭工业定位方面。甘肃省尤其是平凉、庆阳两市煤炭资源储量丰富，建设煤电基地和能源综合示范区的条件优越。依据《陇东能源基地开发规划》的要求，陇东能源基地建设目标是建成供应能力强大、产业结构优化、生态文明建设成效显著的能源基地；甘肃省为推进陇东地区能源基地建设，颁布了《支持陇东地区加快发展形成全省重要增长极三年行动方案》，计划从2019年开始，用3年左右时间，基本完成陇东国家能源基地建设任务，提升区域经济发展能力。同时，平凉市出台了《平凉市煤电化冶产业发展规划（2018—2027年）》，明确未来稳步扩大煤炭产能、发展煤电通道，充分发挥平凉化石能源资源优势，以发挥煤炭、电力成本优势为切入点，发展现代煤化工、冶

金等高载能产业。

对接华能集团"3个1000"规划目标需求。华能集团推进陇东能源基地建设，到2022年基本建成国内一流、世界领先的风光煤电输用一体化现代化综合能源示范基地，基地规模达到"3个1000"（实现电力外送1000万千瓦、煤炭外销1000万吨、资产规模超过1000亿元），华亭煤业公司应充分利用自身优势，对接华能集团战略目标，实现高质量发展。

总之，煤炭企业应顺应大势所趋，深入贯彻新发展理念，深化煤炭供给侧结构性改革，以推进传统能源向清洁能源战略转型为主攻方向，将煤炭清洁高效开发利用作为能源转型发展的立足点和首要任务，为企业转变发展方式、实现清洁高效发展创造有利条件。

（二）以市场为导向，以效益为中心

坚持以市场为导向、以经济效益为中心谋划产业布局、确定投资重点、安排项目建设。遵循规模经济、集群经济、区域经济、循环经济等现代市场经济发展规律，打造规模产业链、建设循环产业园区、推进区域板块化，谋求区域性、行业性战略优势，实现高端发展。

（三）在调整中转型，在转型中发展

通过高质量发展规划，确立支撑华亭煤业公司长远发展的战略支柱产业。围绕做强做大战略支柱产业调整产业结构，创新核心技术体系，建设内部协同机制，推进外部战略合作。通过调整，提升产业结构，带动战略转型，促进华亭煤业公司跨越式发展。

（四）开发建设和管理创新统筹推进

在加快产业发展的同时，应将优化产权结构、创新体制机制、加强企业文化建设、推进深度融合、加强节能减排、防范各种风险等软实力建设放在事关华亭煤业公司可持续发展的战略地位进行规划，使华亭煤业公司生产关系和上层建筑不断适应和促进生产力的发展，保障华亭煤业公司高质量发展。

六、发展环境

煤炭工业作为国民经济的重要支柱产业，其发展与宏观经济形势密切相关。同时，煤炭作为我国第一大能源，在能源供给和消费领域占有不可替代的地位。围绕宏观经济、煤炭行业、煤化工行业、煤炭运输的发展现状分析及未来趋势预测，研究华亭煤业公司未来发展外部环境，为高质量发展规划研究提供充分、客观的决策依据。

（一）经济高质量发展，带动能源清洁低碳发展

从国内看，依靠投资拉动经济增长乏力，创新驱动提高全要素生产效率已成为应对经济下行的良方。党的十八大以来，我国全面深化改革进入深水区，经济转型结构调整尚处于攻坚期，我国正处在转变发展方式、优化经济结构、转换增长动力的攻关期，结构性、体制性、周期性问题相互交织，"三期叠加"影响持续深化，经济下行压力加大，加之新冠疫情等各类突发事件影响，经济增长速度存在较大不确定性。但我国改革开放以来积累的雄厚物质技术基础，超大规模市场优势和内需潜力，且有庞大的人力资本和人才资源，也迎来了一个新的经济发展时期。在能源方面，发展风、光、核、氢、生物等新能源，且增长势头迅猛，在一定程度上对传统化石能源造成冲击。面对国内新形势，煤炭企业必须加快创新，改变生产经营模式，提高核心竞争力，在逆势中立于不败之地。

（二）煤炭主体能源地位牢固，清洁高效利用成趋势

1. 煤炭主体能源地位将长期保持

（1）煤炭资源相对丰富。

（2）煤炭是能源供需主体。

（3）煤炭仍将是主体能源。

（4）新冠疫情短期影响煤炭供需，长期趋势不变。

2. 煤炭产业清洁高效发展已成趋势

（1）政策助力煤炭产业清洁高效发展。

（2）煤炭产业清洁高效发展步伐加快。

（三）区域煤炭供需格局变化，陕西成主要输出地

（1）宁夏煤炭供需紧张，成为煤炭净调入省。

（2）甘肃省煤炭供应持续紧张、供需矛盾突出。

（3）陕西逐步成为全国主要煤炭生产基地。

（四）华能集团煤炭产业定位明晰，清洁高效发展明确

（1）强调优化布局，积极获取优质资源。

（2）明确产业发展区域重心，保大放小。

（3）全面建设安全高效现代化煤矿。

（4）产业协同，煤电互保。

（5）加快推进以产业链增值为核心的现代煤化工产业。

（6）坚持安全发展，提升安全管理水平。

（7）建立低碳、环保、循环的发展方式。

（8）加强科技创新和自主创新，提升科学发展水平。

七、面临机遇和挑战

（一）机遇分析

（1）我国仍将处于工业化和城镇化"双快速"发展阶段，中西部地区快速发展带来能源需求增长。

（2）煤炭产业继续推进供给侧结构性改革。

（3）煤炭产业供需错配加剧。

（4）国家推进基础设施补短板利于西部煤电通道建设。

（5）发展煤化工是我国能源安全战略选择。

（6）煤炭工业结构调整带来发展机遇。

（7）"新基建"引领煤炭行业转型升级，智能化步入加速期。

（8）华能集团试点整合甘肃省煤电资源给华亭煤业公司带来重大发展机遇。

（二）挑战分析

（1）国内煤炭需求增幅回落，产能建设超前。

（2）环境保护和节能减排政策力度加大，对现有煤炭工业生产、运输及利用提出更高要求。

（3）资源获取难度大，煤炭安全生产成本、运营成本高，企业经营难度加大。

（4）煤化工产品价格波动大，风险高。

（5）煤电、煤炭外送通道受制约。

八、发展战略和目标

（一）指导思想

以习近平新时代中国特色社会主义思想为指导，深入贯彻习近平总书记关于国有企业改革发展的重要论述和讲话精神、关于能源发展的"四个革命，一个合作"的重要论述和指示精神、党的十九大报告精神，统筹推进"五位一体"总体布局和协调推进"四个全面"战略布局，全面落实国务院关于高质量发展的整体部署、省委省政府关于能源工作的各项决策部署及华能集团对煤炭产业发展的总体要求。

以国家相关政策为导向，以发展区域经济为出发点，以协同化管理、品牌化运作、智能化生产和清洁化利用为支撑，以循环经济和可持续高质量发展为原则，立足企业发展的实际，按照"煤为主导，化工支撑，循环利用，集群发展"的工作思路，坚持"创新、协调、绿色、开放、共享"的新发展理念，抓住陇东能源基地建设和平凉市煤、电、化、冶产业规划发展机遇，以发挥华亭煤业公司煤炭管理为依托，做优做强煤炭主业；以调整产业结构为主线，发展煤炭深加工；以产业协同为契机，探索煤电联营发展模式；以改革创新为动力，推进华亭煤业公司高质量发展。

（二）发展思路

在华能集团领导下，坚持以"创新、协调、绿色、开放、共享"的新发展理念为指导，以均衡推进新井建设和投产、提高和保障主业生产规模、调整优化产业产品结构、提高经济增长质量和效益、调整优化人力资源结构、提高员工综合素质为主攻方向，以技术创新和管理创新、项目推进和品牌带动为重要手段，以为全体员工谋福祉为出发点和落脚点。

坚持对标先进企业，推行精细化管理；坚持强调优化布局，获取优质资源；坚持利用资源优势，打造品牌化战略；坚持市场化运作，实施产业协同战略；适时组建产业化公司，提供专业化服务；坚持推进煤炭深加工，提高产品附加值；坚持加强创新引领，推动煤矿高质量发展，助力华亭煤业公司又好又快发展。

（三）总体目标

1. 近期发展目标

到2021年底：发展先进产能，应用互联网、大数据、人工智能等现代信息技术，建设智能高效大型现代化煤矿；争取煤炭资源，保障矿井正常接续资源；科学谋划、慎重决策、稳步推进，使煤炭深加工产业迈向新的发展阶段，资源综合利用和节能降耗水平显著提高；夯实安全管理基础，安全生产形势明显好转；加强环境保护工作，矿区生态环境改善；加大改革创新力度，企业转型跨越式发展取得重大进展，形成具有同行业核心竞争力的现代化大型能源化工企业。

（1）煤炭资源获取目标。力争2021年底，获取华亭矿区总规修编后的安新勘查区内煤炭资源以及空白区资源。

（2）煤炭产量规模目标。到2021年底，煤炭产量稳定，煤炭实现全部洗选，产销平衡。

（3）煤化工产业规模目标。到2021年底，甲醇产量按设计产能生产；甲醇制取聚丙烯项目投产；推进启动其他煤化工项目。

（4）煤炭技术发展目标。加强与科研机构和院校合作，重点攻关华亭煤田冲击地压灾害防治、远距离供液供电、安新煤田综合防治水、软岩支护等科研项目开发利用；探索深井、煤层群、矿井末期及孤岛等开采技术，推进薄煤层、边角煤和"三下"煤开采力度，提高煤炭资源回收率，将技术研发、科技创新打造成企业核心竞争力。

（5）智慧矿山建设目标。在矿山安全、高效、数字化、信息化建设基础上，有序推进智慧矿山建设。坚持创新驱动，按照"管理、装备、素质、系统"并重原则，以实现"机械化换人、自动化少人"为目标，加大新装备、新工艺应用力度，引导推动煤矿"四化"建设，推进煤矿采掘机械化、生产过程自动化、企业管理信息化、安全监控数字化进程。

（6）绿色矿山建设目标。加快绿色矿山建设步伐，加大绿色矿山建设投入，力争2020年末，全面开启绿色矿山建设新格局，使现有条件较好矿井成为引领公司绿色矿山建设示范。

（7）煤矿安全生产目标。推进煤矿安全基础建设，全面建设本质安全型企业，杜绝重大伤亡事故，职业危害得到有效控制，安全生产标准化达到一级。力争"零死亡"目标，杜绝一级非伤亡事故，减少二级及以下事故，确保生产、经营、政治、形象安全。

2. 中期发展目标

到"十四五"末，即2025年底：围绕国家能源产业政策及发展规划，依托黄陇大型煤炭基地资源和区位优势，以建设华能一流、国内领先的现代化大型能源化工企业为目标，按照"煤为基础，产业延伸，就地转化，综合利用"的思路，统筹规划、科学布局，开发煤炭资源，有序发展优质产能，建设智能高效大型现代化煤矿；加强煤电联营协同发展，主要与华能集团内部电厂联营，实施煤电一体化；延伸煤炭产业链，以煤化工下游产品为主的非煤产业，推进煤炭深加工和现代煤化工产业创新发展；推进矿区铁路项目建设，提高煤炭外运能力；突出节能降耗和环境保护，全面提升综合实力和盈利水平，实现企业高质量发展，推动陇东国家级能源化工基地建设，为华能集团煤炭产业发展和区域经济社会发展做出新贡献。

——获取庆阳地区和陕蒙核心地区优质煤炭资源各1处，根据资源获取情况，及时建设合理规模接续矿井。

——煤制甲醇、聚丙烯产量按设计产能生产，有序推进其他煤化工项目落地，煤化工产业形成一定规模。

——适时组建产业公司，在华能内部提供生产及营销服务。

——适时有序开发聚丙烯下游产品，最大限度实现聚丙烯就地转化。

——积极推进煤电一体化建设，电力外送通道更加畅通。

——煤炭外运通道进一步畅通，配套建设矿区铁路、装车站和煤炭集运支线。

——现有矿井中条件较好的矿井达到绿色矿山的标准，建成1～2座国家级绿色矿山示范工程；力争华亭煤业公司整体上市。

3. 远期发展目标

到"十五五"末，即2030年底：

（1）煤炭产能力争突破2500万吨，原煤入选率100%，基本形成绿色矿山建设新格局。

（2）有序推进120万吨/年煤制甲醇烯烃转化项目。根据聚丙烯及其下游产品销售市场情况，在华亭工业园区建设煤制甲醇烯烃转化项目。结合华亭煤业公司实际，经专业论证后分近期、中期、远期推进煤炭化工项目。

（3）合作参与陇东煤炭及煤电化基地建设，重点建设大型、特大型现代化矿井和配套的选煤厂，建设大容量、高参数坑口电厂，煤制天然气、煤制烯烃、中低温干馏、低热值煤发电、合成氨等煤炭就地转化及深加工项目，为矿区后续开发提供资源保障。

（四）重点工作

1. 对标同行先进企业，推行精细化管理

结合华亭煤业公司发展战略和实际情况，对标国家能源、中煤等同行先进企业，构建以加快推进企业高质量发展为目标，以健全管理标准为基础，以全面预算管理、内部市场化建设和全员业绩考核为重点，以信息化建设为支撑的现代企业精细化管理模式。

通过全面推行精细化管理，培育精细化管理理念和作风；建立岗位职责设置科学、工作任务明确、管理责任落实、内部市场化机制高效、管理目标细分、管理标准全面、管理方法有效、管理手段先进、业绩考核科学的精细化管理体系，形成独具特色的现代企业管理模式，提高企业管理效能和企业管理水平。

2. 持续推进布局优化，获取优质资源

以"稳定省内、拓展省外"资源整合战略为方向，以获取和控制优质资源为目标，获取外部资源，扩充资源储备。以资本为纽带，择机参股和控股资源勘查企业，通过控制资源获取渠道，抢占资源获取先机。以现有资源集中地区为主要范围，加强与资源省区战略合作，加强与战略投资者合作，获取大型整装煤田。对现有生产矿区实施资源有效利用和挖潜，延长矿区服务年限。加大现有矿区与周边煤矿的整合，为整合资源、维护矿区安全生产和市场秩序创造条件。

3. 充分利用资源优势，打造品牌化战略

品牌是企业的无形资产，是企业竞争力的标志，更是企业科技水平、管理水平和核心竞争力的综合体现。利用已有"华煤精化"品牌在市场上的优势，完善"华煤精化"系列产品标准，提升"华煤精化"品牌质量与品牌知名度，使煤炭销售走向品牌化发展之路。通过树立产品品牌，建立差异化优势，降低用户对煤炭价格的敏感程度，形成竞争优势。

4. 坚持市场化运作，实施产业协同战略

坚持市场化运作导向，最大限度释放、消化内部煤炭产能，构建煤电协同长效机制。实施产业协同战略，在打造煤电一体化基地的同时，着力构建长期、稳定的内部煤电协同关系，减缓市场冲击，稳定销售市场，保证电煤稳定供应，以保证华能集团整体利润水平。在煤矿周边规划布局煤矸石电厂或低热值煤电厂，提升煤炭转化能力。推进大型坑口、港口、路口和煤电一体化项目开发，深入落实产业协同政策，实现整体利益最大化。

5. 适时组建产业化公司，提供专业化服务

充分利用现代化矿井缩减人员的需求，以及煤矿资源枯竭产生的人员安置问题，适时组建产业化公司，秉承"科学管理、市场导向、专业发展"经营理念，为华能集团所辖煤矿及周边其他市场主体矿井提供专业、集约化的煤炭生产服务。

6. 加快推进煤炭深加工，提高产品附加值

以国家产业政策和相关产业"十四五"规划、国内外市场需求及煤化工技术发展为导向，发挥大集团资源、区位、资金、人才、产业基础、上下游产业协同等战略优势，按照"区域化统筹、规模化发展、循环化利用、统一化管理"模式，将煤化工产业发展成重要战略支柱产业，为未来发展提供有力支撑。

加大煤炭产品深加工比重，加快煤炭产品由"燃料利用"向"原料利用"

转变，结合华亭煤业公司自身技术、资源等实际情况，选择性发展煤炭深加工业务，推进煤电一体化与新型煤化工产业化进程，适时推进与周边化纤企业合作，通过延伸煤炭产业链，提高产品附加值，助力华亭煤业公司高质量发展。

7. 持续强化创新引领，推动煤矿高质量发展

加快学习型、创新型煤炭企业建设，增强自主创新能力，加大技术创新、产品创新、管理创新力度，建设创新驱动型、综合效益型企业。完善科技创新管理体系，抓好示范工程，研发前沿技术，加强研发平台建设。

以科技创新和信息化建设为支撑，以建设安全高效现代化矿井为目标，加快现有煤矿以生产机械化、集约化和高产高效为重点进行生产系统技术改造，实现安全增产、减员提效。推进煤矿综合信息化建设，发展高新技术和先进实用技术，提高技术创新和研发能力，促进科技成果向现实生产力转化和应用，形成以华亭煤业公司为主体的科技创新、科技服务体系。

九、保障措施

（一）加强组织领导

成立华亭煤业公司高质量发展工作领导小组，由华亭煤业公司主要领导担任组长，华亭煤业公司副总经理担任副组长，各相关部门主要负责人担任成员。领导小组统筹协调华亭煤业公司高质量发展重大事项，下设办公室（简称"高质量发展办"），抽调专职人员负责日常工作。各有关部门应加强组织协调，完善工作机制，认真组织落实，形成合力推进高质量发展的工作格局。

（二）做好规划指引

系统谋划和制定公司各个产业板块的近、中、远期规划目标和实施方案，加强各产业规划和产业支撑规划与华亭煤业公司高质量发展规划的衔接，与华能集团、甘肃省、平凉规划的衔接与适应，建立并理顺相应工作机制，确保高质量发展。

（三）构建创新体系

加强与省内外、国内外一流研究机构合作，依托一批重大的煤炭、煤化工、新材料项目，构建产学研一体的工程中心、研究中心，制定合理的技术创新鼓励政策，构建企业高质量发展的技术创新和保障体系；按照专业化管理、模块化运营的思路进行管理体制改革，建立"管理体制新、运行机制活、精干、高效"的公司管理体制，构建企业高质量发展的制度创新和保障体系。

（四）加大资金投入

加大对华亭煤业公司煤化工产业发展和科技创新投入力度，增加煤炭资源获取、新建矿井投资、煤炭化工项目建设投资、煤炭运输通道建设等资金投入。采取直接投资、发行企业债券、融资租赁、引入外部投资者、银行贷款及其他融资方式获取资金。

（五）强化人才保障

制定和实施市场化人才政策，加快引进企业发展高端领军人才。加强与国内外特别是煤炭、煤化工、新材料人才团队的主动对接，引进高层次煤化工、新材料创新型团队和技术人才。以华亭煤炭、煤化工产业化重大项目为依托，培育一批领军型复合人才。

（六）增强风险管控

对华亭煤业公司来说，转型发展的风险主要在于项目建设风险与生产经营风险。在项目建设风险方面，应充分开展项目建设前期论证，保证技术的可靠性与配套条件的落实；确保资金到位，避免建设周期拖延；研究国家政策，把握政策底线，免受宏观调控制约。在生产经营风险防范方面，应针对煤炭、化工、物流等行业的特点，加强安全监管和安全防护措施，减少和消除环境安全隐患。

另外，对未来组建的产业化公司来说，在提供产业化服务、拓展服务范围的同时，也会伴随着百万吨死亡率上升的风险，因此，除加强培训，提高员工素质外，还应考虑与被服务市场主体合作建立公司，通过人员外包形式与被服务对象共担风险。

贵州盘江煤电集团有限责任公司"十四五"发展规划

第一章 规划编制说明

一、企业基本情况

贵州盘江煤电集团有限责任公司（简称"盘江煤电集团"或"集团"）是贵州省国有独资大一型企业，2018年5月，经贵州省政府批准，由原盘江资本（前身是盘江矿务局）、水矿控股（前身是水城矿务局）、六枝工矿（前身是六枝矿务局）、林东矿业（前身是林东矿务局）、盘江电投（前身是广投黔桂公司）和毕节中城能源战略性重组而成。集团旗下贵州盘江精煤股份有限公司是贵州省首家煤炭上市公司。

二、规划编制背景

"十四五"时期是我国全面建成小康社会、实现第一个百年奋斗目标之后，乘势而上全面建设社会主义现代化国家新征程、向第二个百年奋斗目标进军的第一个五年，我国将进入新发展阶段。"十四五"规划是适应中国特色社会主义进入新时代、更加聚焦高质量发展的五年规划，是引领新时代国资国企工作的五年规划。积极做好"十四五"规划编制工作，对引领盘江煤电集团高质量发展，提升全省基础能源经济发展水平具有重大意义。

三、规划编制范围

本规划包含盘江煤电集团所属全资、控股（控制）、托管企业。规划年限为2021年至2025年，并对中长期发展进行展望。

第二章 "十四五"企业面临的形势

一、宏观环境研究

(一) 国际经济大循环调整加快

"十四五"时期,面临百年未有之大变局深度调整、百年未遇之大疫情严重冲击、百年奋斗目标迈向新阶段三大背景,数字化、大国博弈、治理重构等力量推动经济社会加速变革,世界经济格局将深刻调整。错综复杂国际环境带来的新矛盾新挑战,我国将进入新发展阶段,贯彻落实新发展理念,紧扣推动高质量发展,着力构建以国内大循环为主体、国内国际双循环相互促进的新发展格局。

(二) 创新引领经济发展的特征更趋明显

"十四五"时期,我国将大概率进入高收入经济体行列,经济结构将进一步优化,创新引领特征强化,消费需求仍将是带动经济的主要力量。我国经济发展从"有没有""有多少"向"好不好""优不优"转化,新的增长动力正在形成。我国不断累积的人力资本和不断提高的科技创新能力,将成为"十四五"时期经济发展的重要驱动力,创新引领经济发展的特征更趋明显。

(三) 绿色发展比较优势更加凸显

随着2030年前碳达峰、2060年前碳中和目标的提出,主要污染物排放达峰后生态环境压力减小,绿色发展实现从外部性负担向新竞争优势转变。生态环境将作为可创造财富的资源带来发展增值,绿色发展将成为提升经济发展效益和群众生活质量的重要力量。

(四) 煤矿智能化和煤炭智慧物流将成为行业发展亮点

新一代信息技术改变了传统的生产生活方式,数字经济成为引领新时期经济发展的重要力量。深化煤炭供给侧结构性改革进入新的发展阶段,大数据、5G通信技术、智能机器人等新基建新技术将成为煤炭行业转型升级的重要驱动力,也是深化行业改革的重要抓手。推动煤炭智慧物流发展是煤炭产供储销体系建设的重要内容,也是适应新时期我国煤炭资源开发布局调整和全国煤炭安全稳定供应保障的需要。

(五) 贵州省为企业发展创造优势和条件

一是贵州省利用区域发展优势,为国家加快推进新时代西部大开发、长江经济带发展、深化西部陆海新通道等重大战略找到发展新机遇,形成新格局中的交通枢纽优势,特别是不断加大东西部协同,承接东部产业转移,大力推动新型工业化,推动产业链供应链优化升级,实施"四轮驱动",为盘江煤电集团融入新发展格局创造了前所未有的优势和条件;二是贵州良好的政治生态持续巩固。这些年来,省委省政府带领各级干部聚精会神搞建设、心无旁骛抓发展、苦干实干加油干,精神面貌焕然一新,以良好的政治生态保障了经济社会大踏步前进。这是盘江煤电集团发展的最重要保障。

二、产业政策分析

（一）煤炭行业转型升级与高质量发展更加迫切

"十四五"时期,我国经济结构将进一步调整优化,能源技术革命加速演进,非化石能源替代步伐加快,生态环境约束不断强化,煤炭行业加快向生产智能化、管理信息化、产业分工专业化、煤炭利用洁净化转变,煤炭行业转型升级与高质量发展更加迫切。

（1）煤炭在我国能源体系中的主体地位和压舱石作用不会改变。当前和今后较长时期内,我国仍处于工业化快速发展阶段,能源消费增幅回落,总量还将增加,综合考虑我国油气资源进口与国际经济、地缘政治等复杂关系,煤炭在我国能源安全稳定供应中的兜底保障作用不会改变。

（2）煤炭工业仍是贵州重要战略性、基础性产业。贵州将深入实施乡村振兴、大数据、大生态三大战略行动,大力推动新型工业化、新型城镇化、农业现代化、旅游产业化。煤炭工业是贵州战略性基础性能源,是贵州构建南方省份电力成本"洼地"的重要保证。随着供给侧结构性改革的深入,周边省份落后产能不断退出,新增产能有限,我省煤炭需求缺口不断扩大。

（3）贵州生态环境约束不断增强,煤炭转型升级迫在眉睫。随着贵州生态文明先行示范区和绿色贵州建设的不断推进,对生态环境承载能力提出更高要求,煤炭作为贵州省重要的战略资源和支柱产业,在长期内不会改变。随着"双碳"目标提出,加快发展方式转变,坚持节约发展、绿色发展、清洁发展、安全发展,积极发展煤炭清洁高效利用,延伸煤炭深加工产业链,大力调整煤炭产业结构,促进煤炭转型升级,是贵州省煤炭发展的大趋势。

（4）贵州持续推进煤炭产能产品结构优化,发挥国有企业顶梁柱作用。一是加快煤矿改造提升,建设大中型矿井,到2025年煤炭产能2.5亿吨/年,单井平均产能60万吨/年以上，提高盘江煤电集团产能占比，形成大中型煤矿为主的产能结构。二是优化煤炭产品结构，加大原煤洗选力度，加强特殊和稀缺煤类管理，到2025年原煤入选率达100%。三是加快综采综掘智能化，到2025年生产煤矿综采综掘基本实现智能化；推广使用煤矿机器人，到2025年突出煤层掘进工作面防突钻孔机器人普遍应用；推进全矿井智能化，形成贵州适配的煤矿技术体系，到2025年建成智能化煤矿50处。四是推广煤炭绿色技术，因地制宜推广N00、110工法和充填开采、保水开采；科学有序发展露天煤矿，同步开展采煤沉陷区和土地复垦复绿治理；加强煤矿瓦斯综合利用，推进"三区联动"示范。

（二）加快建立电力市场体系

电力是国民经济的重要支撑，是贵州省重要的能源产业，在全省经济社会发展中具有基础性、战略性作用。"十四五"期间，将深入落实"四个革命、一个合作"能源安全新战略，扎实推进电力供给侧结构性改革，加快建立电力市场体系，积极推动电力生产和消费革命，实现电力行业高质量发展，打造安全高效、清洁低碳的电力供给体系，提升保障能力和供给效率，为经济社会持续健康发展提供坚强支撑。

（1）清洁高效电力产业项目支撑是贵州用电安全保障的基础。"十四五"期间，随着能源结构的调整与可再生能源的大规模发展，煤电机组生存空间将持续被压缩，供给侧改革任务艰巨，一大批火电机组面临退役。以建设大容量、高参数、低消耗、少排放机组代替关停小火电机组的"以大代小"策略作为淘汰火电落后产能、减少污染物排放的重要手段仍将被推行。随着社会用电量的增长，火电的利用小时增长能力有限，淘汰火电落后产能，贵州将大力推动高参数大容量煤电项目建设。新建清洁高效电力项目是贯彻落实贵州省委、省政府的决策部署，实施能源工业运行新机制，推动电力高质量发展的具体举措，是贵州省"十四五"期间用电安全保障的基础。

（2）贵州将扎实推进能源工业运行新机制，大力发展基础能源和清洁高效电力。贵州省煤电联营程度低，燃煤电厂大部分为五大央企发电集团和省外发电企业控制，且大部分没有自有煤矿或煤矿未能进行正常生产，造成煤、电协同联动困难，全省煤炭资源优势没有得到充分发挥。根据贵州省委、省政府要求，将推动盘江煤电集团等做大做强，发挥国有经济战略支撑作用。增强在贵州省电力行业的影响力和控制力，构建有竞争力的电价体系，通过煤电联营，基本保证煤炭上下游的利益均衡，通过调控手段，构建贵州省长期的电力运行价格体系，稳步推进省内工业经济发展。

（3）贵州将优化能源项目建设布局，建设先进燃煤机组。2020年，省内全社会用电量1586亿千瓦时，按年均增长率7.9%测算，到2025年省内全社会用电量将达到2320亿千瓦时。"十四五"期间，贵州将建设大容量、高参数、超低排放燃煤机组，积极推进66万千瓦高硫无烟煤示范机组建设，并形成示范带动效益，研究100万千瓦级高硫无烟煤示范机组，预计到2025年，贵州煤电装机将达到4619万千瓦。另外，贵州将推动30万千瓦级及以下落后机组淘汰退出或升级改造为大容量、高参数机组，提高煤电机组运行效率。

（三）加大煤层气（煤矿瓦斯）抽采利用力度

煤层气（煤矿瓦斯）作为战略新兴产业，是与天然气同等优质的能源和化工原料，是常规天然气最现实、最可靠的补充资源。预计到2025年，贵州省天然气需求总量将达到65亿立方米/年以上，而中缅、中贵天然气管道可供贵州下载量仅30亿立方米/年，远远不能满足天然气消费需求，开发利用贵州丰富的煤层气资源，补充省内天然气消费需求尤为重要。"十四五"期间，贵州煤炭工业要实现高质量发展，必须坚持瓦斯抽采和利用并举，以利用促抽采，以抽采保安全，以安全增效益，通过有效降低煤层瓦斯含量，促进煤矿安全发展。同时，充分利用煤层气（煤矿瓦斯），可有效降低温室气体排放，保护矿区大气环境。结合国家"双碳"目标，加大煤层气（煤矿瓦斯）抽采利用力度，有利于加快构建清洁低碳、安全高效的能源体系。

三、发展能力分析

（1）有强大的组织保障。盘江煤电集团组建是省属国有企业战略性重组的重大部署，有了省委、省政府的坚强领导，加上国有企业党的领导这一独特优势，为企业发展提供了强大的组织保障。

（2）经营管理团队精干有为。盘江煤电集团是从"三线建设"发展起来的企业，有深厚的企业文化，有良好的政治生态，还有一批熟悉煤炭、电力产业的专业化生产管理人员。

（3）有良好的资源禀赋。盘江煤电集团煤炭资源储备丰富（截至2020年底，盘江煤电集团生产、新建矿井查明地质资源储量160亿吨以上，剩余资源储量130亿吨以上），品质优良、品种齐全，区位优势突出，具备能源产业发展优势。

（4）有高质量发展的基础。盘江煤电集团坚定不移聚焦主业主责，大刀阔斧瘦身健体，依法依规推进市场化债转股，动真碰硬处僵治困、解决历史遗留问题等，轻装上阵。

四、SWOT矩阵分析（表1）

表1 "十四五"发展环境SWOT矩阵分析

	SWOT	优势（S） • 党的领导和党的建设全面加强 • 国企改革促进资源要素整合 • 主营业务结构优化协同发展 • 经营管理团队精干有为	劣势（W） • 煤炭产能释放率偏低 • 人才队伍还不能满足发展需求 • 成员企业发展不平衡 • 历史遗留问题多、包袱重
机遇（O）	• 煤炭在能源安全稳定供应中兜底保障作用不会改变，煤炭是贵州重要的基础能源产业 • 贵州深入实施能源运行新机制，清洁高效电力是贵州用电安全保障的基础 • 创新引领经济发展，煤矿智能化、煤炭智慧物流成为行业发展亮点	SO战略 • 坚持党对国有企业的领导，建立现代企业制度，以党建高质量推动发展高质量 • 聚焦主责主业，做大做强煤炭、电力主业，为贵州经济社会发展提供基础性能源支撑。 • 坚持创新驱动，实施矿井机械化、智能化改造，建立完善集团产供储销体系	WO战略 • 深入开展整组提效，做优存量，做强增量，提高资产利用效率 • 创新管理理念、管理制度，加强人才队伍建设，提升煤炭企业管理水平 • 加大"两非"剥离和"两资"处置，开展重点亏损子企业专项治理
挑战（T）	• 生态环境约束不断增强，煤炭转型升级迫在眉睫 • 煤矿生产力水平不平衡，安全生产基础仍然薄弱，安全生产形势仍然严峻 • "双碳"大背景下，煤炭产业转型升级更加迫切，转型升级任务艰巨	ST战略 • 深化"双百行动"，推进国企改革三年行动和对标提升行动，提升管理能力和水平 • 坚持科技兴企、科技强企，促进煤炭、电力产业集约、安全、高效、绿色发展 • 建立健全风险防控体系，提升风险防控能力	WT战略 • 深化供给侧改革，提升基础能力和产业链水平，促进企业可持续发展 • 强化底线思维和红线意识，落实安全环保主体责任，推动责任层层压实 • 加强经营管理，优化产品结构，严控成本，提质增效

第三章　企业发展思路和发展目标

一、指导思想

坚持以习近平新时代中国特色社会主义思想为指导，全面贯彻习近平总书记视察贵州重要讲话精神及对贵州重要指示批示精神，完整、准确、全面贯彻新发展理念，落实"双碳""双控"要求，紧紧围绕"四新"主攻"四化"特别是新型工业化战略，抢抓重大机遇，聚焦主责主业，精准发力、主动作为，统筹发展和安全，全面提升能源安全保障能力，助力贵州新型综合能源基地建设，打造西南地区煤炭保供中心，充分发挥能源供应"压舱石"和"稳定器"作用。

二、发展原则

（1）坚持党的领导。坚持党对国有企业的领导是重大政治原则，必须一以贯之。坚持党的领导、加强党的建设，是我国国有企业的光荣传统，是国有企业的"根"和"魂"，是我国国有企业的独特优势。

（2）坚守三条底线。牢固树立安全环保理念，坚守安全、生态和发展三条底线，把盘江煤电集团建设成为本质安全型、质量效益型、创新驱动型、节约环保型、和谐发展型企业。

（3）坚持以职工为中心。坚持职工主体地位，推动薪酬分配向一线关键苦脏险累岗位倾斜。始终做到发展为了职工、发展依靠职工、发展成果与职工共享，不断提升职工的获得感、幸福感、安全感。

（4）坚持新发展理念。坚持把"创新、协调、绿色、开放、共享"的新发展理念贯穿企业发展全过程，切实转变发展方式，推动质量变革、效率变革、动力变革，实现更高质量、更有效率、更可持续、更为安全的发展。

（5）坚持深化企业改革。坚定不移推进国有企业改革，紧扣"定位、定向、瘦身、规范、改革"的要求，把"双百行动"综合改革引向深入，集中力量攻坚克难，通过体制机制改革，构建符合生产力发展的生产关系。

（6）坚持科技创新发展。优化科技创新环境，完善科技创新体系，以科技创新为核心带动全面创新，充分发挥科技创新在推动产业升级、促进产品结构调整和发展方式转变等方面的积极作用，有效推进高质量发展。

三、价值理念

（一）企业精神

自立自强、艰苦奋斗、改革创新。

（二）企业愿景

打造行业先进，建设我国南方地区一流的现代化能源集团。

（三）企业价值观

安全高效、团结奋进、实干担当。

（四）企业使命

聚焦主责主业，推动高质量发展，为贵州经济社会发展提供战略性基础性能源支撑。

四、总体思路

（一）发展思路

贯彻落实贵州省十三届四次全会精神，按照"一二三四"的工作思路，深入实施工业强省战略和工业倍增行动，在新征程上奋力推动贵州工业大突破，为开创高质量发展新局面提供有力支撑。"十四五"期间，盘江煤电集团按照"12345"的发展思路，坚持以高质量发展统揽全局，聚焦煤电两大核心主业，牢牢守好安全、生态、发展三条底线，建强技术研发应用、物资集中采购、产品集中销售、财务协同共享四大平台，抓好抓实党的建设、改革发展、经营管理、科技创新、风险防控等五项工作。

（1）以高质量发展统揽全局。以高质量发展统揽全局，是盘江煤电集团融入新发展格局的内在逻辑和必然选择，是实现盘江煤电集团高质量发展、解决历史遗留问题的有效途径和重要基点，关系盘江煤电集团的稳定大局、生死存亡。必须把发展质量问题摆在更加突出的位置，按照新发展理念的要求，坚持质量第一、效益优先，推动质量变革、效率变革、动力变革，实现更高质量、更有效率、更加公平、更可持续、更为安全的发展。

（2）聚焦煤电两大核心主业。坚决贯彻落实省委、省政府重大决策部署，坚定不移聚焦主责主业，加大对煤炭、电力的掌控力度，强化电煤保供能力，为全省工业发展提供战略性、基础性能源支撑。

（3）牢牢守好安全、生态、发展三条底线。守好三条底线，是践行"两个维护"的具体行动,是推动盘江煤电集团实现高质量发展的科学指引。在新发展阶段,必须坚持生态优先、绿色发展,统筹好安全、生态和发展之间的关系,把"发展不能以牺牲人的生命安全为代价"的要求、"坚持以人民为中心"的发展思想、"绿水青山就是金山银山"的理念贯彻始终。

(4)建强四大平台。围绕盘江技术研究院、供应链分公司、西部红果交易中心、财务结算中心,建强盘江煤电集团技术研发应用、物资集中采购、产品集中销售、财务协同共享四大平台,更好推动创新驱动、产供销一体、资金统筹调配,实现盘江煤电集团融合发展、高质量发展。

(5)做好五项工作。抓好抓实党的建设、改革发展、经营管理、科技创新、风险防控等五项工作,以党建引领企业高质量发展,坚持创新驱动战略,深化国企改革、加强精细化管理、牢固树立底线思维,强化企业发展的保障支撑、效率效益、动能动力。

(二)战略定位

贯彻落实省委、省政府重大决策部署,提高煤电在全省的占比,增强政府的宏观调控能力。

(三)发展战略

聚煤电、强主业,创新引领高质量发展。

(四)业务布局

按照"煤龙头、电骨干、新能源补充"的产业布局,围绕煤电主业,畅通煤电产业链循环,构建煤炭供应链业务体系。优化煤炭产业布局,调整产品结构,增强煤炭有效供给能力。积极培育新兴产业,实现企业更加稳定、可持续发展。

五、总体目标

(一)改革发展目标

盘江煤电集团发展大踏步前进,效率、效益明显提高;改革深入推进,"三项制度"改革明显见效;依法治企深入管理各个环节;实现安全生产,生态环境持续改善;职工收入与效益同步增长,职工获得感、幸福感、安全感显著增强。

(二)高质量发展目标

围绕主业发展的痛点难点问题进行技术创新,引进一批先进设备和技术,加速企业机械化、自动化、信息化、智能化转型升级。加快推进绿色矿山、智能化矿井、智能化工作面建设。力争"十四五"末，所有生产矿井全部达到省级以上绿色矿山建设标准，机械化掘进工作面达100%，智能化采煤工作面达50%，建成土城煤矿、山脚树煤矿等一批智能矿山。

（三）生产经营目标

聚焦煤电主业，增强煤炭、火电掌控力度，开展煤电联营。到2025年，煤炭产能7000万吨以上，原煤产量5000万吨以上；电力装机规模600万千瓦，发电240亿千瓦时；焦炭产能1133万吨/年；营业收入800亿元，利润总额20亿元，劳动生产总值预计达到153亿元。2025年末，资产总额1200亿元左右，所有者权益370亿元左右，资产负债率在75%以下。到2035年，煤电主业更加突出，培育成熟1~2个新兴产业，企业发展更加稳定、可持续和高质量。"十四五"时期主要经济指标见表2。

表2 "十四五"时期主要经济指标

指标	单位	2020年	2025年	年均增速
一、产业发展				
1. 煤炭产能	万吨/年	3720	7130	13.90%
2. 煤炭产量	万吨	2121	5040	18.90%
3. 电力装机	万千瓦	151	600	31.78%
4. 发电量	亿千瓦时	72	240	27.23%
5. 焦化产能	万吨/年	833	1133	6.34%
6. 焦炭产量	万吨	752	864	2.82%
二、财务目标				
7. 资产总额	亿元	764	1200	9.45%
8. 净资产	亿元	242	370	8.86%
9. 营业收入	亿元	425.7	800	13.45%
10. 利润总额	亿元	5.08	20	31.53%
11. 工业总产值	亿元	326.4	516.8	9.63%
12. 劳动生产总值	亿元	88	153	11.70%
13. 资产负债率	%	68.28	73.62	

（四）安全环保目标

"十四五"期间，煤矿企业杜绝较大及以上安全责任事故，工伤及事故总量比"十三五"末降低30%以上。到2025年努力实现瓦斯"零超限"目标。发电企业杜绝重伤以上安全责任事故；新增煤矸石和粉煤灰资源综合利用率达80%以上；原煤入选率达100%，矿井水100%处理达标，洗煤厂工业用水100%洗水闭路循环，抽采瓦斯利用率达到90%以上。

第四章　企业发展策略及主要内容

一、主业发展策略

（一）煤炭业务

1. 业务发展定位

增强煤炭资源掌控力度，优化煤炭产业布局和调整产品结构，提升贵州省煤炭有效供给能力，强化电煤供给保障能力；提升贵州省煤炭工业集约化、绿色化、机械化和智能化水平，推动煤炭工业转型升级发展；实现煤电一体化，进一步促进贵州省工业用电成本下降。

2. 业务发展目标（表3）

——集约发展。到"十四五"末，煤炭产能7130万吨/年，比"十三五"末增加产能3410万吨/年、增长91.6%；生产原煤5040万吨，比"十三五"末增加产量2920万吨、增长137.7%；煤炭产能释放率达到80%，比"十三五"末增加23%。

——安全发展。煤矿企业杜绝较大及以上安全责任事故，工伤及事故总量比"十三五"末降低30%以上。到2025年，努力实现瓦斯"零超限"目标。

——高效发展。到2025年，生产煤矿采煤机械化程度100%，掘进装载机械化程度100%、综掘机械化率达80%以上，生产煤矿综采、综掘工作面基本实现智能化，建成智能化（示范）矿井5处以上，采煤工作面人数减少50%，全员劳动工效达到1000吨/人·年。

——绿色发展。到2025年，煤矿抽采瓦斯利用率达到90%，新增煤矸石综合利用率达到80%，存量煤矸石要逐年消耗或全部实现复绿复垦；矿井水综合利用率力争达到80%以上并实现100%达标排放；煤炭入选（洗）率达到

100%，土地的复垦率达到 90% 以上。加大充填开采推广力度，建成充填工作面 10 处。

表 3 "十四五"期间煤炭业务发展主要指标

指标	单位	2020 年	2025 年	年均增速	备注
一、集约发展					
1. 煤炭产能	万吨/年	3720	7130	13.90%	
2. 煤炭产量	万吨	2121	5040	18.90%	
3. 产能释放率	%	57	80	7.01%	
二、高效发展					
4. 采煤机械化率	%	100	100		
5. 综掘机械化率	%	43	80	13.22%	
6. 智能化矿井数量	处	0	5		
7. 全员劳动工效	吨/人·年	500	1000	13.97%	
三、绿色发展					
8. 瓦斯抽采量	亿立方米	3.96	7.5	13.62%	
9. 煤矿抽采瓦斯利用率	%	52	90	11.6%	
10. 新增煤矸石综合利用率	%	30.5	80	21.27%	
11. 矿井水达标排放率	%	100	100		
12. 矿井水综合利用率	%	30.2	80	20.51%	
13. 煤炭入选（洗）率	%	80	100	4.56%	
14. 土地的复垦率	%	50	90	12.47%	
15. 充填工作面建设数量	处	0	10		
四、安全发展		杜绝较大及以上安全责任事故，工伤及事故总量比"十三五"末降低 30% 以上，努力实现瓦斯"零超限"			

3. 业务发展路径

充分利用政策、资源、人才、技术等优势，通过生产矿井技术改造、在建矿井建设、核准新井开工、露天开采等，实现煤炭产能产量逐年递增，同步建设或改造智能化选煤厂，实现原煤全部入选。加大煤炭及煤层气资源勘查力度，提高勘探程度，为企业可持续发展提供后备资源保障。加大科技创新投入，全面开展矿井综采综掘、矿井辅助系统和选煤厂的机械化、智能化改造，探索和推广"矸石井下充填开采技术"，推进煤炭集约、高效、安全、绿色发展。

（1）多措并举扩大煤炭产能。

——加快矿井技改扩能。技改火铺煤矿（新增105万吨/年）、月亮田煤矿（新增65万吨/年）、响水煤矿（新增70万吨/年）、杨山（纳木）煤矿（新增90万吨/年）、大河边煤矿（新增60万吨/年）、红林煤矿（新增90万吨/年）、泰来煤矿（新增45万吨/年）、肥田煤矿（新增180万吨/年）等8对矿井，全部建成投产，到2025年，增加产能705万吨/年。

——加快在建矿井建设。加快文家坝一矿二期（新增120万吨/年）、化乐煤矿二期（新增210万吨/年）、马依西一井（240万吨/年）、发耳二矿西井（240万吨/年）、文家坝二矿（240万吨/年）、玉舍东井（180万吨/年）、戴家田煤矿（180万吨/年）等8对在建矿井建设，到2025年，增加产能1410万吨/年。

——加快新建矿井进度。争取发耳二矿东井（180万吨/年）、马依东一井（240万吨/年）、马依东二井（300万吨/年）、马依西二井（300万吨/年）、红梅煤矿（90万吨/年）、开田冲煤矿（180万吨/年）、三坝煤矿（240万吨/年）、阿弓煤矿（180万吨/年）、碾子边煤矿（240万吨/年）等9对矿井（共规划产能1950万吨/年）早日取得核准并开工建设，到2025年，增加产能720万吨/年。

——采取"露天"或"露天+井工"的开采方式，重点推动山脚树矿浅部露天开采改项目（90万吨/年）、大湾矿浅部露天开采技改项目（90万吨/年），适时启动普安地瓜坡瓦厂坪露天矿新建设项目（90万吨/年）、下山露天矿新建项目（90万吨/年），土城矿西部采区露天技改项目（90万吨/年），规划产能450万吨/年，到2025年，增加产能450万吨/年。

——提高产能利用率。扎实推进煤矿健康指标体系管理，提升煤矿综合管理水平，通过构建期初煤量、回采煤量、掘进进尺、期间煤量、期末煤量"五大平行线"，回采区、掘进区、钻孔施工区、抽采区、抽采达标区"五大空间格局"及围绕五大空间格局优化"三机"配套，提高集团所属煤矿产能利用率。

（2）全面提高综采综掘机械化水平。强化井下大倾角煤岩层综掘机技术探讨和攻关,加快推进"掘锚支"一体技术、综掘机改造智能化控制技术方面的应用,为智能化掘进工作面打好基础。力争到2025年生产煤矿综采综掘基本实现智能化,推广应用突出煤层掘进工作面防突钻孔机器人,装备救援机器人的矿山救护中心达3处以上,建成5对以上智能化矿井。

(3) 全面完成矿井辅助系统智能化改造。盘江煤电集团所有新建和技改矿井均严格按照辅助系统智能化标准和要求建设,确保盘江煤电集团所有矿井的辅助系统智能化覆盖率达到100%。到2025年,所有生产矿井单轨吊辅助运输机械化达100%,力争实现大部分单轨吊辅助运输智能化升级。

(4) 探索和推广"矸石井下充填开采技术"。各矿井要从源头加强采面矸石、掘进矸石和选煤尾矿的综合治理,减少煤矸石的产生量。2021年,拟在发耳二矿和大湾煤矿等煤矿推进矸石井下充填开采技术,利用井下采空区代替地面矸石山堆放矸石,并积极开展煤矸石制砖等综合利用项目。力争"十四五"末,集团所有没有矸石山的矿井全部采用矸石井下充填开采技术,确保新增煤矸石全部实现充填处理或有效利用。

(5) 加快推进绿色矿山建设。重点推进金佳矿、松河矿、文家坝一矿等3家国家级绿色矿山建设和响水矿、杨山煤矿、汪家寨矿、那罗寨矿、大湾煤矿、化乐煤矿(一期)、红林煤矿、泰来煤矿、肥田煤矿(一期)等20家省级绿色矿山建设,推动绿色发展,力争"十四五"末,所有生产矿井全部达到省级以上绿色矿山建设标准。

(6) 提高煤炭产业在全省占比。盘活关闭煤矿资源,积极开展煤矿托管、优质煤炭资源并购等,提升煤矿产能规模。

(二) 电力业务

1. 业务发展定位

为实现"十四五"末盘江煤电集团控制装机容量总体目标,以盘江煤电集团煤炭资源为基础,最大限度发挥集团优势,在煤炭资源富集区或资源覆盖区,通过新建、并购重组等多种方式发展煤电产业,助推全省电力产业结构升级,促进煤炭资源清洁高效利用,形成省内有特点、利推广的区域化煤电联营产业格局。

2. 业务发展目标(表4)

——集约发展。建成盘江新光2×66万千瓦、盘江普定2×66万千瓦、织金"上大压小"异地改建(2×66万千瓦)等超超临界燃煤发电项目,建成新能源

（光伏、风电）项目规模200万千瓦以上。到"十四五"末，电力装机规模达到600万千瓦。

——高效发展。到2025年，现役火电供电标煤耗297克/千瓦时以下。通过智能化、信息化、自动化、绿色化、创新化等手段，推动电力高质量发展，力争把盘江新光电厂建设成贵州标杆。

——安全发展。电力企业杜绝重伤以上安全责任事故。

——绿色发展。新建机组供电标煤耗控制在270克/千瓦时以下，大气污染物排放标准达到超净排放标准（在基准氧含量6%条件下，烟尘、二氧化硫、氮氧化物排放浓度每标准立方米分别不高于10毫克、35毫克、50毫克），固体废弃物综合利用率达到80%以上。

表4 "十四五"期间电力业务发展主要指标

指标	单位	2020年	2025年	年均增速	备注
一、集约发展					
1. 装机规模	万千瓦	151	600	31.78%	
其中：瓦斯发电	万千瓦	15	40	21.67%	
2. 发电量	亿千瓦时	72	240	27.23%	
其中：瓦斯发电	亿千瓦时	6.35	20	25.79%	
3. 火电利用小时数	小时	4700	5000	1.25%	
二、高效发展					
4. 供电标煤耗	克/千瓦时	315	小于297		现役
三、绿色发展					
5. 粉煤灰利用率	%	75	80	1.3%	
6. SO_2	毫克每标准立方米	35	小于35		
7. NO_x	毫克每标准立方米	50	小于50		
8. 粉尘	毫克每标准立方米	10	小于10		
四、安全发展	杜绝重伤以上安全责任事故				

3. 业务发展路径

在煤炭资源覆盖区域，通过新建、并购重组等多种方式开展煤电联营，建设盘江新光煤—电—化（风光火储）循环经济项目、安顺新型综合能源基地盘江多能互补一体化项目，推进风光火储多能互补一体化发展。

（1）创新经营模式，扩大电力装机。

——先进煤电项目。建成盘江新光 2×66 万千瓦超超临界燃煤发电项目、盘江普定 2×66 万千瓦超超临界燃煤发电项目、织金"上大压小"异地改建项目（2×66 万千瓦超超临界燃煤发电），新增火电装机 396 万千瓦。

——新能源项目。聚焦"双碳"目标，抢抓机遇，把新能源作为集团战略新兴产业加快培育，力争"十四五"末建成新能源（风电、光伏发电）装机 200 万千瓦以上。

（2）创新理念，打造电力企业贵州标杆。通过智能化、信息化、自动化、绿色化、创新化等手段，推动电力高质量发展，力争把盘江新光电厂建设成贵州标杆。

（三）焦化业务

1. 业务发展定位

推进煤炭资源转化和深加工，加快焦化技改和新建项目，打造"煤—电—焦—化"一体化循环经济及资源综合利用产业群，带动区域上下游产业发展。

2. 业务发展目标

现有天能焦化技改扩能至 300 万吨/年，提升资源综合利用产业群规模；在盘南产业园区新建一座 200 万吨/年（一期）焦化厂，形成盘南"煤—电—焦—化"一体化循环经济及资源综合利用产业群。到 2025 年，焦化产能 1133 万吨/年。

3. 业务发展路径

（1）维持攀枝花焦化（345 万吨/年）、西昌焦化（288 万吨/年）产能，稳定煤炭下游市场。

（2）2023 年，在盘南产业园区规划新建 200 万吨焦化项目（一期），通过焦炉煤气制 LNG、煤焦油深加工、苯系精深加工、富余氢气利用不断延长煤炭产业链。

（3）2025 年，完成天能焦化技改扩能（新增 100 万吨产能），天能焦化产能达到 300 万吨/年，提升资源综合利用产业群规模。

（4）通过租赁经营或自行改造等方式盘活鑫晟煤化工项目，不断延长煤炭产业链，提高附加值。

（四）煤层气（煤矿瓦斯）开发利用

1. 业务发展定位

着力于解决煤矿瓦斯治理、提高瓦斯治理能力，将高浓度瓦斯煤矿变为低浓度瓦斯煤矿，将瓦斯突出矿井变为非突出矿井，服务于煤矿产业；加大煤层气勘探开发和利用，发展壮大清洁能源产业。

2. 业务发展目标

（1）高效发展。到2025年，新增煤层气采矿权区块450平方千米，其中：盘江煤层气294平方千米、水矿奥瑞安156平方千米，新增探明储量410亿立方米，煤层气（煤矿瓦斯）抽采量达到8亿立方米/年左右。瓦斯发电装机总容量达到40万千瓦左右。

（2）绿色发展。到2025年，加大煤层气（煤矿瓦斯）利用，煤层气（煤矿瓦斯）利用量6.5亿立方米左右，抽采煤层气（煤矿瓦斯）利用率90%。

3. 业务发展路径

加快发展地面瓦斯治理与利用战略性新兴产业，依靠地面钻孔压裂增透技术进步、利用"开拓区、准备区、采掘区"三区系统开采保护层卸压增透等手段提高地面瓦斯治理效能，促进地面瓦斯治理与矿井安全高效生产深度融合。依靠科技进步、设备更新换代，促进煤层气发电业务基础高端化、智能化、绿色化，提升煤层气发电业务现代化水平。

（1）煤层气地面抽采。"十四五"期间，根据贵州省煤矿瓦斯治理现状，结合盘江煤电集团煤矿"抽、掘、采"情况，重点在马依西一井、金佳矿、汪家寨矿、文家坝公司等矿井，利用煤层气地面抽采技术进行煤矿瓦斯井上下联合治理或在成熟区块的有利层段进行小规模井组开发，预计实施直井160口，新增煤层气探明储量410亿立方米（其中：织金110亿立方米，盘江矿区所属区块150亿立方米，水城矿区所属区块150亿立方米）。

（2）瓦斯发电。"十四五"期间，将根据新建矿井投产进度，配套建设瓦斯发电项目，新增装机容量25万千瓦左右。通过做好设备检修维护和设备更新来提高瓦斯发电效率。加快瓦斯发电站和发电机组智能化改造，2025年，所有瓦斯发电站基本实现智能化运行。

（3）基础设施建设。"十四五"期间，通过与下游公司合作，建设天然气基础设施。由下游燃气公司铺设输气管网供给用户或加工成 CNG/LNG 产品进行销售。

（4）重大技术与装备攻关。在前期理论研究成果基础上，继续实施排采试验井，开展钻井、完井、压裂、排采等工程试验，对省内不同勘查区的煤层气开发工艺进行验证和优化。力争利用新技术新工艺开发煤层气，将煤层气开发单井产量提高到 1500 立方米以上稳产 3 年，1000 立方米以上稳产 6 年。加大低浓度瓦斯脉动燃烧技术研发与示范应用。

（五）煤炭物流业务

1. 业务发展定位

围绕煤电主业，深入挖掘集团内部潜力，充分整合盘江股份、水矿控股、六枝工矿、林东矿业、盘江电投等企业煤炭销售、物资采购以及物流运输资源。以资源和信息平台为基础，以金融为支撑，构建盘江煤电集团煤炭销售、采购服务、大宗商品物流体系。

2. 业务发展目标

"十四五"期间，实现盘江煤电集团煤炭销售、物资采购和物流运输一站式服务。集团供应链管理、平台统筹和信息化等能力进一步提高，形成盘江煤电集团规模化的煤炭物流业务。

3. 业务发展路径

探索开发新机制，利用云计算、物联网、区块链等，构建集团"产（采）、供、运、销"一体化的综合性服务体系。整合内部煤炭销售资源，逐步完善并建设盘江煤电集团大采购服务体系，发展煤炭等大宗商品绿色物流。

（六）其他业务

聚焦主责主业，围绕煤、火电核心业务发展煤化工（煤焦化）、装备制修、技术服务、矿山救护等业务，加强对核心业务的辅助和保障；落实盘江煤电集团整组提效工作要求，坚持市场运作、开门处置、立足盘活，推进"两非"剥离和"两资"清退，逐步清理退出不具备优势的非主营业务和低效无效资产。

二、重大工程项目

"十四五"期间，规划投资 535 亿元左右。其中：煤炭项目投资 355 亿元（煤矿 320 亿元、选煤厂 35 亿元）、电力项目投资 130 亿元（其中瓦斯发电 12.6 亿元）、焦化 40 亿元，股权投资 10 亿元。

（1）煤炭产业：重点推进生产矿井技改、在建矿井、新开工项目、露天开采和配套选煤厂建设，"十四五"拟新增煤炭产能3495万吨/年。

（2）电力产业：建成盘江新光2×66万千瓦燃煤发电项目、盘江普定2×66万千瓦燃煤发电项目。建成新能源（风电、光伏发电）项目规模达到100万千瓦以上，新建瓦斯发电25万千瓦左右。

（3）焦化产业：开工建设盘江新光焦化项目（一期200万吨/年），启动天能焦化技改，扩能至300万吨/年（新增100万吨/年）。

第五章 保障措施及实施计划

一、规划保障措施

"十四五"期间，重点通过持续加强党的建设、加强党风廉政建设、加强企业文化建设、加强人才队伍建设、深化改革激发活力、加强创新能力建设、建立完善信息系统、资金保障机制建设、加强风险管控建设等十大能力建设，加强安全保障能力建设、加强环境保护，保障盘江煤电集团安全、高效、高质量发展。

二、规划实施计划

（1）加强组织协调。在盘江煤电集团"十四五"规划工作领导小组的领导下，各职能部门、各事业部加强对规划执行情况进行跟踪、调度、评估，及时总结经验、分析问题、制定措施，解决实施过程中存在的重点、难点问题。

（2）统筹规划衔接。强化集团规划与各子公司规划的衔接，确保发展指标、重点任务、重大项目落地。各子公司要充分发挥主体责任，结合自身实际情况制定或调整本企业规划，按照集团规划和项目建设计划，分解落实目标任务，明确进度安排，精心组织实施。

（3）加强宣传贯彻。加大对规划的宣传贯彻力度，使企业员工了解企业愿景、使命，以及发展方向、目标和工作重点，增强员工的责任感和使命感，并能够在工作中认真贯彻落实。

（4）强化监督检查。将规划目标任务的核心内容和关键指标纳入绩效考核体系。用好提示、通报、约谈、问责等手段，强化对规划实施的督促检查、追责问责，确保责任落实到位和规划目标实现。

（5）落实规划评估。结合国企改革三年行动、对标管理提升行动，困难企业改革脱困、亏损企业专项治理等重点工作推进节点安排，2023年初对规划进行中期评估，在2026年初对规划进行期末评估。

晋能控股煤业集团有限公司"十四五"发展规划

2020年以来，晋能控股煤业集团在完成整合重组后，以把握新发展阶段、贯彻新发展理念、构建新发展格局为统领，认真组织开展了《晋能控股煤业集团有限公司"十四五"煤炭产业暨煤炭绿色开发利用发展规划》的编制工作。

本规划以习近平新时代中国特色社会主义思想为指导，以推动高质量发展为主题，以深化供给侧结构性改革为主线，以改革创新为根本动力，紧紧围绕绿色、低碳、智能等要求，在全力推进晋能控股"1368"战略体系的基础上，强化"扛起晋能控股集团发展重任、挺起晋能控股集团脊梁、建成具有举足轻重地位的国际煤炭企业集团"责任和使命，大力弘扬"创新、绿色、卓越、高效"的企业精神突出夯实"安全"根基、拓展"绿色"路径、建设"智能"产能、舞好"销售"龙头等战略抓手，布局谋篇了"14355"发展战略。

一、企业现状

（一）企业概况

晋能控股煤业集团是晋能控股集团旗下煤炭业务板块主体，是晋能控股集团按照"集团化管控、板块化运营、专业化发展"思路，整合大同煤矿集团有限责任公司、山西晋城无烟煤矿业集团有限责任公司、晋能集团有限公司煤炭业务，同步整合山西潞安矿业（集团）有限责任公司、华阳新材料科技集团有限公司、山西焦煤集团有限责任公司相关煤炭资产组建而成，2020年12月17日揭牌。

晋能控股煤业集团注册地为山西省大同市，下辖23座直属煤矿、9家煤炭直属子公司和晋阳、晋城、潞安、阳泉4个煤炭事业部；拥有煤矿228座，分布于山西11个地市，以及内蒙古、新疆2个省（自治区）；总资产6787亿元，职工约36万人，产能约4.47亿吨。

（二）业务现状

晋能控股煤业集团主营煤炭开采、洗选、销售业务，是国家布局的 14 个大型煤炭基地中晋北动力煤、晋东无烟煤两大基地的主体，地位重要。

截至 2021 年 11 月底，晋能控股煤业集团涉及矿井 228 处，井田面积 4524.15 平方千米，可采储量 210.51 亿吨。2020 年生产煤炭 3.04 亿吨，销售煤炭 4.29 亿吨；完成营业收入 3674 亿元；实现利润 40 亿元，完成利税 258 亿元。

（三）主要成就

（1）结构优化迈出新步伐。"十三五"期间，总计关闭退出、核减 71 座矿井，去产能 6181 万吨，圆满完成去产能任务。117 座矿井列为特级安全高效矿井，42 座矿井列为一级安全生产标准化矿井，先进产能占比达到 78%。完成塔山、同忻等 10 座优质矿井产能核增工作，净增产能 2720 万吨/年。

（2）绿色开采取得新进展。大力推广小（无）煤柱开采技术、优化停采线等工艺，仅 2020 年合计多回收煤炭资源 1779 万吨。积极在云冈、三元 2 座矿井实施充填开采，神州煤业充填开采与沿空留巷技术联合应用取得初步成效，龙泉煤业保水开采技术体系验证成功。

（3）智能建设迈上新台阶。分别在塔山、同忻、麻家梁 3 座矿井推进 5G 应用场景建设，初步实现 5G 网络全覆盖。建成塔山等 18 座矿井 27 个智能化综采工作面，综合自动化率由 30% 提升至 70%，智能化装备产能达到 8900 万吨。实现了 ERP 上线，完善了 OA 办公和视频会议系统，建成安全生产调度指挥日报平台、工业视频监控平台。

（4）销售工作取得新突破。严格落实"三跟八盯"措施，积极调整销售结构，铁路外运与生产、洗选、调度系统精准对接、有序运行。2020 年 12 月，面对国内工业生产高速增长和低温寒流等因素叠加影响，出台 9 项措施，带头发挥了"稳定器"作用。同时，在晋能控股集团承办的 2021 年度全国煤炭交易会暨中国太原煤炭交易大会上，与重点客户签订的合同总量就高达 6.66 亿吨，签订 2021 年度合同 3.84 亿吨，均创历史新高。

（5）综合利用获得新提升。积极试点煤矸石井下充填开采，延伸超细粉煤灰加工，提高矿井水处理等级，加大煤系共伴生高岭土开发利用，对于共伴生的煤层气、地热等资源积极探索有效利用途径。建成了四老沟、白洞、马脊梁、四台、同忻等 5 座矿井地下水库，煤与瓦斯共采在成庄矿成功应用，开展利用废弃巷道建设压缩空气储能电站。

（6）安全生产得到新加强。严格落实"四铁"安全要求，强化"十七亲自"考核，落实"三必到三走到"、煤矿管理人员入井检查规定等要求，强力保障了煤矿安全运行。制定了《强力推进煤矿安全生产标准化管理体系建设考核办法》，开展了领导干部下基层大行动。完善隐患排查治理和风险防控体系，提高重大灾害治理水平和应急救援能力，持续深入开展全覆盖安全大检查和安全作风督查，促进了安全生产持续稳定。制定了安全生产专项整治三年行动方案和责任清单，分专业系统全面启动了安全生产专项整治三年行动，进一步提高了安全保障能力。

（7）科技创新取得新成果。加快自主创新步伐，"千万吨级特厚煤层智能综放开采关键技术及示范"项目、"亿吨级老矿区科学开采关键技术研究及应用"等取得突破。抓关键环节突破，仅小（无）煤柱开采技术一项，提高大同矿区回采率7~9个百分点，延长服务年限5年以上。工业互联网平台建设全面提速，承建的煤炭行业和山西唯一工业互联网二级节点建设，已接入企业498家，注册产品标识220万个。

（8）生态建设提到新高度。加强环保体系建设，把环保责任纳入契约化管理，在全煤行业率先成立环境督查大队，强化环保监管考核。多措并举促节能，着力提高煤炭资源回采率，建设了矿井空压机余热利用项目和矿井智能永磁直驱系统等，节能降本显著。加大环保投资力度，关停燃煤锅炉，实现集中供热，建设污水处理厂，改造储煤棚，治理矸石山，为打赢污染防治攻坚战做出了贡献。

（四）存在的问题

（1）开采条件趋于复杂，煤种优势逐渐弱化。晋能控股煤业集团矿井地域分布广（遍布全省）、部分矿井地质条件复杂。动力煤市场竞争力不强，受煤炭市场价格波动影响较大。无烟煤资源储备严重不足，市场急剧萎缩。部分单位经营意识差，成本意识不强等问题，需要有针对性地解决。

（2）结构规模较不合理，制约持续健康发展。截至2021年11月末，晋能控股煤业集团228座煤矿中生产矿井170座，总能力不过3亿吨；90万吨/年及以下矿井116座，占比达到51.5%；服务年限不足5年的矿井38座，产量占比15%。后劲不足，需要大力推进接替资源获取工作，关闭退出资源枯竭矿井，通过关小建大、产能置换等途径建设大型矿井，优化产能结构，提高竞争力。

（3）部分装备老化落后，单进总体水平较低。煤炭子公司、事业部存在采掘装备老旧低效、淘汰设备仍在使用的问题。特别是晋阳、潞安事业部多数矿井长期不出井的综采设备占比达45%；老旧低效的掘进设备占比达31%。集团平均单进水平是165米/月，高于平均水平的只有本部直属煤矿（185米/月，仅占14%），资源整合煤矿普遍水平低（142米/月，占68%），严重制约着整体发展。

（4）安全生产压力加大，生态环境约束突出。下属煤矿安全生产地质条件复杂。228座矿井中，煤与瓦斯突出矿井22座、高瓦斯矿井64座，奥灰水带压开采矿井66座、受小窑水害影响的矿井65座；随着开采深度增加，上覆老空区、小窑破坏区带来的积水、积气、矿压等隐蔽致灾因素叠加，复合隐患严重，威胁矿井安全生产。石炭系煤层含矸率较高，排量较大，需要继续寻求煤矸石地面综合利用新途径和探索矿井井下预排矸及井下充填开采的可行性措施。

（5）历史遗留包袱较重，亟待分类处置解决。存在政策性关闭项目、"停缓建"项目，以及在保护区内项目推进难、投资风险加大的问题；存在托管企业效益较差，已关闭退出矿井资产大、负债多等问题；存在老矿区富余人员、关闭矿井的大量人员需要分流安置等问题。

（6）业务分布范围较广，企业文化需要强化。晋能控股煤业集团业务分布于山西、内蒙古、新疆等地，下设各单位点多面广战线长，管理区域跨度大，人员多，文化差异大。要进一步加大企业文化建设，加强文化认同。

二、发展环境

为做好规划编制，首先从晋能控股煤业集团所处的宏观经济环境、山西经济环境、煤炭产业发展趋势，分析研究了未来面临的机遇与挑战，在对竞争企业优势分析的基础上，形成了企业的发展对策。

（一）宏观经济环境

当前，新冠疫情重创国际贸易，全球秩序加速变革，国际环境日趋复杂。同时，新一轮科技革命和产业变革深入发展，将深刻改变经济运行模式、生产生活方式。为应对世界正经历百年未有之大变局，我国以实现"双碳"目标要求为导向，坚持把实施扩大内需战略同深化供给侧结构性改革有机结合起来，以创新驱动、高质量供给引领和创造新需求，加快构建以国内大循环为主体、国内国际双循环相互促进的新发展格局。

（二）山西经济环境

山西聚焦"在转型发展上率先蹚出一条新路来"的历史使命，围绕"加快推动能源革命综合改革试点"、聚焦"六新"率先突破和持续深化国资国企改革三大任务，提出，到2025年转型要出雏形，到2030年基本实现转型，到2035年转型全面实现的发展目标，为全省经济社会实现高质量发展提供强大动力。

（三）煤炭产业发展趋势

"十四五"期间，我国煤炭消费、生产总量将继续低速增长。预计2025年全国煤炭需求量42亿吨左右、占一次能源消费比重52%左右。但煤炭仍是我国能源安全稳定供应的"压舱石"和"稳定器"。未来作为能源安全兜底保障的作用不会改变，煤炭产业的发展将由依靠资源要素投入转向全面高质量发展。山西省煤炭、煤电调出规模将维持高位，作为保障国家能源安全供应主力军的地位持续稳定。

同时，应看到煤炭生产开发布局加速西移，逐步形成以"三西"地区为重心的煤炭供应体系。以大型企业集团为主体的市场竞争格局更加显著，培育具有国际竞争力的大型煤炭企业集团进入快车道。煤炭由总量控制向结构优化转变，持续推动产业结构优化升级，煤炭产业绿色、智能、高效将成为煤炭产业高质量发展的重要标签。

（四）机遇与挑战

1. 面临机遇

（1）国家推进经济高质量发展机遇。国家将更加注重转变经济发展方式，优化经济结构，转换增长动能，促进产业升级，繁荣国内经济、畅通国内大循环为经济发展增添动力，加快构建完整的内需体系，实现高质量转型发展。

（2）"十四五"煤炭基地规划的机遇。我国《煤炭工业"十四五"高质量发展指导意见（征求意见稿）》提出要培育3~5家具有全球竞争力的世界一流煤炭企业，并定位三晋大基地：控制节奏，高产高效，兜底保障。为煤业集团发展创造了重要机遇。

（3）煤矿智能化发展的机遇。国家发改委等部门出台《关于加快煤矿智能化发展的指导意见》，山西省能源局、发改委等部门出台《2021年度全省深入推进煤矿智能化建设工作方案》，对于晋能控股煤业集团来说是高质量发展的大好机遇。

（4）山西省"转型发展出雏形"机遇。山西聚焦"在转型发展上率先蹚出一条新路来"的历史使命，着力推进能源革命综合改革试点，推进国家资源型经济转型综合配套改革试验区建设。煤炭行业在转型出雏形中承担发展的新使命，对晋能控股煤业集团来讲是挑战也是机遇。

2. 面临挑战

（1）世界及我国经济增速下行压力挑战。受全球疫情冲击，经济严重衰退，产业链供应链受阻，大宗商品市场动荡。国内处在转方式、优结构、换动能的攻关期。国际国内经济发展不确定因素致使我国经济下行压力加大，对晋能控股煤业集团煤炭的生产、销售带来较大挑战。

（2）落实国家碳排放目标的挑战。2020年中央经济工作会议中，将"碳达峰、碳中和"工作列入了2021年全国要抓好的重点工作之一。2021年《关于完整准确全面贯彻新发展理念做好碳达峰碳中和工作的意见》进一步明确：到2060年非化石能源比重达到80%以上。面对全国开始全面落实推进的"碳达峰、碳中和"工作，晋能控股煤业集团发展机遇与挑战并存。

（3）山西省"转型综改"挑战。山西省提出深入推进能源革命综合改革试点，要从煤炭一个支柱产业变成八柱擎天，能源产业作为其中一柱，在稳固山西经济大厦过程中地位重要。晋能控股煤业集团固根本、稳增长、利长远，进一步保持企业健康高效发展提出了新要求。

（4）清洁能源替代步伐加快带来的挑战。我国将进一步加快发展可再生能源。2030年风电、太阳能发电总装机容量将达到12亿千瓦以上，可再生能源将逐步加快对煤炭等传统能源的替代步伐。

（5）煤炭行业矛盾问题的挑战。国内煤炭行业经过"十三五"去产能后煤炭产能总量依然过剩。煤企实施智能化改造、绿色开采、技改升级等，提升煤企成本，使晋能控股煤业集团面临煤炭市场、价格、安全、环保、成本等多方面挑战。

（6）晋能控股煤业集团自身问题的挑战。晋能控股煤业集团煤炭产业分布广，管理跨度大，产能结构不合理，经营管理粗放，老矿亏损面大，数量多，效益差。集团管控体系、治理能力现代化需要持续提升，产业内部发展不均衡需要不断优化，集团文化融合建设需要进一步优化等问题，对煤业集团的高质量发展提出挑战。

（五）发展对策

在分析国家能源集团、中煤能源集团、山东能源集团、陕煤化集团、澳大利亚必和必拓公司、美国皮博迪能源公司等6家国内外能源巨头的发展优劣势的基础上，提出了晋能控股煤业集团"十四五"发展对策。

(1) 实施智能高效建设，推进产业提档升级。"十四五"时期，要持续推进智能化改造和智能矿山建设，积极推动"四个一批"，努力推动煤炭生产方式实现根本性转变，加快实现减人、提效、保安全目标，推进煤炭工业现代化水平迈上新台阶。

(2) 坚持清洁低碳环保，推动产业绿色发展。践行"绿水青山就是金山银山"发展理念，走好"减、优、绿"之路，推动煤炭清洁开发、清洁生产、清洁运输、清洁利用；提高瓦斯、矿井水利用率、塌陷地复垦率，不断丰富煤炭绿色发展内涵。

(3) 强化管理运营水平，提升煤业效率效益。认真贯彻落实集团公司"九统一"原则，严格执行全面计划管理、全面预算管理、全面绩效考核，完善契约化管理，提升管理效能；整合内部资源，优化供应链管理。3年内对标陕煤化，原煤成本降低至200元/吨，5年内对标国能集团，原煤成本降低至180元/吨，所有生产矿井消灭亏损。

(4) 充分利用上市平台，推动产业整体上市。用好用足"晋控煤业"上市公司平台，有效整合优质资产，按照"分类处理、稳步推进"的原则，提高资产证券化率，推动煤炭逐步整体上市。

(5) 强化人才队伍建设，激发企业创新活力。坚持人才队伍建设与企业战略、主业发展同步谋划，完善市场化选人用人机制，积极探索职业经理人制度；健全薪酬分配激励机制，加强人才培养和后备队伍建设。全方位提高人才队伍质量，打通人才上升渠道，确保企业引得进、留得住人才。

(6) 加强开放合作水平，推进产业国际布局。积极融入"一带一路"倡议，实施"走出去"战略，推进煤炭技术、管理、服务以及煤炭产业链延伸、资源综合利用、碳排放交易等省外国外合作，真正把晋能控股煤业集团做成"百年老店"。

三、发展战略体系

"十四五"时期，晋能控股煤业集团的发展战略是：围绕"一个愿景"，实施"四个一批"，建设"三个现代化"，突出"五大抓手"，实现"五大目标"，让企业发展更安全、更智能、更高效、更绿色，提升煤业集团核心竞争力，让矿工更有安全感、获得感、幸福感、荣耀感，塑造煤炭行业在全社会的崭新形象，谱写推进能源革命、支撑转型发展的新篇章。概括为"14355"发展战略。

（一）战略愿景

围绕"一个愿景"：建设"高标准、高效率、成本优、智能化、环保型、本安型、效益好"的世界领军企业。

（二）战略抓手

实施"四个一批"：

（1）建设一批高产高效、智能化矿井。

（2）技改提能一批矿井。

（3）产能核增一批有潜力矿井。

（4）分类处置一批资源枯竭矿井。

（三）战略路径

建设"三个现代化"：

（1）依靠科技创新，推动煤炭产业提档升级，迈向工艺、技术、装备的现代化。

（2）建立完善现代企业制度，通过精简机构、压缩层级，迈向企业治理运行现代化。

（3）运用互联网、大数据提升管理效能，迈向管理手段现代化。

（四）战略任务

突出"五大抓手"：抓高效生产、抓科技进步、抓项目建设、抓经营管理、抓党的建设。

（五）战略目标

到 2025 年，力争实现"五大目标"：

（1）煤炭产量达到 5 亿吨，煤炭物流贸易量 2 亿吨。

（2）煤炭销量达到 7 亿吨。

（3）资产总额达到 7500 亿元。

（4）营业收入达到 4500 亿元。

（5）利税总额达到 704 亿元。

四、"十五五"发展展望

到 2030 年，晋能控股煤业集团全面建成世界行业领军企业，经济实力、创新能力、行业竞争力大幅跃升。如期或提前实现碳达峰，构建起"数智化大矿、绿色低碳、高质量发展"三大体系。智能矿山生机勃发，创新活力充分涌流，竞争优势独具特色，成为引领行业发展的标杆。开放合作成为新动能、新引擎、新机遇，走出去发展取得重大突破，全面融入国内、国际双循环。以"创新、绿色、卓越、高效"为特征的企业软实力更加彰显，体制、机制、素质达到新高度，员工成为企业发展的主导者、创造者、受益者，凝聚起干事创业的蓬勃力量，开创更加灿烂辉煌的发展新时代。

到2030年，力争实现"七大目标"：

（1）煤炭产量突破6亿吨/年。

（2）煤炭销量力争8.5亿吨。

（3）资产总额力争9000亿元。

（4）营业收入力争8000亿元。

（5）利税总额力争600亿元。

（6）安全：达到行业领先水平。

（7）员工生活：更富足、更幸福、更健康。

五、主要任务和重点项目布局

从优化发展布局、夯实安全基础、促进绿色发展、加快智能化建设、提高发展质量、落实"双碳"任务、加强国际合作等7个方面，对落实"14355"发展战略进行了发展措施和规划项目布局。

（一）优化发展布局

通过抓好"四个一批"，巩固主业地位；实施增优汰劣，提高发展质量；强化资源获取，保障生产接续；完善洗选配套，促进煤质增收；优化产业结构，集约高效发展；强化经营管理，提升运营水平；发展多元产业，培育新增长点等7方面措施，确保煤炭产业发展布局优化。

（1）在"抓好'四个一批'，巩固主业地位"方面。通过紧抓"碳达峰"前煤矿建设10年黄金期、政策机遇期，加快建设一批高产高效、智能化矿井，技改提能一批矿井，产能核增一批有潜力矿井，分类处置一批资源枯竭矿井，做好保供接替矿井项目申请等，提升主业发展能力。

（2）在"实施增优汰劣，提高发展质量"方面。通过加快先进产能建设，分类处置资源枯竭、效益低下的矿井，做好"腾笼换鸟"工作，积极培育安全标准化矿井等，提高主业发展质量。

（3）在"强化资源获取，保障生产接续"方面。通过做好省内资源获取，加大探转采资源、空白资源、基金资源的攻坚，抓好国内煤炭资源获取，加大现有煤矿精细化勘查，加大致灾因素普查力度等，保障主业持续发展。

（4）在"完善洗选配套，促进煤质增收"方面。通过做好新建煤矿配套建设选煤厂工作，做好现有选煤厂提能改造，有序推进选煤厂智能化建设，用好选煤厂提质增效平台功能等，实现煤矿绿色生产、煤质增收。

（5）在"优化产业结构，集约高效发展"方面。通过走好"减、优、绿"之路，统筹做好"稳、绿、精"文章，做优做强做高煤炭产业链，提高资源开发和利用水平等，真正实现集约高效发展。

（6）在"强化经营管理，提升运营水平"方面。通过规范煤业总部、煤炭事业部、子分公司（各矿井）母子公司三级管控体系，优化集团管控体系；通过严控不符合产业政策、发展方向和环保要求，投资收益率低，投资回收期长，达不到行业先进水平的项目投资，强化投资管理体系；通过整体打包子公司及配套单项资产等方式注入上市公司，最大程度发挥上市公司融资功能，实现颠覆性、创造性推进资产证券化工作。

（7）在"发展多元产业，培育新增长点"方面。按照"支持发展一批、改善运营一批、关停并转一批"发展思路，着力资源要素重组，优化发展布局，提升自我"造血"能力。通过深耕集团内部市场，抓住晋能控股及煤业集团重组后市场广度、深度、厚度迅速扩大的机遇，提高后勤服务能力；依托现有产业优势，做好新产品、新技术、新项目的开发等，提高外向发展能力。

为促进规划措施落地，配套规划建设236个项目。其中，"四个一批"建设项目111个、资源获取78个、资源勘查项目1个、选煤厂改造和新建项目27个、多元产业项目19个。项目估算总投资1778.79亿元，其中"十四五"投资730.82亿元。

（二）夯实安全基础

通过落实安全生产主体责任，加强安全保障体系建设，加快提升科技兴安水平，强化安全生产作风建设，推进安全生产专项整治，夯实安全'三基'建设，全面提高职业健康水平，增强综合应急救援能力等8方面措施，确保企业生产长治久安。

（1）在"落实安全生产主体责任"方面。通过强化安全责任落实，强化安全教育培训，加大安全投入力度，强化现场安全检查、强化地面安全管理等，确保形成人人懂安全、个个管安全的局面。

(2) 在"加强安全保障体系建设"方面。通过加强隐患排查治理体系建设，加强安全风险预控体系建设，推进安全生产标准化体系建设，加强应急管理体系建设，强化安全检查考核等，形成横向到边、纵向到底的安全保障体系。

(3) 在"加快提升科技兴安水平"方面。通过加快煤矿智能化建设步伐，加强煤矿安全科技攻关，运用现代技术提升安全管理水平，加大先进技术推广力度等，推进安全水平提高。

(4) 在"强化安全生产作风建设"方面。通过严厉打击违法违规行为，狠抓安全履职尽责，严格安全考核，严肃安全问责等，真正让事故追责"长牙""带电"，形成高压震慑态势。

(5) 在"推进安全生产专项整治"方面。通过完善专项整治行动计划，强化安全生产重点整治，加强专项整治责任落实等，补齐安全管理"短板"，筑牢安全"篱笆"。

(6) 在"夯实安全'三基'建设"方面。通过抓基层，重点抓好以煤矿"六长"为首的安全管理团队，推动安全责任逐级落实；通过打基础，重点抓好现场安全管理，以安全动态达标来评判安全基础工作实际；通过提升基本功，克服能力恐慌、业务恐慌、管理恐慌，在提升管理、技术等重点人员素质的基础上，全面提升全体员工的基本素质。

(7) 在"全面提高职业健康水平"方面。通过加强职业健康基础建设，改善员工作业环境，强化员工健康体检等，提升煤矿工人的身体健康保障。

(8) 在"增强综合应急救援能力"方面。通过加快应急救援指挥信息化建设，加强救援队伍专业化建设，配备先进适用的救援装备等，确保综合应急救援能力水平跟得上、打得赢。

为促进规划措施落地，配套规划建设5个项目。包括：煤矿安全高效技术攻关项目、"一通三防"项目、机电安全项目、地测防治水项目、铁路安全生产调度指挥中心项目等。项目估算总投资4.15亿元，全部为"十四五"投资。

（三）促进绿色发展

通过推进绿色开采，促进煤炭生产清洁化；强化节能减排，打好污染防治攻坚战；坚持低碳理念，建设环境友好型企业；加强产业协同，推进能源互补式发展等4方面措施，促进煤炭产业绿色发展。

(1) 在"推进绿色开采，促进煤炭生产清洁化"方面。着力全面推广"小（无）煤柱"开采工艺及沿空掘（留）巷技术、"切顶卸压"技术等，持续推进停采线优化、顶煤回收率提升技术应用，提高煤炭资源回收率；通过加快先进、适用装备的更新换代，加快与绿色开采技术相配套装备的研发与应用，提高绿色开采技术支撑能力；通过与高等院校、科研院所合作，试点奥灰水封堵治理、保水开采、开展"三下"开采与矸石返井充填技术研究等，促进煤炭绿色开采。

（2）在"强化节能减排，打好污染防治攻坚战"方面。依照能源消耗限额国家相关标准，着力开展能效对标工作，加大节能技术改造投资，确保各单位产品能耗指标不超国家限额标准，力争达到国内、国际先进标准；同时，通过突出抓好重污染天气应急响应、挥发性有机物和氮氧化物协同治理，实施生活污水、矿井水提标改造，工业集聚区废水集中处理，以及煤矿、选煤厂节能改造，强化煤矸石山治理和标煤能耗对标管理，开展聘请专家团队开展环保领域"借智引力"工作等，深入打好蓝天、碧水、净土保卫战。

（3）在"坚持低碳理念，建设环境友好型企业"方面。着力实施源头治理、全过程控制，通过推进煤电一体化、煤化一体化、煤建材一体化等链式发展，建立"规划、设计、投融资、施工、监理、运营、科创"为一体的全产业链联动机制等，构建起资源节约型、环境友好型的煤炭产业发展新格局；通过强化矿山塌陷地治理、矸石山覆土绿化、集中供热替代燃煤锅炉，以及采煤沉陷区及周边风电、光伏基地建设等，加快绿色矿山建设步伐。

（4）在"加强产业协同，推进能源互补式发展"方面。着力通过加强煤业集团各产业协同发展力度，形成集光、风、电、热多能互补与煤电深度调峰的多元协同的清洁能源基地，拓展煤与新能源协同发展新模式；通过煤转电、煤转化、煤转氢、煤转气、煤转热等煤基能源产业多元化发展，切实提升煤炭由燃料向原料转变的途径，强化煤炭由燃料向原料发展模式的转变等，大力促进煤矿绿色发展。

为促进规划措施落地，配套规划建设7个项目。包括："三下"充填开采技术项目、三元"三下"充填开采项目、保水开采技术项目、绿色开采技术项目、煤基固体废弃物覆岩隔离注浆充填绿色开采试验项目、矸石排场综合治理及生态恢复项目、矿井水处理厂提标扩容改造项目。项目估算总投资10.05亿元，全部为"十四五"投资。

（四）加快智能化建设

《规划》通过"完善智能化规划，做好顶层设计；推进智能化改造，提升智能水平；搭建互联网平台，赋能企业发展；建国家级实验室，抢占发展先机；建设智能化队伍,强化人才保障"等5方面措施,全面加快智能化建设工作。

(1)在"完善智能化规划,做好顶层设计通过"方面。对照《煤矿智能化建设指南(2021年版)》,统筹集团发展实际,建立协同推进机制,强化智能化建设规划部署,因地制宜布局智能化建设,细化实施方案,按照宜面则面、宜头则头、宜系统则系统的原则,做好智能化协调推进工作,确保智能化建设构建具有体系性和前瞻性的顶层设计。

(2)在"推进智能化改造,提升智能水平"方面。围绕建设目标,通过实施智能化建设"三步走"战略,确保集团公司"十四五"智能化矿山建设目标、任务实现。同时,还将积极参与智能化标准制定等措施,通过打造"智能化标杆矿井",完善煤矿智能化建设工作系统配套工作,加大先进适用技术及装备推广应用等,有力推进煤矿智能化建设。

(3)在"搭建互联网平台,赋能企业发展"方面。通过做好国家工业互联网标识解析二级节点的承建,打造煤—电—储—云工业互联网产业集群,启动调度指挥一张图平台建设,拓展"数字化+智能化"的工业互联网平台建设,推进数智化一体化平台建设等措施,实现煤矿生产、管理、运营、服务等质的飞跃。

(4)在"建国家级实验室,抢占发展先机"方面。通过参与煤炭绿色低碳清洁利用国家实验室、煤矿人工智能创新实验室等工作室的建设和研发项目的推进,提升企业智能化发展能力和水平。

(5)在"建设智能化队伍,强化人才保障"方面。主要立足企业发展需求,通过加快智能化人才培养,大力引进智能化高端人才,打造既懂采、掘、机、运、通,又懂软硬件开发及设备运行和维护的专业团队等,提升企业智能化软实力。

为促进规划措施落地,配套规划建设8个项目。包括:5G应用项目、工业互联网标识解析二级节点项目、煤矿智能化建设项目、信息化基础设施建设项目、智能化电网规划建设项目、选煤厂智能化升级改造项目、国家及省级科技创新平台建设项目、千万吨级特厚煤层智能化综放开采关键技术项目。项目估算总投资160.21亿元,其中"十四五"预计投资159.17亿元。

(五)提高发展质量

通过提升单进水平,补齐煤炭生产短板;推进"四高四优",打造核心竞争优势;强化降本增效,有效提升营运能力;抓好契约管理,实现企业精益管理;

对标世界一流，提升经营管理水平；深耕细分市场，加强新型产品开发；舞好销售龙头，构建创新营销体系；整合铁路资源，优化运销通道建设；提升循环格局，发展现代物流产业；做好储备供给，保障国家能源安全；强化资金管控，优化融资成本结构等11个方面措施，提升企业高质量发展能力。

（1）在"提升单进水平，补齐煤炭生产短板"方面。通过全面提升掘进效率，全面提升单产水平，持续优化放煤工艺，综采工作面动态达标，加快先进适用技术和设备推广更新，持续强化掘进队伍整顿等，补齐发展短板，全力推进生产效率的提升。

（2）在"推进'四高四优'，打造核心竞争优势"方面。通过加快千万吨级矿、500万吨级、300万吨级矿井建设，提高"四优四高"矿井规模；加快煤炭产能、产品、质量、管理"四升级"，构建高质量发展的"四优四高"矿井；开展对标管理，加强以安全标准化、生产高效化、管理智能化为重点内容的千万吨级矿井和优质潜力矿井的改造工作和做好特级安全高效煤矿的申报、一级安全生产标准化的认定工作等，促进矿井结构优化升级。

（3）在"强化降本增效，有效提升营运能力"方面。着力通过推广绿色开采技术、推行全面预算管理，实施成本正算账，利用规模优势实行集中采购，多措并举精准精细降低煤炭可变成本等，实现精准降本增效；通过自然减员、严控人员增量，严格定员管理、优化劳动组织，打造自有队伍、逐步取消外包队伍，培养"一职多能"复合型人才，以及推进机械化、智能化、信息化应用等措施，实现减人增效；通过提高全员劳动生产率，逐步出清低效无效资产和"僵尸企业"及非主业资产，推进债转股及混合所有制改革，引入战略投资者，运用权益融资工具、降低资产负债率等措施，实现提效增效。

（4）在"抓好契约管理，实现企业精益管理"方面。通过推行全面契约化管理，实施"全覆盖、穿透式"契约化管理方式，保障企业高质量发展；通过推行全面预算管理，实施成本正算账，实现企业精准精细管理；通过全面推行利润分成工作，推动矿井由生产型向生产本安效益型转变，实现子公司由效益型向资本运营型转变。

（5）在"对标世界一流，提升经营管理水平"方面。瞄准世界一流企业，通过八方面的对标管理改进提升，以及职能职责流程再造、止损挽损、清理历史遗留问题等，提升企业发展能力、补齐发展短板、锻造企业发展优势。

（6）在"深耕细分市场，加强新型产品开发"方面。通过统筹煤炭结构、煤种、流向、价格等情况，实施煤炭分质利用销售，加大新煤种开发力度和适应市场的高效益产品，加大战略用户的培育，统一煤炭品牌品种标准命名等，打造属于晋能控股煤业集团有市场影响力的优质品牌。

（7）在"舞好销售龙头，构建创新营销体系"方面。通过加快"矿站一体化"、中国太原煤炭交易中心有限公司、港口等平台建设，煤炭销售（公路、铁路、贸易）全部实现平台化销售等，创新型煤炭营销体系建设；通过密切产、洗、装、运、销"五位一体"协调，全面推进煤炭统一集中销售，健全完善营销体系和网络建设，创新营销体制和营销手段，用好煤炭期货、期权工具，锁定优质用户等，实现煤炭销售效益最大化。

（8）在"整合铁路资源，优化运销通道建设"方面。通过整合集团内部所有铁路专线资源，优化厂矿、路站布局，加快铁路运输信息化、智能化升级改造，提高各公司及煤站的"造血"功能和铁路发运效率，实现区域内资源的有机高效联动，以及加强与国铁战略合作，加快"通道"建设，进一步完善煤炭运输网络，更好支撑煤业集团发展。

（9）在"提升循环格局，发展现代物流产业"方面。通过加快推进区域小循环和物流大循环格局建设，坚持"安全、效益、规模"贸易高质量发展理念，有序整合物流资源，实现产业链重构、提升效益，推动物流贸易全过程上平台，持续优化资源配置等发展现代物流产业。

（10）在"做好储备供给，保障国家能源安全"方面。加快晋北、晋中、晋南、晋东南四个储运基地建设，实施煤炭产品储备项目建设，推进煤炭储备设施建设。

（11）在"强化资金管控，优化融资成本结构"方面。要持续优化融资结构，加强资金管控，严格资金预算管理，实施成本现场管控。

为促进规划措施落地，配套规划建设17个项目。包括：煤炭新品种项目；大断面多臂掘锚一体机快掘工作面建设项目；石墨烯应用技术研发项目；晋能控股煤业集团内部铁路专用线资源整合项目；云冈、口泉铁路专用线技改项目；忻州河曲、保德区域煤炭矿站一体化物流体系建设项目；晋城高平区域煤炭矿站一体化物流体系建设项目；东大郑庄铁路专用线项目；沁秀、龙湾铁路专用线项目；车寨、沟底铁路专用线项目；潞新公司三道岭煤炭物流集散基地和安北煤炭物流集散基地项目；铁路运营公司G网改造项目；日照港国际物流园区项目；晋北储运基地项目；晋中储运基地项目；晋东南储运基地项目；晋东南储运基地项目。项目估算总投资 242.66 亿元,"十四五"投资 190.17 亿元。

(六)落实"双碳"任务

通过瞄准"双碳"目标,实现绿色低碳发展;实施矿山立体开发,提高资源利用水平;优化矿井规划设计,推进零碳矿山建设;夯实融资配套工作,争取更大金融支持等 4 方面措施,促进企业生产发展符合"双碳"目标要求。

(1)在"瞄准'双碳'目标,实现绿色低碳发展"方面。认真贯彻落实中共中央、国务院印发的《关于完整准确全面贯彻新发展理念做好碳达峰碳中和工作的意见》,通过加强政策跟踪研究,开展"碳达峰"和空气质量达标协同管理,主动控制碳排放,积极融入用能权、碳排放权交易市场,促进能源开采、利用与环境协调和谐发展;系统优化生产用能,强化能耗双控,推动能源资源配置更加合理,形成"产、运、储、销、用"的低排放供应链;改善煤炭开发利用工艺、技术和系统管理,做好煤基产业链的延伸和拓展等,构建煤炭全生命周期低碳无害化发展新格局,"十四五"实现原煤生产综合能耗降低 0.3 千克标准煤/吨。

(2)在"实施矿山立体开发,提高资源利用水平"方面。通过积极开展煤层气、瓦斯、地热等资源勘探、开发和利用,加大瓦斯抽采"造穴增透"技术应用力度,加快推进煤炭开发过程甲烷排放的控制与利用,实现资源效益最大化、最优化;通过推进井下矸石智能分选系统和不可利用矸石返井项目、废弃巷道储能商业化运营、矿井水库建设,以及煤矸石等固废资源综合利用等,促进矿井资源立体开发,矿山资源综合利用。

(3)在"优化矿井规划设计,推进零碳矿山建设"方面。着力通过发展节能型矿井,推广节能技术降低矿用设备能耗等,发展煤炭开采节能减排技术,控制原煤矸石含量和排放量,开展碳循环理论和碳减排、碳控制、碳捕捉、碳封存等科技攻坚,增加碳汇规模、提高碳汇能力等,提高企业碳减排能力。

(4)在"夯实融资配套工作,争取更大金融支持"方面。着力通过加强"双碳"金融政策对标跟踪研究,主动对接金融服务机构,统筹集团融资需求,针对符合条件的煤矿,制定清单,逐一分析,争取流动资金贷款、项目贷款及其他专项贷款。通过启动标的公司尽调工作,为标的公司制定培育方案和资产证券化方案等,做好公司上市服务工作。通过规范贷款资金使用,对报送月度资金预算表进行监管和不定期检查,确保资金专款专用。

为促进规划措施落地,配套规划建设 6 个项目。包括:煤矸石智能分选和不可利用矸石全部返井工程项目；废巷储能项目；地热资源开发利用项目；瓦斯综合治理技术项目；煤矸石烧结砖项目；环保科技工程技术项目。项目估算总投资5.15亿元，全部为"十四五"投资。

（七）加强国际合作

通过积极获取海外优质煤炭资源，进军国际煤炭生产服务领域，加强煤炭开发技术交流合作，打通人才国际化发展新路径等4方面措施，推进企业开展国际合作与交流。

（1）在"积极获取海外优质煤炭资源"方面。通过融入国家"一带一路"倡议，加强与"一带一路"沿线国家和地区以及非洲、大洋洲、北美洲等"富煤"国家的资源开发合作，优选地质条件简单、煤炭资源丰富、预期经济效益好的煤炭资源作为目标资源，循序渐进地推进国际资源获取；通过巩固和发展与主要煤炭资源国和消费国的长期稳定贸易关系，提高优质煤炭资源供应潜力，稳步开展国际煤炭贸易；通过实施国际化战略，培养全球化的战略思维和开放视野，不断提高战略合作的广度，充分利用自身品牌、资金、技术、人才等优势，择机进行海外战略资源开发，积极抢占国外市场。

（2）在"进军国际煤炭生产服务领域"方面。通过发挥集团专业化优势，加强开展境外煤炭资源开发利用、技术服务、人才培训，多渠道开展国际业务；通过参与境外地质勘探、煤矿建设、技术改造以及运营管理等多方面国际合作，带动先进技术服务和装备出口，打造海外优质服务团队；依托煤业集团国内市场先进成熟的技术和管理经验，通过积累合作经验、总结完善，逐步形成服务内容、服务技术、服务资源定制化标准模板，打造煤业集团海外服务承包商品牌形象，增强海外市场影响力。

（3）在"加强煤炭开发技术交流合作"方面。通过煤炭绿色低碳清洁利用国家实验室、中国煤炭工业协会科技奖励年度评审、"碳达峰、碳中和"高层论坛等国家、行业重大科技活动，加强与国内外能源巨头、研究机构的全面合作，大力推动煤炭开采装备、技术和服务"走出去""引进来"，开创全方位能源国际合作的新局面；通过开放产业、开放项目、开放合作模式，引入合作伙伴，增强市场互补性，创新合作模式。

（4）在"打通人才国际化发展新路径"方面。通过发挥市场导向和主观能动作用，围绕重大工程、重大项目、重点领域，开展科研、技术、项目、资金等多方位交流，在全球范围内加大引进海外优秀人才的引才力度；同时，在"走出去"发展中，通过扩大高层交往、商业活动、技术交流等，锻炼、培养本土人才走向国际化；发挥集团煤炭产业基础雄厚、平台广阔、潜力巨大的优势，充分使用好各类专业人才，创造有利于人才发展的机制、环境、平台，实现各类专业人才各得其所、各展其才、各尽其用。

为促进规划措施落地，配套规划建设4个项目。包括：获取境外空白煤炭资源项目；境外煤矿建设、技术改造以及运营管理承揽项目；与国内外能源巨头、研究机构合作，推动能源装备、技术和服务"走出去"和"引进来"项目；依托"博士后工作站"，大力引进海外高层次人才项目。项目适时适度安排投资。

六、保障措施及政策建议

为确保本规划的实施，提出了加强党建引领、加强内部融合、加强规划落实、加强科技支撑、加强资金保障、加强人才支持、加强品牌重塑、加强风险管控、加强依法治企、加强文化建设等10个方面的保障措施。

另外，通过总结晋能控股煤业集团在转型发展中的实践，还提出了出台合理有效处置"僵尸企业"出清及煤矿去产能涉及资产债务的政策；将煤炭产业调整出"两高一剩"名单，降低企业融资成本和债务风险；支持将特大型先进煤炭企业（煤矿）认定为高新技术企业；加大对国有大型煤企的政策支持力度；出台支持煤炭企业的税收政策，促进企业转型发展；加大大宗工业固体废弃物综合利用政策支持等政策建议。

徐州矿务集团有限公司"十四五"发展规划

前　言

　　能源是经济社会发展的基础和动力,能源安全是关系经济社会发展全局性、战略性的问题。"十四五"时期是江苏深入贯彻党的十九大和十九届二中、三中、四中、五中全会精神,全面落实习近平新时代中国特色社会主义思想,特别是习近平总书记对江苏工作的重要讲话指示精神、推动"强富美高"新江苏建设再出发的重要时期,也是深入推进习近平总书记"四个革命、一个合作"能源安全新战略的关键阶段。

　　徐矿集团是具有百年以上历史的国际化特大型省属能源集团。集团产业涉及煤炭、电力、煤化工和能源服务外包、矿业工程、煤矿装备等能源及关联领域,是中国大企业500强、能源企业全球竞争力500强、煤炭企业全球综合竞争力30强。"十四五"时期是徐矿集团推动高质量发展走在行业前列、乘势而上开启政治能力强、发展能力强、治理能力强、创新能力强、为民能力强的"五强"新徐矿建设新征程、奋力实现百年徐矿强起来历史性跨越的第一个五年。作为省内唯一实体型能源集团,保障全省能源安全是徐矿集团应当承担的历史使命,在"两个一百年"奋斗目标的历史交汇点,科学谋划"十四五"时期发展蓝图,对于实现徐矿集团高质量发展具有重大意义。本规划主要阐明"十四五"时期的战略目标、主要任务和重大举措,是今后五年徐矿集团全体职工共同奋斗的行动纲领。

第一章 发展背景

一、发展概述

"十三五"时期,国内外环境错综复杂、风险挑战前所未有。在"十三五"前期,受矿产资源枯竭、矿井关闭、集团内部管理不力等因素叠加影响,企业陷入了前所未有的困境。2017年下半年以来,新一届领导班子通过"走访转"调研,确定了聚焦主业、聚力转型,形成以煤电化为"主体",以盘活存量资源和开发品牌等无形资源为"两翼"的"一体两翼"发展战略,奋力推动企业实现困境突围、转型重生的历史性蝶变,走出了一条资源枯竭型企业转型重生的"徐矿之路",迈上了高质量发展的良性轨道。四年来,徐矿集团坚持以习近平新时代中国特色社会主义思想为指导,坚决贯彻江苏省委、省政府、省国资委党委各项决策部署,坚持新发展理念,坚持系统思维,坚持依靠职工,聚焦主业、稳中求进,交出了运营质量好、转型发展好、发展基础好、职工日子好、政治生态好的"五好"答卷,破解了产业接续、人员安置、环境治理"三大难题",创出了全国资源枯竭型企业转型、关闭矿井重生、衰老矿区生态修复"三大样本",初步走出了一条资源枯竭型企业转型的"徐矿之路";发展能力强、治理能力强、创新能力强、为民能力强、政治能力强的"五强"新徐矿建设取得了重大阶段性成就。

江苏省委、省政府主要领导充分肯定了徐矿历史性变化和转型发展的探索实践,嘱托徐矿"到国家煤炭大基地去布局,延伸煤电、煤化工产业链""要把徐矿发展放到全省经济发展大局来谋划",为徐矿集团转型发展指明了方向。

二、主要成就

企业综合实力显著增强,初步迈入高质量发展良性轨道。徐矿集团以高度的政治担当,确保安全稳定、经营稳定、大局稳定,连续四年实现安全生产,企业内外部环境处于历史最好时期。徐矿集团紧扣高质量发展走在全国行业前列的鲜明导向,聚焦主业稳中求进,大力实施"一体两翼"战略,生产经营及安全生产稳健向好。2019年全集团消灭了经营性亏损,五年累计实现营业收入突破1743.86亿元,创效能力显著提升,尤其是2017年以来,累计经营性现金净流入超140亿元，实际创造经营利润102亿元，上缴税费111.34亿元。张双楼矿、天山矿业公司入选国家首批智能化示范建设煤矿，电力板块机组运行效率位于行业同类机组领先水平，煤制甲醇品质达到国际领先水平，位列中国甲醇行业优秀企业首位，推动产业结构由一煤独大向煤基高端化升级。

第二章　思　路　目　标

第一节　总　体　要　求

一、历史使命

坚持把服务全省能源安全保障作为最大使命。在全省经济社会发展大局中找准定位，充分发挥徐矿作为省属唯一实体能源企业的独特优势与独特功能，建设好省内省外六大能源基地，加大外电送苏、外焦入苏、海气入苏力度和份额，源源不断把清洁能源送往江苏，保障江苏经济社会发展的能源需求，争做能源对外合作的主平台、能源绿色革命的主阵地、能源安全保障的主力军，跻身全国省级能源集团前列，加快建设国际化特大型省属能源集团。

坚持把争当全省"两争一前列"排头兵作为最大责任。把习近平总书记对江苏发展的殷切厚望，转化为徐矿的重大政治责任和强大奋进动力，着力在科技创新上争当行业表率，在产业工人队伍建设改革上争做全国示范，在高质量转型发展、率先实现企业治理现代化上走在全国行业前列，提升保障江苏能源安全能力，为服务全省"争当表率、争做示范、走在前列"大局贡献徐矿力量。

坚持把让全体徐矿人过上更加美好日子作为最大追求。坚持职工主体地位，坚持共同富裕方向，始终做到发展依靠职工、发展为了职工、发展成果由职工共享，不断满足职工对美好生活的向往，建设一个职工幸福自豪、社会羡慕向往的社会主义现代化新徐矿。

二、指导思想

以习近平新时代中国特色社会主义思想为指导，深入贯彻党的十九大和十九届二中、三中、四中、五中全会和"四个革命、一个合作"能源安全新战略精神,认真落实江苏省委省政府及省国资委的决策部署,把握新发展阶段,贯彻新发展理念,构建新发展格局,以服务江苏能源安全保障为最大使命,以让全体徐矿人过上更加美好日子为最大追求,以高质量发展为主题,以实施国企改革三年行动为主线,坚持"五满"理念*为总引领,实施"一体两翼"总路径,推进"六大基地"总布局,围绕清洁低碳能源产业链,布局供应链、创新链、价值链,构建"四链协同"新格局,加快建设国际化特大型省属能源集团,奋力实现百年徐矿强起来的历史性跨越,为江苏"争当表率、争做示范、走在前列"贡献徐矿力量。

三、基本要求

推动"十四五"时期发展,坚持党的全面领导,坚持以职工为中心,坚持新发展理念,坚持深化改革开放,坚持系统观念。同时着眼于徐矿在全省"争当表率、争做示范、走在前列"中的新使命、着眼于构建双循环新发展格局的新要求、着眼于碳达峰碳中和带来的机遇挑战,牢牢把握以下要求:

——**统筹清洁能源与传统能源相协调**。认真贯彻"四个革命、一个合作"能源安全新战略,切实把握碳达峰碳中和带来的机遇与挑战,着力推进传统能源提档升级,提高清洁化智能化发展水平;大力发展光伏发电、天然气、生物质等清洁能源和储能、综合能源服务等新业态,推进集团公司向清洁低碳能源转型。

——**统筹生产链与供应链相协调**。认真落实国家构建双循环新发展格局战略举措,围绕煤炭生产链布局煤炭物流、贸易和仓储供应链,加快形成能源生产与能源供应双链循环、双链畅通、双链互促的产业生态,拉长产业链、提升价值链、放大增长链。

——**统筹实体经营与资本运营相协调**。把发展实体产业作为立身之本,提升发展质量,壮大规模体量,实现倍增式发展。同时积极用好多层次资本市场,推动 $1+N$ 公司上市,开展投融资、并购重组、资产证券化等资本活动,推动产融结合,为实体产业发展插上腾飞翅膀。

——**统筹存量开发与增量并购相协调**。进一步加强与地方的融入与合作,推进土地、铁路、电网等存量资源深度开发,实现企地共赢共荣。同时,抓住

---

* "五满"理念:以满怀对党的忠诚举旗定向;以满满的正能量凝聚职工;以满眼都是资源的理念经营企业;以满眼都是人才的理念培养人才;以满腔的家国情怀造福职工。

"双碳"目标的机遇期和窗口期,选择优质煤炭标的项目实施并购,做强做优煤炭核心主业,为徐矿集团基业长青奠定更加坚实根基。

——统筹成果创造与成果分享相协调。深刻把握以人民为中心的现代化建设本质,把让全体徐矿人过上更加美好日子作为推动发展的落脚点和出发点,一方面聚焦高质量发展,进一步提高企业发展质量和效益水平,另一方面聚焦高品质生活,把发展成果更多普惠于职工,让职工的获得感幸福感显著增强。

四、产业定位

坚持走生态优先绿色发展、高碳产业低碳发展之路,坚定"一体两翼"总战略不动摇,大力推动产业链提档升级:以转化方式布局产业链,做强煤电化核心主业;以延伸方式布局供应链,做大煤炭物流贸易储备;以拓展方式布局创新链,积极涉足风光等新能源和油、气、储等多元能源业态;以超越方式布局价值链,着力提升两翼产业发展质量和价值,积极发展新金融新材料大数据等"试验田",着力推进企业数字化转型,全面提升产业链现代化水平。通过优化结构、拓展领域,着力构建"一体两翼、四链协同"的新发展格局,加快发展成为国际化特大型省属能源集团,成为服务江苏能源安全最稳定最可靠最可控的有力保障。

第二节 发 展 目 标

以建设政治能力强、发展能力强、创新能力强、治理能力强、为民能力强的"五强"新徐矿为总目标,着力打造老矿区转型发展、科技资本双轮驱动、产业工人队伍建设改革"三个全国示范",着力争创一流业绩、一流担当、一流民生、一流标杆、一流生态"五个全国一流",实现高质量发展、高品质生活、高效能治理,到"十四五"末,"五强"新徐矿建设取得重大决定性进展。

在高质量发展上,资产总额、主业产量、营业收入、利税总额、职工收入,在"十三五"末的基础上实现翻一番,集团公司稳居全球能源综合竞争力500强、中国大企业集团500强,进入煤炭行业前20位和江苏百强企业前20位。

在高品质生活上,建成产业工人队伍建设改革全国示范区,职工政治、经济、社会地位显著提高;涨工资、提待遇、美环境取得重大进展,职工人均收入位居行业前列;徐矿"三种精神""好人文化""家文化"成为享誉全国的亮丽品牌,职工获得感、幸福感、自豪感大幅提升,实现收入高、环境美、心情畅的高品质生活。

在高效能治理上,治理体系和治理能力现代化建设行业领先,国企改革走在省属企业前列,拥有高效能治理上市公司,对标世界一流管理提升行动成效显著,智能化数字化转型取得重大进展,科技创新和安全发展水平行业领先,党建和纪检工作走在全国国有企业前列。

徐矿集团"十四五"企业发展主要目标见表1。

表1 "十四五"企业发展主要指标

	指 标 名 称	2020年数据	2025年目标	备注
经营指标	总销售收入（亿元）	329.74	800	
	煤炭产业销售收入（亿元）	60.10	183	含服务外包
	电力产业销售收入（亿元）	28.88	100	
	煤化工产业销售收入（亿元）	11.80	20	
	贸易物流销售收入（亿元）	146.59	350	
	工程建设销售收入（亿元）	31.91	50	
	机械医疗商贸销售收入（亿元）	30.22	47	含新材料
	其他销售收入（亿元）	20.24	50	
	利润总额（亿元）	12.6	30	
	资产总额（亿元）	489.11	1000	
产能指标	煤炭产能（万吨）	4290	7140	
	自有矿井产能（万吨）	2220	4740	
	托管服务优质煤矿资源产量（万吨）	2070	2400	
	累计电力权益装机（万千瓦）	1023	1500	
	新增煤电权益装机（万千瓦）	300	200	
	新增可再生能源权益装机（万千瓦）	—	300	
	甲醇产能（万吨）	60	150	

表1（续）

指标名称		2020年数据	2025年目标	备注
技术创新	新增专利数量（项）	118	≥60	每年
	新增省部级及以上科技成果（项）	19	≥18	每年
	研发投入占主营业收入比例	2%	3%	
安全目标	百万吨死亡率	0.055	"六零"	"零工亡" "零超限" "零突出" "零透水" "零自燃" "零冲击"

第三章 重点发展任务

第一节 聚焦主业，构筑发展新优势

一、稳存量优增量，夯实煤炭业务核心地位

强化安全运营和生产管理，保证矿井生产接续正常和原煤产量稳定。提高效率巩固老基地，提升存量矿井产能规模，确保郭家河公司、天山公司、赛尔公司取得突破性进展，发挥投资建设最大效能。加速推动新增煤矿建设，支持已确权、已核准矿井投资建设，力争早日建成投产。抢抓山西等富煤省区煤炭大基地资源整合契机，大力实施整合兼并计划，多途径多渠道兼并优质矿井资源，快速做大产能规模。深入践行"走出去"战略，主动融入"一带一路"建设，与沿线富煤国家开展深入合作，拓展海外矿井投资业务。全面提高服务外包水平，充分发挥人才、队伍、技术、管理优势，树立徐矿品牌形象。广泛争取资源远景储备，加大勘探权资源获取力度，为集团远期发展积累资源基础。加快智慧示范矿井建设，积极推进智能化采煤、智能化分选，减少工作面生产班组的人力资源投入，实现智慧化减员增效。到"十四五"末，实现自有和托管煤炭产能7140万

吨，其中自有矿井产能4740万吨，托管服务煤矿资源产能稳定在2400万吨（托管国内煤矿2000万吨，国外煤矿400万吨），煤炭产业总产值183亿元。

二、调结构换底色，打造电力综合能源服务产业

做大做强电力业务板块，以绿色、多元为总基调，扩增产业装机规模，构建发、配、售、热一体的完整产业链，将电力板块打造成为综合能源服务产业。与煤炭核心主业形成齐头并进、优势互补的"双轮驱动"发展格局。依靠现有煤电机组项目，充分参与周边煤矿资源合作开发机会，努力打造"煤电一体化"基地。全面提升可再生能源战略定位，大力参与可再生能源建设，充分利用特高压送苏通道，大力推进送端省份风电、光伏发电项目建设，在国家新能源基地开展新能源项目布局，推进陆上风电资源开发，积极谋划深远海风电项目，加大分布式新能源项目开发力度，高比例发展可再生能源。主动配套区外来电电源建设，积极承担保供江苏责任使命，全力参与区外来电布局谋划，全力争取送端省份配套电源项目建设，把握供给侧电力资源主动权。积极推进"煤电一体化"建设，通过已落地煤电项目推动周边煤矿资源开发，利用煤矿资源拓展当地煤电业务，打造煤、电联营的一体化能源基地。全力争取重大煤电项目布局，加快谋求在沿海能源基地及其他地区布局重大煤电项目机遇，扩大集团煤电项目装机规模。盘活做大增量配网业务，完善配电网的统一管理，整合、盘活现有供电资源，完善优化系统结构，增强服务能力，打造省改革试点名片。积极布局城市供热网络，依托集团热电联产机组，规划布局城市热网，抢占热力管网资源，抓牢居民供暖，配套工业园区，在城市供热领域寻求发展突破。大力推进现役机组节能升级改造，提升煤电高效清洁利用水平，严格把控新建机组环保标准，大力推广热电联产，促进煤电产业升级转型。

"十四五"期间，新增煤电装机200万千瓦，新增可再生能源装机300万千瓦，实现累计权益装机容量1500万千瓦以上（含核准）。

全面提升可再生能源战略定位。把可再生能源建设提升为伴生传统能源的战略性资源，大力参与可再生能源项目的投资建设，全力推进区外来电送端省份配套可再生能源项目，依托煤矿塌陷区等存量土地资源建设光伏发电和风电项目，积极参与江苏海上风电和光伏领跑者基地建设，挖掘生物质能源利用投资机会，高比例发展可再生能源，夯实电力业务发展基调，调绿徐矿能源底色。"十四五"期间，力争形成300万千瓦可再生能源装机规模。一是全力推进区外可再

生能源项目，积极跟踪"蒙电送苏"配套风电项目、"青海新能源基地"可再生能源项目、"陕电送苏"配套新能源项目，围绕区外来电大力开发省外可再生能源项目资源。二是积极投资省内海上风电项目。积极探索、充分研究，争取省政府支持，统筹规划深远海风电建设，借助国家2030年实现新能源装机12亿千瓦的契机，逐一摸排已核准海上风电项目共同建设可能性，全面梳理沿海地区"十四五"储备资源，提前锁定深远海海上风电资源，积极参与毗邻区海上风电示范项目，2025年底力争实现海上风电零突破。三是大力开发存量资源可再生能源项目。梳理集团存量资源，优先利用置换有难度的土地和现阶段无法开发的煤矿塌陷区、变电所、办公楼屋顶等资源，建设集中式地面光伏项目和分布式光伏项目建设，同时布局新型储能电站。有效发挥华美建投集团优势，将建筑施工、地产等业务与绿色能源管理、"绿色建筑"紧密结合起来，努力打造从设计、建造、运维一体化绿色能源管理提供商，真正使所有新的建筑物和具备改造条件的建筑物成为一座座"光伏发电站"。积极借助综合能源服务业务，参与江苏省内分布式光伏项目开发。四是努力探索生物质能利用项目。研究秸秆直燃和气化发电、垃圾焚烧发电、生物质天然气市场发展趋势，适时开展生物质能利用投资，重点针对徐州区域内的成熟的生物质、垃圾发电项目进行并购重组，拓展集团可再生能源板块范围。

三、精工艺延链条，优化煤化工发展支撑

做精做优煤化工业务板块，深挖工艺管理提升潜力，深研拓链延链工程，发展煤化工业务板块成为集团业务增长的发展支撑。强化煤化工项目精细化管理，夯实安全生产责任，确保稳定高效运营。推动增量项目建设，适时推进长青能化二期项目开建投产，形成煤制甲醇规模化效应。探索产业拓链延链，深入研判煤化工深加工技术与产品市场，提升业务板块附加价值。到"十四五"末，实现煤制甲醇年产能150万吨，产值20亿元，积极筹划甲醇下游产品项目的前期准备工作，形成可靠的市场分析和可行的技术路线，适时启动项目投资建设。

四、补短板谋布局，培育天然气新动脉

紧紧围绕碳中和宣言目标，把握天然气作为清洁能源的发展大势，积极布局天然气基础设施，补齐产业链短板，将天然气业务打造成徐矿发展的新动脉。积极推进沿海输气管网建设，把天然气管网建设作为集团能源核心主业的有效补

充，构建天然气业务板块核心骨架。主动参与江苏沿海LNG接收站集群建设，参与LNG接收站布局建设，构建海陆并举、拥海发展的新格局。科学谋划关键节点储运调峰工程，充分发挥沿海管网串联效应，在内陆腹地布局储气库和调峰项目，支撑未来天然气规模化发展和广域化利用。

第二节 聚力转型，开创两翼新格局

一、整资源建平台，构建大物流贸易供应链体系

在以煤炭为核心的商贸物流基础上，强化管理，分步将集团下属各业务板块纳入集中采购供应链范畴，打造集团全产业链物资集中供应平台；围绕徐州淮海区域中心城市地位，发挥集团交通基础优势，加快物流园区、大型储配基地等重大项目建设，以现有宝通公司为基础，进一步拓展对外物资贸易和服务贸易能力；加快建设煤炭集运站，规划布局煤炭储备基地，整合现有零散煤炭销售体系，强化以煤炭为核心的销售贸易平台；充分利用现代科技技术，努力实现集团商贸流、物资流、资金流及信息流的"四流合一"；加强"一带一路"能源合作，提升境外物流与国内物流的有效衔接，服务国内国际产业链供应链"双循环"格局。到"十四五"末，集团贸易物流业实力显著提升，实现营业额320亿元，年均增长16%左右，成为集团的重要产业。

二、融地方显特色，提升资源资产化水平

坚持融入地方发展理念，高位衔接地方规划，将土地、房产、铁路、电网、热力等存量资源开发纳入徐州市及各区县空间和产业规划，统筹开发。以徐州本部为重点，引导产业集聚发展、要素合理配置、资源集约利用，形成特色鲜明、优势互补、集约高效的"双核五区"资源开发空间格局。聚焦聚力经济技术开发区和淮海国际港务区两大核心区，辐射带动贾汪、沛县、鼓楼、铜山和泉山五大片区存量资源开发，形成"双核"为主体、"五区"有机联动的资源开发主阵地。依托资产开发平台公司，打造以产业园区运营为支撑，综合整治开发为抓手，资产高质量开发为主旋律的资产开发现代化体系。到"十四五"末，存量资源开发年产值10亿元，为"五强"新徐矿建设提供持续有力支撑。

三、创品牌树形象,全力优化工程建设

推进矿业工程、华美建投两大板块工程建设、综合服务全产业链优化升级,提高工程建设队伍支撑力,创新综合服务新模式,打造特色鲜明的国有工程建设和综合服务品牌。借助江苏矿业工程集团有限公司和江苏华美建投集团双平台资源,充分运用技术、人才和品牌优势,强化工程建设服务能力。到"十四五"末,工程建设板块年营业收入力争达到50亿元。

四、保水土美生态,争创绿色示范矿区

坚持"绿水青山就是金山银山"理念,深入贯彻落实可持续发展战略,加快推动全方位一体化绿色低碳发展。树立源头保护的主动意识,坚持矿产资源开发与环境保护并重。贯彻山水林田湖草沙统一保护、综合治理的新理念,针对各类矿区资源,科学设计、分类施策,采取先进、合理、有效的防治措施,推进废弃矿区的绿色闭坑和生态环境修复,强化采矿区与周边环境的协调发展。到"十四五"末,实现关停矿井100%绿色化闭坑,高质量完成2万亩采煤塌陷地治理,打造2个绿色示范矿区,全面实现矿业产业经济绿色化发展。

五、建样本树品牌,全面升级服务外包

依托徐矿品牌、技术和人才等优势,发展以技术管理为主的服务外包产业。以煤矿生产托管为基础,向其他产业拓展,实现集团服务外包产业由分散向集中进行转变。推动服务外包产业成为"一体两翼"战略的重要支撑,培育服务外包作为徐矿转型的重要经济增长极,加快向能源综合服务商转型,把服务外包产业打造成企业的支撑、行业的典范、全国的样本,树立服务外包新典范。到"十四五"末,形成托管矿井18个,营业收入达到48亿元,服务外包业实力显著提升。

第三节 创新驱动,培育发展新动能

积极顺应国家产业转型升级新趋势,抓住新机遇实现新发展,立足发展战略和产业实际,加快推进数字化转型,提升产业创新能力。着力推进新材料、高端装备制造、大数据、医疗健康、碳资产等产业发展,培育和发展好"试验田"

项目，促进徐矿集团产业结构进一步优化。

一、重创新树品牌，巩固提升新材料

以江苏威拉里新材料科技有限公司为主体，以"稳定、提升、发展"为总路径，以行业"隐形冠军"为企业发展目标，积极开发新技术新产品，积极争取政策扶持，强化市场开拓和管理，积极推进新材料产业做大做强，探索高新产业做好做优的路径样本。实施"科改示范行动"，力争实现科创板上市，成为新材料行业管理标杆型企业，建成徐矿发展高新产业试验田。到2025年，力争实现年销售收入3亿元。

二、抓智能拓市场，大力发展高端装备制造

以徐州华东机械有限公司为主体，加大技术和装备研发，发展智能矿山装备，着力提升装备现代化、智能化水平，积极拓展外部市场，提高其对集团公司的贡献率。到"十四五"末，力争高端装备制造板块实现年销售收入18亿元。

三、汇智慧建载体，加速发展大数据产业

紧抓国家"新基建"战略机遇，瞄准建设"低成本、高效益、高效率、高质量"的5G新网络目标，围绕徐州智慧城市建设，力争将淮海大数据中心建设成为"数字徐州""智慧徐州"合作载体。到"十四五"末，力争实现年销售收入1亿元。

四、怀仁心育美德，做优做精医疗健康产业

以淮海医院管理集团为主体，坚持稳中求进，立足徐州，服务淮海，以临床医疗为主体，推动科研、教学两翼协同发展，以徐矿集团总医院为龙头，推进第一、第二和第三医院协同高水平发展。力争将徐矿集团总医院建设成为淮海经济区一流三级甲等综合性医院，全国一流的三级甲等股份制医院，高质量发展走在全国混改医院前列。到"十四五"末，淮海医院管理集团力争实现年营业收入翻番，达26亿元。

五、立目标拓思路，筹划低碳产业

以习近平总书记提出的"30·60"愿景目标为指引，积极引导集团绿色低

碳战略转型，统筹管理集团碳资产，增强集团在碳达峰碳中和新形势碳市场环境下的价值创造能力。到"十四五"末，基本形成领导重视、专班负责、领域突出的低碳管理和开发团队。

第四章 保障措施

一、加强党的领导

始终把加强党的建设摆在首位，全面实施国企党建强基工程、铸魂工程、战略工程、人才工程、护航工程"五大工程"，以坚强党建引领企业高质量发展。

二、实施人才战略

坚持以习近平新时代中国特色社会主义思想为指导，坚持党管人才原则，坚持"满眼都是人才"理念，构建"人人是人才、人人可成才、人人展其才"人才发展格局，支撑集团公司高质量发展。到"十四五"末，培养和造就具有一定规模、素质优良、结构合理的人才队伍，为"五强"新徐矿建设和企业高质量发展奠定人才基础。

三、拓宽融资渠道

坚持实事求是、稳步推进的原则，推进徐矿集团四大资本运营平台建设，形成产业与金融互促互进的发展格局。依托徐矿能源股份有限公司、威拉里新材料公司上市平台，为徐矿集团战略投资提供资金服务。加强银企合作，构建多元化融资平台。

四、强化文化引领

文化是企业的灵魂，是发展的软实力。对标对表"争做示范、争当表率、走在前列"的新要求，深入培育践行社会主义核心价值观，聚焦文化强企目标任务守正创新、固本开新，坚定主心骨，汇聚正能量，传承文化红基因，建设特色家文化，提升徐矿新形象，奋力书写徐矿文化强企新篇章，为建设"五强"新徐矿奠定坚实基础。

五、创建法治国企

以习近平法治思想为指导,深入推进法治国企建设,率先在全省企业中实现法治国企建设现代化,为"五强"新徐矿建设提供强有力的法律保障。通过"1个升级,2个融合,3个转变,4个保障",切实把徐矿集团建成治理完善、经营合规、管理规范、守法诚信的法治国企。

六、打造清廉徐矿

深入贯彻党的十九届五中全会、十九届中央纪委四次、五次全体会议精神和江苏省委决策部署,紧密结合集团公司推进治理体系和治理能力现代化"十大重点"的总体布局,对标国企改革三年行动和"世界一流"企业目标要求,将高质量发展贯穿到政治监督、审查调查、巡察等各项工作中,实施政治监督聚焦行动、协同监督增效行动、"三不"贯通融合行动、巡察整改闭环行动、廉洁徐矿提升行动"五大行动",以纪检监察工作高质量促进集团治理高效能。

济宁能源发展集团有限公司"十四五"发展规划

"十四五"期间，济宁能源发展集团有限公司（以下简称"济宁能源集团"）将迎来新的重要战略机遇期，面对发展新阶段，必须贯彻新理念、构建新格局、塑造新优势。作为综合能源企业，按照济宁市委、市政府和市国资委"十四五"规划要求，站在新时代起点上，必须以更高站位、更宽视野、更实举措谋划提出"十四五"发展规划，寻求中长期战略发展路径，实现绿色生态、安全环保，产业链向高端延伸，推动济宁能源集团转型升级、高质量发展，成为济宁能源集团未来发展的宏伟蓝图和行动纲领。

一、集团概况及主要成就

（一）集团概况

济宁能源集团是济宁市委、市政府批准成立的国有独资企业，经多次改组改制，形成以煤炭电力、港航物流为主业，集精密制造、清洁能源、教育培训于一体，跨地区、跨行业、多元化经营的大型国有投资运营集团。

截至2020年底，济宁能源集团拥有全资、控股、参股公司63家，资产总额223亿元，职工12000余人。近年来，济宁能源集团以打造国内一流综合能源集团为目标，实施"211"战略和"511"产业布局。2020年，在疫情冲击和经济下行影响下，实现营收128.2亿元，利润9.41亿元，利税19亿元，资产总额、营业收入等创出历史最高水平。位列中国煤炭50强第42位，能源行业第208位。

（二）"十三五"时期取得的主要成就

"十三五"时期，是济宁能源集团爬坡过坎、转型发展的关键期。五年来尤其是去年以来，面对突如其来的新冠疫情和复杂严峻的经济形势，集团统筹推进疫情防控和改革发展，攻坚克难，团结奋进，"十三五"规划任务目标圆满收官。

（1）经济总量和发展质量稳步提升。"十三五"时期，累计实现销售收入400多亿元，年均增长16.99%。实现利税91亿元，年均增长14.15%。资产总额达到223亿元，年均增长8.03%。国有资本保值率年均高于105%。"十三五"规划的"211"经营目标提前1年实现。销售收入同比"十二五"末翻了一番。

（2）产业结构优势凸显。在稳步发展煤电主业的同时，港航物流产业强势崛起，形成了"一体两翼"协同发展新格局。组建港航集团，打开了集团公司煤电、港航、物贸、金融多元化发展新局面，为济宁能源集团打造千亿级能源集团奠定了坚实基础。

（3）发展模式发生重大变革。对济宁能源集团产业布局进行重新划分，加速动能转换，形成"煤电、港航物流、制造业、服务业"四大板块，彻底破解了困扰企业多年的"一煤独秀"结构性矛盾，非煤产业收入占比由2015年的31%提高到2020年的59%，实现了煤与非煤收入占比的历史性转变。

（4）可持续发展能力不断提高。"十三五"时期，接收监狱退危煤矿年新增产能172万吨，朱家峁煤矿建成投产并核增产能至300万吨，核定总产能1031万吨，迈入千万吨级集团行列。抢抓机遇投资26亿元建设梁山多式联运物流项目，入选山东省储配煤基地。盘活落陵煤矿关井土地，合作建设艾坦姆流体等高端制造项目，培育了高端制造产业，探索了矿井关井转型的新路子。累计完成各类科技创新成果2470项，获得专利成果215项，建成国家重点实验室济宁能源分中心等创新平台5个，入选国家高新技术企业3家。

（5）企业形象不断提升。"十三五"期间，济宁能源集团营收、利润、利税连续稳居市管企业第一位。位列中国煤炭行业50强第42位，能源行业500强第208位。济矿集团信用评级由AA提升至AA+。获评"山东省企业思想政治工作先进单位""全员创新企业""济宁市经济发展功勋企业"等荣誉称号。

二、新发展阶段内外部环境分析

当今和今后一个时期，济宁能源集团仍处于重要战略机遇期，机遇和挑战并存。

（一）宏观环境分析

（1）从国际看，当今世界正经历百年未有之大变局，新一轮科技革命和产业变革深入发展，国际环境日趋复杂，新冠疫情影响广泛深远，不稳定性不确定性明显增加。

（2）从国内看，我国发展仍然处于重要战略机遇期，我国已转向高质量发展阶段，国内经济长期向好，正构建以国内大循环为主体、国内国际双循环相互促进的新发展格局，为中国经济提供更加强劲、可持续的发展动力，国有企业将成为"双循环"新格局构建中的排头兵，被赋予更多责任与使命，持续发展具有了多方面优势和条件。

（二）行业环境分析

（1）我国煤炭中长期能源安全保障作用突出。虽然煤炭消费呈现逐渐压减状态，但"富煤、贫油、少气"的资源禀赋特点决定了煤炭在我国能源消费结构中仍将处于主导地位。作为主要能源，煤炭正由原来单一的燃料转化为原料，利用空间不断扩大，清洁利用范围不断延伸，煤炭的发展前景还十分广阔。按照国家"控制东部、稳定中部、发展西部"的煤炭布局总体要求，煤炭开发与生产布局逐步向陕西、内蒙古和新疆等地区转移。为集团公司以朱家峁煤矿为主体进行芦殿井田合作、沿瓦日线煤炭资源开发，打造西部资源开发桥头堡提供了巨大的支撑。

（2）运输结构调整蕴含港航物流发展的空间。随着煤炭产运需格局发生重大变化，晋陕蒙三省煤炭产量占全国煤炭产量70%以上，煤炭净调出量占全国92%以上，华东地区成为主要的煤炭净调入省。2020年7月，交通运输部提出要大力推动基础设施建设，加快水运基础设施建设，加快推进多式联运枢纽站场和集疏运体系建设；济宁市聚力突破交通物流强市，加快临港临空经济快速发展，打造现代物流发展格局集聚成势，成为全国重要综合交通物流枢纽，为集团公司港航物流发展带来新的重大机遇。

（3）省市新旧动能转换、高质量发展带来重大契机。国家出台多项利好政策，制造业从"中国制造"走向"中国智造"，促进高端制造业的发展。"十四五"期间，省市聚焦"十强"优势产业，持续以动能转换塑造发展新优势，济宁市聚力突破先进制造业强市，实施制造业"231"产业集群领军企业，为推进产业结构调整和转型跨越发展提供重大契机和强大动力。

（三）微观环境分析

从济宁能源集团层面来看，"十三五"期间，济宁能源集团经济总量跃上新的台阶，多项关键指标刷新历史最高纪录，这为今后的发展提供了有力支撑。以港航物流、制造业、服务业加快发展的新局面逐步显现。基础管理达标活动规范了基础管理，强化了基层建设，提升了基本素质，夯实了健康可持续发展的基础。"艰苦创业，自强不息，厚德致远"的落陵精神进一步发扬光大，为下步发展提供了精神动力。

但也要清醒地看到，济宁能源集团受煤炭产业优质后备资源紧张制约、投资规模集中、安全环保形势严峻、自主创新能力较差等因素影响，在效益、成本、安全、环保等方面面临的风险和压力依然较大，转型升级发展的任务比较艰巨。所以，2021—2035年，是集团公司加快发展的"黄金十五年"。"十四五"时期，是提档升级、转型升级的关键五年，是管理提升、规模提升的关键五年，也是为后十年创造辉煌奠定基础的五年，更是必须牢牢抓住的重要战略机遇期。

三、济宁能源集团的企业愿景与战略定位

（一）企业愿景

济宁能源集团将坚守"安全、人本、责任、创新"的价值观，践行"为社会做贡献、为企业求发展、为员工谋福利"的企业使命，彰显责任担当，开拓进取，构建全市经济高质量发展的龙头企业，全省新旧动能转换的标杆企业，全国煤炭行业的示范企业。

（二）战略定位

1. 总体发展战略

坚持新旧动能转换，持续优化产业结构，以煤炭安全绿色智能化开采和清洁高效低碳利用、港航物流综合服务增值为主要特征，稳步发展煤电产业，快速发展港航物流，优化发展制造业，高效发展服务业，推动"四大板块"协同发展；实施成本领先和差异化市场竞争战略，构筑煤电、港航物流产业两翼并重的"一体两翼、双轮驱动+园区经济"的战略发展新格局，构建支撑济宁能源集团高质量发展的新型产业体系。力争用五年到十五年时间，打造成为核心竞争力突出、国内一流的综合能源集团和大宗物资供应链服务商。

按照"一体两翼、双轮驱动+园区经济"战略布局，协同推进煤电、港航物流、制造业、服务业四大板块，实现济宁能源集团高质量发展。

"一体"：指济宁能源集团为法人主体，按照"战略管控+财务管控"的管理模式，采取扁平化管理和业务板块事业部制的运作方式，负责战略引领与资源配置。总体功能定位为"三个中心"，即决策中心、管控中心、服务中心；主要职能定位为"五大主体"，即战略规划主体、资本运作主体、重要机构和人事管

控主体、监督考核主体、资源共享主体；搭建"六大业务运作平台"，即人力资源平台、财务平台、资金平台、大物资平台、大物贸平台、大物业平台。

"两翼"：指煤电和港航物流两大主营业务板块，做强做精煤电产业，做大做优港航物流产业。

双轮驱动：创新驱动、资本驱动。

园区经济：打造山东盛源精密制造产业园、梁山物流多式联运园区、汶上煤电化园区等"一企一策"特色园区产业集群。

2. 产业发展定位

坚持围绕煤，发展煤，上下游延伸，左右向拓展，拉长加粗产业链条，加快转型升级、结构优化和布局调整，以煤电和港航物流为主营业务、制造业为增长业务、服务业为辅助业务，多元产业协同，快速扩张，高质量发展。

稳步发展煤电产业，拉长延伸产业链条，做强传统产业发展动力源。快速发展港航物流，打造区域大型物流运输枢纽，推动"港产城"协同发展，形成重要经济增长极。优化发展制造业，坚持规模和效益并重，做精做强核心业务，形成集群发展新格局，成为动能转换新引擎。高效发展服务业，按照"一企一制、一企一策"经营策略，推进生产、生活服务业改革步伐，增添多元发展助推器。

3. 市场竞争定位

实施"成本领先和差异化"战略，打造市场竞争优势。以煤炭洁净利用产品和现代物流增值服务为主要目标市场，依托科技创新、管理创新、人才创新、商业模式创新，以战略营销为重点，通过有效市场运作策略和实施系统化服务方案，打造独特的"济宁能源"品牌体系，为客户提供优质增值服务。

4. 区域定位

深耕济宁，融入鲁南经济圈，立足山东，以京杭大运河与瓦日铁路"一带一路"沿线为轴线，实施"走出去"战略，大力拓展运河沿线市场及全国市场。

——济宁本部：稳步拓展煤电产业规模，做强港航物流，优化发展制造业，高效发展服务业。发挥区位优势和资源优势，借助山东京杭多式联运物流项目，推动区域相关产业发展，促进新旧动能转换，推动企业全面转型升级。

——西部基地：陕西榆林地区以朱家峁煤矿为基地，积极推进周边资源合作，同时沿瓦日铁路寻找新机遇，拓展晋陕蒙等地的煤炭资源，开展煤矿兼并、托管、合资合作等业务，打造西部资源整合扩张的桥头堡。

四、总体思路及发展目标

（一）总体思路

以习近平新时代中国特色社会主义思想为指导，坚持稳中求进总基调，立足新发展阶段，贯彻新发展理念，融入新发展格局，推动高质量发展，以转型升级为主线，以改革创新为动力，统筹改革与发展、创新与发展、安全与发展，聚焦主责主业，培育核心竞争力。

坚持"一体两翼、双轮驱动＋园区经济"的战略定位和要求，按照"三步走"战略目标，聚焦"八大"工作任务，确立"六大"战略发展路径和"七大"支撑体系，把集团公司打造成为一个以煤电、港航物流为主，绿色生态、安全环保、产业链不断向高端延伸，核心竞争力突出，国内一流的综合能源集团和大宗物资供应链服务商。

（二）发展目标

1. 三个阶段总体发展目标

第一阶段，全面转型阶段（2021—2022年）。实现"322"的奋斗目标（资产规模达到300亿元，营收达到200亿元，利润实现20亿元以上），争取进入中国煤炭行业50强企业前35强，改变"一煤独秀"的局面，形成"以煤为基、多元发展"的园区化产业布局。

第二阶段，提档升级阶段（2023—2025年）。到"十四五"末，实现"533"奋斗目标（资产规模达到500亿元，营收达到300亿元，利润实现30亿元以上），进入中国煤炭行业50强企业前30强。争取培育2～3家上市公司。拓展产业链，打通创新链，提升价值链，形成"以煤电、港航物流为主业的一体两翼"产业规模化发展新格局。

第三阶段，高质量发展阶段（2026—2035年）。实现"755"的奋斗目标（资产规模达到700亿元，营收达到500亿元，利润实现50亿元以上），进入中国煤炭行业50强企业前25强，中国港口行业前20强，成为核心竞争力突出、国内一流综合能源集团和大宗物资供应服务商。

2. 聚焦八大工作任务

——聚焦发展质量，实现经济总量再提升。围绕煤电和港航物流两大主业，加快推动质量变革、效率变革、动力变革，突出效率效益这个重心，在提质创效上实现新突破，努力做大做优做强核心业务。谋划一批补链、强链、延链的重大引领型项目,规划论证重点推进朱家峁周边井田资源合作,山东京杭多式联运物流建设等27个项目。"十四五"期间,预计投资约176.55亿元。其中:能源项目10个,投资42.98亿元;港航物流项目9个,投资110.31亿元;高端制造业项目5个,投资15.76亿元;服务业项目3个,投资7.5亿元。到"十四五"末,使集团公司主要经济目标在"十三五"基础上实现翻倍。

——聚焦转型升级,加快产业结构现代化。围绕拉长加粗产业链条,聚焦主业、链式发展、集群布局、迈向高端,着力在构建现代产业体系上攻坚突破。到"十四五"末,集团公司产业结构明显优化,能源板块营收占比25%左右,港航物流产业收入占比60%左右,制造业收入占比10%左右,服务业收入占比5%左右。全面提高非煤产业在集团公司收入和利润中的占比。

——聚焦改革创新,助力治理能力升级。以深入推进"国企改革三年行动"为重点,不断激发企业内生动力和活力。深化三项制度改革,落实董事会职权、优化集团管控模式,建立责权利明晰、精简高效现代企业管理体系;推进商业模式创新,推动混合所有制改革实现新突破,建立健全市场化选聘和差异化薪酬机制,实现员工收入与企业利润收入同步增长,成为济宁深化国企改革的先锋。

——聚焦安全发展,筑牢安全生产防线。树牢安全发展理念,健全安全管理体系,保持行业安全管理先进水平,煤矿全部达到"国家一级安全生产标准化矿井"水平,杜绝重伤以上人身事故和重大非人身事故,非煤企业杜绝轻伤以上人身事故,实现安全生产。全面完成各项节能环保指标和工作任务,节能增效取得明显成效,环保风险管控能力明显增强。

——聚焦文化建设,塑造企业软实力。从物质层、行为层、制度层、精神层四个方面进行系统梳理,提炼企业精神、企业作风和管理理念、经营理念等要素,构建企业文化理念体系,传承发扬"艰苦创业、自强不息、厚德致远"的落陵精神,丰富企业核心价值观的内涵,使各级领导和员工在思想和行为上都有企业文化牵引和指导。进一步提高企业的凝聚力、向心力和竞争力。

——聚焦资本运作,提升资产证券化水平。积极引进有实力、科技含量高的战略投资者和上下游协同性强的战略客户进行合资合作,壮大集团公司规模。加快培育上市公司平台,不断增强融资能力,借助资本市场,实现济宁能源集团优质资产证券化,推进港航集团、海纳科技、艾坦姆等企业上市工作,培育3家上市公司,助力济宁能源集团高质量发展。形成多家上市公司并存的发展格局,实现实体产业与资本市场良性互动。

——聚焦园区经济，赋能产业集群发展。努力打造产业集群、高端业态、高端品牌，促进产业升级、发展方式转变。按照龙头带动、上下延伸、高质高端的发展思路，进一步突出园区特色，强化关联产业集聚，实现板块化发展，园区化承载，集群化推进盛源工业园、梁山物流工业园、汶上工业园。到"十四五"末，形成一批特色鲜明、亮点突出、创新能力强的生态园区。

——聚焦和谐发展，增强职工获得感。"十四五"期间，紧紧围绕实现"国内一流的综合能源集团和大宗物资供应链服务商"的目标，积极探索适应本企业的社会责任管理模式，将社会责任理念、要求融入企业战略体系、融入企业决策和运营过程；实施幸福工程，改善和提升职工的工作环境，降低职工劳动强度，提升职工的收入待遇，不断提升员工生活质量，为员工做好职业规划，实现员工与企业共同发展。到"十四五"末，成为济宁市经济结构调整的"顶梁柱"、转型升级的标杆和国企改革发展的示范。

五、发展路径

根据以上企业愿景、总体思路、战略定位和发展目标，着力推进以下六大发展路径。

（一）创新产业转型路径

按照产业发展定位，加快实施以煤电、港航物流为主业的"一体两翼、双轮驱动"战略布局，以提升全产业链水平为主攻方向，打造煤电、港航物流、制造业、服务业等"四大板块"，构建多点支撑、多业并举、多元发展的产业新格局。

1. 煤电板块：提档升级，内外联动，做强做精

——本部挖潜创效，优质发展。煤炭企业以精细精益生产管理为主线，以自动化、信息化、智能化为引领，优化生产系统和生产组织，抓好本部矿井生产接续，村庄搬迁，挖掘矿井潜力，延长服务年限，深化、优化工艺，提高效率，推进智能化、标准化矿井、数字化示范矿井，创新塌陷地治理新模式，提升引领煤炭产业发展的能力和水平。电力企业重点围绕现有电厂降本增效、对外扩大供热供汽规模、扩张电力交易规模等主要工作，形成"发—供—售"电力产业发展新模式，做优电力产业。

——省外量效并重，高效发展。以外部资源争取为抓手，获取省外发展新动能。充分利用榆林横山区煤炭资源优化整合和布局调整相关政策，尽快形成以朱家峁煤矿为中心的外部资源开发基地，打造西部资源桥头堡。同时借助山东京杭多式联运物流项目区位优势，沿瓦日铁路拓展晋陕蒙等地煤炭资源，开展煤矿兼并、托管、合资合作。为实现煤炭高质量可持续发展打下坚实基础。

2. 港航物流板块：推动物流存量优化，做强做优

以济宁港航集团为主体，整合全市港口、码头等港航资源，融合上下游行业企业，实施流程再造，推进济宁港航业一体化高质量发展，形成集港口及临港产业的规划、投融资、建设、管理、运营于一体的市属国有大型港航发展集团。借助内河航运龙头优势，构建区域大型贸易综合物流平台。

同时借助资本市场，做大做强，打造全国具有竞争力和影响力的大型物贸集团，将济宁打造成运河经济带上的重要枢纽、大宗商品综合储运交易中心和现代物流集散中心，融入国家"一带一路"战略，更好地服务和引领济宁资源型城市转型升级，勇担支撑集团公司转型发展的历史使命。

3. 园区经济：向专业化延伸，加快突破发展

坚持市场化发展，利用煤、延伸煤、超越煤。进一步提升产业协同、风险对冲能力。围绕"智能、绿色、高端"方向，加快招商引资，重点发展高端装备、现代服务业等新兴战略产业，提高非煤产业实体经济规模。以各单位为实体，逐步形成山东盛源精密制造产业园区、梁山物流产业园、汶上化工产业园、海纳科技园区等各具特色的园区经济产业集群。

（二）创新公司治理路径

有序推进产权多元化改革，积极推动内部市场化改革，全面提升公司治理水平，全力构建集团公司体制科学、股权多元、管控高效的现代企业治理体系。

（1）推进组织模式变革，完善企业组织管理架构。结合产业发展和管理实际，按照扁平化、大部制管理模式，推动"瘦身健体"常态化，进一步完善集团管控模式，优化调整组织结构，合理设置内部管理层次和管理幅度，坚持"三级管控、责权对等、扁平高效"基本原则，建立管控适度、运营高效的集团管控体系。通过资源整合优化配置，进一步发挥协同效应，提高企业纵向和横向管理能力。

（2）完善企业治理结构。严格规范履行股东会、董事会、经理层、监事会、党组织和职工代表大会的权责，推动党建写入二三级公司章程。进一步加强董事会专门委员会建设，优化董事会四个专门委员会职责定位。加强职能体系建设，强化战略管控、投资融资、运营管理、财务管理等十大职能战略定位，制定职能

战略行动纲要。

（3）推进混合所有制改革，增强企业竞争力。结合企业实际、产业现状及项目实施进程，选择性地推进混改，加快实现体制机制创新，充分释放活力，增强企业竞争力。重点通过引入多元化资本和市场化的经营机制，激发集团活力，提高国有资本回报率。探索广大员工以现金、技术等出资方式参与股权多元化改革，形成资本所有者和劳动者利益共同体。

（4）深化三项制度改革，夯实公司治理基础。持续优化干部选拔任用制度，建立完善干部任期制度。完善内部竞争上岗和公开招聘制度，探索建立市场化选聘制度，努力建设一支精干高效、勇于担当的经营管理人才队伍。完善管理人员年度和任期考核办法，以薪酬制度改革为抓手，强化以效率效益为导向的考核分配机制，实行人工总成本预算管理，加强薪酬发放管理；进一步合理调整各类人员的分配比例，以经济杠杆促进人员的合理流动。

（三）创新管理模式路径

着力构建管理创新体系和机制。坚持"系统融合、持续提升"的方法，推进管理模式综合化、管理方式精益化、管理流程高效化、管理手段现代化，保障集团发展战略有效实施。

（1）加强精益化成本管控，推动内涵式增长。成本管控是企业的核心竞争力。坚持价值创造和消除一切浪费的经营原则，优化要素资源配置和结构调整，追求企业效率、效益最大化。强化精益管理，各领域深层次和全方位加强成本管理，在布局结构和流程优化中降成本；在人、物、资金流中降成本；在生产、供应、销售环节降成本；在决策、改革技术创新中降成本。

（2）推进流程再造管控体系创新，增强企业执行力。随着集团公司经济规模的扩大和业务板块的布局调整，实施管控体系的创新和流程再造，特别要对决策流程、管理流程、业务流程、生产流程进行全面梳理优化。管理模式按照集团化管控、专业化管理、板块化运营模式，实现管理制度化、制度流程化、流程信息化，增强企业的执行力和管理效能。

（3）利用数字化先进管理手段，实现管理现代化。适应业务多元、按照有效管控的要求，整合集团信息资源，完善信息化组织，建立覆盖主要业务领域、高度集成一体化信息化平台。全面预算管理、全面质量管理、全面风险管理等各种管理方法体系有序衔接、系统融合、协调运行，以智能信息资源为纽带促进各业务有机协作，实现各业务板块业务流、资金流、信息流、人才流的顺畅运转，形成"规则统一、动态柔性"综合管理模式,提高管理效率和管理水平。

(四)创新资本运营路径

优选引入战略投资机构,持续优化资本结构。构建资本运营专业组织,推动融资模式创新,产融结合形成合力,提升资本运营水平,形成金融资本对集团公司产业发展的强大推动力。

(1) 推动融资模式创新。综合利用债券融资、信托融资、股权融资等融资方式,扩大直接融资比重,拓展低成本融资渠道;同时积极争取用好各类优惠政策,降低融资成本,持续满足集团转型发展对资金的需求。

(2) 全面推动战略合作。从发展理念、战略定位、产业关联度、技术能力、资金实力和管理模式等多层面、多角度优选战略投资者。充分发挥集团自身优势,灵活选择兼并收购、股权转让、增资扩股、合资合作、技术引进、改制上市等合作方式推进与战略投资者合作。通过战略合作有选择地进入新兴产业,转换经营机制,不断提升综合管理水平、技术创新能力,培育发展新优势。

(3) 积极拓展资本运作平台。加快培育上市公司平台,不断增强融资能力,借助资本市场的功能,实现集团优质资产的证券化,提升企业利用资本市场促进产业发展的能力和水平。通过并购、增资、上市等资本运作手段,推动形成多家上市公司并存的发展格局,实现实体产业与资本市场良性互动。

(五)创新科技创新驱动路径

制定和实施集团公司科技创新驱动战略,不断加强科技创新队伍建设,完善科技创新制度体系,优化自主创新模式,以科技创新提升企业竞争实力,以科技创新推动转型发展。

(1) 完善科技创新制度体系,优化科技创新顶层设计。以集团公司战略目标为指引,增强制度激励效果,培育科技创新持久动力制度保障。建立健全科技战略管控机制,形成集团公司科技战略、规划、计划相衔接的管理体系。健全完善科技创新激励机制,将科技创新成果与科技创新主体的收益紧密结合。建立健全科技创新保障机制,完善组织、资金、人才等保障体系。

(2) 加强企业科技平台建设,引领创新发展任务。从组织体系建设、创新机制建设、创新人才培养、创新绩效管理以及创新技术积累途径等多角度入手,围绕防治水、防冲击地压、防灭火等方面科研攻关,加强集团公司省级技术中心再建设。

(3) 整合内外部科技创新资源,提升成果转化能力。建立内部企业的横向联合创新机制，联合外部创新资源，实现与专业院校等智库的"产学研用"紧密合作。围绕安全、生产、经营中的难点和薄弱环节，推进相关项目和关键技术研发，使科技成果真正转化为生产效率和经营效益，为公司安全生产提供技术支持。

（4）搭建科技人才培养平台，促进人才全面成长。搭建优秀科技人才培养平台，着力打造一支技术过硬、创新务实、敬业奉献的科技人才队伍。以集团公司所属各单位业务骨干、科技人员为主体，完善科技创新人才培养传帮带方式。注重发挥各层次科技创新人才在科技把关、决策参谋等方面的作用，做好专业技术人员岗位考核和晋升工作，不拘一格选拔人才，激发科技人员活力。

（六）创新协同发展路径

在跨区域、济宁地区、济宁能源集团内部之间实现多层次、多类型、多角度的协同发展。

（1）探索跨区域协同发展工作，助力港航经济振兴。借助区位优势及公铁水多式联运优势，成为货运东西、物联南北的黄金支点，可以在资金、资源、科技、管理、客户、项目等多方面开展协同合作、共同发展，助力济宁成为东西合作、南北合作的示范区。

（2）开展协同发展工作，推动新旧动能转换。与济宁地区企业在业务、客户、资金、项目、园区等多方面开展深度合作，进行协同发展。加强与上下游合作伙伴的联系、抓住行业价值链的关键环节，在煤电、港航物流等方面与合作伙伴形成更深入的合作，影响并带动合作伙伴企业共同成长。通过加强与地方政府的合作，带动地方经济发展，增加更多就业人口，获得更多的政策支持或优惠待遇。

（3）建立内部协同发展机制，提升主产业链核心竞争力。充分利用资金融通优势，共享信息、人才与客户等各类资源，共同进行品牌宣传、市场推广工作，实现交叉营销工作，实现各板块协同发展、互相促进、共生共荣。

重点强化煤电与港航物流之间协同发展机制，实现全产业链发展，推动各产业板块快速增长。建立国家或省级研发中心、产学研基地，引进风险资本、技术人才，完善创新机制，实现技术成果的孵化与转化。

六、保障措施

（一）全面加强党的建设

党的领导是国有企业的本质特征和独特优势，要认真贯彻加强国有企业党的建设重要部署，增强"四个意识"、坚定"四个自信"、做到"两个维护"，同党中央保持高度一致。发挥政治优势与运用市场机制的有机结合。

发挥党组织的核心领导作用。坚持全面从严治党工作主线，充分完善党组织管理重大事项的制度体系，着力发挥党建工作优势。不断提高全体党员思想政治素质、增强党性修养、强化奉献意识，打造高素质的党员干部队伍，从根本上调动广大干部员工的积极性。

坚持党建与生产经营工作同频共进。着力提升各级党组织推动企业发展、凝聚人心、促进和谐的能力，为集团战略目标的实现提供政治保障。

（二）多渠道构建人才引进和培育体系

坚持人才是企业第一战略资源，以职业化、专业化、市场化方向，实施"人才强企"战略，加强经营管理、专业技术和高技能三支人才队伍建设，为实现集团战略目标奠定坚实智力基础。

坚持内外并举，健全人才发现机制。以"3215"人才规划为抓手，建立与集团战略发展方向相匹配的动态人才资源信息库，加快形成后备人才梯队，让内部各类人才脱颖而出。以市场化方式重点引进高层次核心关键人才，制定高端创新型人才引进办法，明确引进高端人才的标准、方式方法和激励保障措施，重点加强非煤领域人才规划、引进和培养，为集团多元化发展提供人才支撑。

坚持以人为本，完善人才激励机制。完善与人员分类管理相适应、与选任方式相匹配的差异化薪酬分配制度，重点向艰苦岗位、价值创造的关键环节倾斜。对高层次专业技术人才和管理人才，探索市场定价机制确定薪酬水平。对骨干人才进行中长期激励。建立创新容错机制，形成鼓励竞争、宽容失败的氛围。完善人才服务机制，激发人才内生工作动力。

（三）拓宽资金融资渠道，增强资金支撑能力

综合利用资本运作、资产运营的能力，降低财务成本、增强盈利能力，支撑企业转型发展。

强化资金集中使用管理。以全面预算管理为手段，合理安排经营、投资、筹资，努力提高资金的时间价值和使用效率，确保资金的安全有效运作。

优化资金筹措结构。要通过企业自筹、信贷、上市、直接吸收投资、发行债券、融资租赁和引进战略等多种途径多种方式进行融资，有效降低资金成本，分散转移和防控融资风险。

注重加强债务管理。加强企业自身的财务杠杆约束，合理安排债务融资，有效控制企业的杠杆率，形成合理的资产负债结构。

（四）强化科技创新，激发企业发展内生驱动力

技术创新是企业持续发展的生命线和提升竞争力的关键要素，进一步强化技术创新，形成不同层面创新活力竞相迸发的创新发展格局。

大力推动技术创新。通过物联网、大数据、云计算、移动互联等技术手段，重点围绕影响生产、安全的重大课题进行研究和攻关，构建以数字技术为支撑的绿色开采、智能矿山技术体系，实现企业生产管理、经营运作、安全保障、生态保护等全过程和人、财、物、信息全要素智慧化高效运转，不断降低生产成本，提高生产效率、创效水平、安全保障能力。

大力推动岗位创新。建立健全技术创新管理机制，从思想上引导、从组织上领导、从技术上指导，为创新者和创新活动提供资金、人力支持，重点围绕促进安全生产、产品研发，挖掘生产环节潜力、提高装备使用效率等具体问题进行攻关，解决生产现场的一系列实际难题。

大力推动管理创新。各级管理人员必须突破思维定式，善于创新求变，破解经营管理、技术难题，提高创造性解决问题的能力，形成技术创新浓厚的氛围，从而以技术创新推动转型发展。

（五）完善五大风险管控体系

牢固树立风险意识，加强安全、经营、资金、生态风险等四大风险的预警预测，完善风险管控制度和流程。

坚持安全第一，守住安全生命线。严格落实规章制度，完善安全生产绩效，提高全员安全生产意识，通过改进安全生产技术、改善作业环境等手段加强对安全生产的管控，提高安全生产水平，稳步推进一级安全生产标准化矿井建设，确保企业良好运行。

提高生产效益，防范经营风险。强化投资决策功能，加强和完善以事前准入管理、事中预警监控、事后责任追究为重点的风险管控体系，将风险管理要素融入日常经营管理和业务活动的各个流程，提高风险管理的监管效率和效果。优化和完善科学有效的考核指标体系，将风险管理责任目标纳入对权属企业经营责任考核目标体系，实现责任追究的常态化、制度化，有效防控各类重大风险。

防范财务风险，保障资金链安全。严格控制建设项目的资金使用，加强跟踪审计工作，注重债务管理，降低负债率，合理调整债权结构。降低财务成本、增强盈利能力，支撑企业转型发展。

加强廉政风险防控，筑牢廉政防线。以习近平新时代中国特色社会主义思想

为指导，着力推进"两个责任"全面落实，深入贯彻落实"中央八项规定"精神，综合运用"四种形态"，一体推进不敢腐、不能腐、不想腐，推动集团公司廉政建设，为全面实现集团公司各项战略目标提供坚强保障。

坚持生态优先，不触环保红线。主动担当生态重任，构建和谐发展机制。做好生态环境保护与生产效益和谐发展。做好塌陷地治理，将绿色发展意识贯穿于生产经营全生命周期，切实增强责任意识、红线意识，坚定不移实现依法依规清洁生产、环保达标可控。

（六）加强企业文化品牌建设，构建文化软实力

坚持企业文化引领导向，全面培育自强不息、干事创业理念，增强集团转型发展动力。

培育自强不息的理念，增强发展的担当力。构建危机认知文化，使集团上下清晰认知面临严峻形势，使每个员工清醒意识自身所肩负的责任与义务。弘扬"艰苦创业，自强不息，厚德致远"的落陵精神，充实完善企业文化体系，推进文化创新，丰富企业文化理念和内涵，使之成为共同的价值观和行为规范。

培育干事创业的理念，增强发展的驱动力。构建员工行为文化，突出干事创业、努力拼搏和务实高效的行为要求，通过文化教育、制度优化和岗位培训，提高员工工作的自觉动力和创业激情。建立文化宣贯和员工培训一体化教育模式，将发展愿景、文化理念、战略目标与岗位责任融为一体，通过管理标准化的行为规范，提升每个员工的执行效力。

（七）加强政策利用，促进规划落地

加大国家、省市政策研究和政策争取力度，积极主动做好向上的对接工作，为规划实施提供政策支撑。

强化规划衔接。加强与国家、省、市"十四五"规划的协调衔接，确保服从上位规划，争取列入上级规划。加强与国家和省级专项规划、区域规划的衔接，加强与市县国土空间规划体系的统筹衔接，切实发挥发展规划的统领和战略导向作用。

强化项目支撑。针对性策划储备一批基础性、支撑性项目，争取更多项目纳入国省规划、资金盘子。建立重大项目推进体系，强化行业和区域联动机制，对规划纲要确定的重大项目全力推进实施。积极争取中央预算内资金和专项债券资金、省级政策资金支持。

附录 1

中国煤炭工业协会关于公布煤炭企业"十四五"规划优秀研究报告的通知

中煤协会咨询函〔2022〕19 号

各有关单位：

"十四五"时期是我国全面建成小康社会基础上开启全面建设社会主义现代化国家新征程的第一个五年，也是煤炭企业谋篇布局实现高质量发展的关键时期，为选树煤炭企业"十四五"规划典范，加快构建煤炭工业新发展格局，我会在全行业开展了煤炭企业"十四五"规划优秀研究报告征集活动。本次征集活动得到了煤炭企业的积极响应，共征集到符合申报条件的研究报告 30 余部。经初审初评、专家评审、综合审定，共评选出 13 部优秀研究报告，其中一等奖 6 部、二等奖 7 部，现予公布。

请各单位以本次活动为契机，切实发挥煤炭企业"十四五"规划的指导作用，认真开展"十四五"规划实施情况中期评估，对于不适应当前经济社会发展需要的内容，建议及时予以调整。同时，建议各获奖单位给予主要完成人员适当奖励，可作为考核专业技术人员工作业绩及评定技术职称的重要依据。

附件：煤炭企业"十四五"规划优秀研究报告名单

中国煤炭工业协会

2022 年 10 月 17 日

附件：

煤炭企业"十四五"规划优秀研究报告名单

一、一等奖（共 6 部）

序号	报告名称	申报单位	主要完成人员
1	中国华能集团有限公司煤炭产业"十四五"发展规划	中国华能集团有限公司煤炭事业部	银 龙、李 前、郭建民、陈殿龙、白 云、吴 悦、耿华乐、陈 华、谷慧平、黄 众、王 帅
2	中国神华能源股份有限公司"十四五"发展规划	中国神华能源股份有限公司	王兴中、李志明、李建伟、郭 青、李长忠、张文义、王小明、李存厚、杨 杰、王 晖、路世忠、刘 瑛、李 扬、宋丽莉、宁成浩、王 雷、居 超
3	国能北电胜利能源有限公司"十四五"发展规划	国能北电胜利能源有限公司	孙俊东、杨成龙、张文英、韩 力、张颜涛、尹传卓、夏文娟、王 冶、李晨雪、闫家文
4	华亭煤业集团有限责任公司"十四五"发展规划及远景展望	华亭煤业集团有限责任公司	李宣东、王晓明、赵旭东、赵华山、崔军红、刘 雪、罗 森、张保宁、张 琼、曾 亮、马丽娜
5	中国平煤神马能源化工集团有限责任公司"十四五"发展规划	中国平煤神马能源化工集团有限责任公司	李 毛、杜 波、张建国、马 源、张金常、李延河、江俊富、程 伟、胡 慧、陈海旭
6	山西焦煤集团公司"十四五"企业发展规划	山西焦煤集团有限责任公司	赵建泽、王宇魁、侯水云、马凌云、周京军、张 宁、赵怀东、薛 诚、张 玮

二、二等奖（共 7 部）

序号	报告名称	申报单位	主要完成人员
1	内蒙古平庄煤业（集团）有限责任公司"十四五"发展规划	内蒙古平庄煤业（集团）有限责任公司	郭凡进、魏永胜、李煜伟、高文学、王明星、赵　宏、张威武、孙长学、郭景忠、刘耀光、杨文国、马文超、王明辉
2	黑龙江龙煤矿业控股集团有限责任公司"十四五"发展战略规划	黑龙江龙煤矿业控股集团有限责任公司	孙成坤、王佳喜、李月宏、于会军、孙长林、张保东、胡本鹏、吴明有、孙国军、罗吉春、欧　凯、刘芳彬、李丽英、刘文义、高　铭、宋晓波
3	华亭煤业集团有限责任公司高质量发展规划	华亭煤业集团有限责任公司	李宣东、王晓明、赵旭东、赵华山、崔军红、张保宁、罗　森、张　琼、曾　亮、马丽娜
4	贵州盘江煤电集团有限责任公司"十四五"发展规划研究报告	贵州盘江煤电集团有限责任公司	陈　华、兰海平、钟仁茂、何宗辉、王　军、詹玉华、朱家道、纪绍思、龙治安、张辉元、徐再刚、徐建国、张林鸿、孙　勇、费有贵、刘志来、张道林、龙长虹、方德亚、李　飞
5	晋能控股煤业集团"十四五"发展规划研究报告	晋能控股集团有限公司战略和改革发展部	马文章、张岚祥、杜云龙、陈　云、朱治安、许清起、陈德良、郭兴泉、宋文兵、于忠厚、兰　洪、赵　阳、幸雨东、李金松、何俊胜、石　燹、袁佳琦
6	徐矿集团"十四五"发展战略规划	徐州矿务集团有限公司	冯兴振、石炳华、陈　宁、陈伟东、庄建伟、邓国新、孙建军、杨晓东、张　亮、王荣肖、莫言军、尚军伟、郭公安、杜　江、朱厚东
7	济宁能源发展集团"十四五"规划和2035年远景目标纲要	济宁能源发展集团有限公司	李明富、胡　景、蒋　书

附录 2

国家发展改革委 国家能源局关于印发《"十四五"现代能源体系规划》的通知

发改能源〔2022〕210号

各省、自治区、直辖市人民政府,新疆生产建设兵团,中央和国家机关有关部门,中央军委后勤保障部,有关中央企业:

《"十四五"现代能源体系规划》已经国务院批复同意,现印发给你们,请认真贯彻实施。

国家发展改革委
国家能源局
2022年1月29日

"十四五"现代能源体系规划

目　录

第一章　发展环境与形势 ··· 199
　　一、全球能源体系深刻变革 ··· 199
　　二、我国步入构建现代能源体系的新阶段 ······························· 200

第二章　指导方针和主要目标 ··· 202
　　三、指导思想 ··· 202
　　四、基本原则 ··· 203
　　五、发展目标 ··· 203

第三章　增强能源供应链稳定性和安全性 ······································· 204
　　六、强化战略安全保障 ·· 204
　　七、提升运行安全水平 ·· 205
　　八、加强应急安全管控 ·· 205

第四章　加快推动能源绿色低碳转型 ··· 207
　　九、大力发展非化石能源 ··· 207
　　十、推动构建新型电力系统 ··· 208
　　十一、减少能源产业碳足迹 ··· 210
　　十二、更大力度强化节能降碳 ·· 211

第五章　优化能源发展布局 ·· 212
　　十三、合理配置能源资源 ··· 212

十四、统筹提升区域能源发展水平……………………………213
　　十五、积极推动乡村能源变革…………………………………214

第六章　提升能源产业链现代化水平……………………………215

　　十六、增强能源科技创新能力…………………………………215
　　十七、加快能源产业数字化智能化升级………………………216
　　十八、完善能源科技和产业创新体系…………………………218

第七章　增强能源治理效能…………………………………………218

　　十九、激发能源市场主体活力…………………………………219
　　二十、建设现代能源市场………………………………………219
　　二十一、加强能源治理制度建设………………………………220

第八章　构建开放共赢能源国际合作新格局……………………221

　　二十二、拓展多元合作新局面…………………………………222
　　二十三、深度参与全球能源转型变革…………………………222
　　二十四、积极参与全球能源治理体系改革和建设……………222

第九章　加强规划实施与管理………………………………………223

　　二十五、加强组织领导…………………………………………223
　　二十六、落实责任分工…………………………………………223
　　二十七、加强监测评估…………………………………………223

附录2　国家发展改革委　国家能源局关于印发《"十四五"现代能源体系规划》的通知

能源是人类文明进步的重要物质基础和动力，攸关国计民生和国家安全。当今世界，新冠疫情影响广泛深远，百年未有之大变局加速演进，新一轮科技革命和产业变革深入发展，全球气候治理呈现新局面，新能源和信息技术紧密融合，生产生活方式加快转向低碳化、智能化，能源体系和发展模式正在进入非化石能源主导的崭新阶段。加快构建现代能源体系是保障国家能源安全，力争如期实现碳达峰、碳中和的内在要求，也是推动实现经济社会高质量发展的重要支撑。本规划根据《中华人民共和国国民经济和社会发展第十四个五年规划和2035年远景目标纲要》编制，主要阐明我国能源发展方针、主要目标和任务举措，是"十四五"时期加快构建现代能源体系、推动能源高质量发展的总体蓝图和行动纲领。

第一章　发展环境与形势

经过多年发展，世界能源转型已由起步蓄力期转向全面加速期，正在推动全球能源和工业体系加快演变重构。我国能源革命方兴未艾，能源结构持续优化，形成了多轮驱动的供应体系，核电和可再生能源发展处于世界前列，具备加快能源转型发展的基础和优势；但发展不平衡不充分问题仍然突出，供应链安全和产业链现代化水平有待提升，构建现代能源体系面临新的机遇和挑战。

一、全球能源体系深刻变革

能源结构低碳化转型加速推进。本世纪以来，全球能源结构加快调整，新能源技术水平和经济性大幅提升，风能和太阳能利用实现跃升发展，规模增长了数十倍。全球应对气候变化开启新征程，《巴黎协定》得到国际社会广泛支持和参与，近五年来可再生能源提供了全球新增发电量的约60%。中国、欧盟、美国、日本等130多个国家和地区提出了碳中和目标，世界主要经济体积极推动经济绿色复苏，绿色产业已成为重要投资领域，清洁低碳能源发展迎来新机遇。

能源系统多元化迭代蓬勃演进。能源系统形态加速变革，分散化、扁平化、去中心化的趋势特征日益明显，分布式能源快速发展，能源生产逐步向集中式与分散式并重转变，系统模式由大基地大网络为主逐步向与微电网、智能微网并行转变，推动新能源利用效率提升和经济成本下降。新型储能和氢能有望规模化发展并带动能源系统形态根本性变革，构建新能源占比逐渐提高的新型电力系统蓄势待发，能源转型技术路线和发展模式趋于多元化。

能源产业智能化升级进程加快。互联网、大数据、人工智能等现代信息技术加快与能源产业深度融合。智慧电厂、智能电网、智能机器人勘探开采等应用快速推广，无人值守、故障诊断等能源生产运行技术信息化智能化水平持续提升。工业园区、城镇社区、公共建筑等领域综合能源服务、智慧用能模式大量涌现，能源系统向智能灵活调节、供需实时互动方向发展，推动能源生产消费方式深刻变革。

能源供需多极化格局深入演变。全球能源供需版图深度调整，进一步呈现消费重心东倾、生产重心西移的态势，近十年来亚太地区能源消费占全球的比重不断提高，北美地区原油、天然气生产增量分别达到全球增量的80%和30%以上。能源低碳转型推动全球能源格局重塑，众多国家积极发展新能源，加快化石能源清洁替代，带来全球能源供需新变化。

二、我国步入构建现代能源体系的新阶段

能源安全保障进入关键攻坚期。能源供应保障基础不断夯实，资源配置能力明显提升，连续多年保持供需总体平衡有余。"十三五"以来，国内原油产量稳步回升，天然气产量较快增长，年均增量超过100亿立方米，油气管道总里程达到17.5万千米，发电装机容量达到22亿千瓦，西电东送能力达到2.7亿千瓦，有力保障了经济社会发展和民生用能需求。但同时，能源安全新旧风险交织，"十四五"时期能源安全保障将进入固根基、扬优势、补短板、强弱项的新阶段。

能源低碳转型进入重要窗口期。"十三五"时期，我国能源结构持续优化，低碳转型成效显著，非化石能源消费比重达到15.9%，煤炭消费比重下降至56.8%，常规水电、风电、太阳能发电、核电装机容量分别达到3.4亿千瓦、2.8亿千瓦、2.5亿千瓦、0.5亿千瓦，非化石能源发电装机容量稳居世界第一。"十四五"时期是为力争在2030年前实现碳达峰、2060年前实现碳中和打好基础的关键时期，必须协同推进能源低碳转型与供给保障，加快能源系统调整以适应新能源大规模发展，推动形成绿色发展方式和生活方式。

现代能源产业进入创新升级期。能源科技创新能力显著提升，产业发展能力

附录 2　国家发展改革委　国家能源局关于印发《"十四五"现代能源体系规划》的通知

持续增强，新能源和电力装备制造能力全球领先，低风速风力发电技术、光伏电池转换效率等不断取得新突破，全面掌握三代核电技术，煤制油气、中俄东线天然气管道、±500 千伏柔性直流电网、±1100 千伏直流输电等重大项目投产，超大规模电网运行控制实践经验不断丰富，总体看，我国能源技术装备形成了一定优势。围绕做好碳达峰、碳中和工作，能源系统面临全新变革需要，迫切要求进一步增强科技创新引领和战略支撑作用，全面提高能源产业基础高级化和产业链现代化水平。

能源普遍服务进入巩固提升期。"十三五"时期，能源惠民利民成果丰硕，能源普遍服务水平显著提升，"人人享有电力"得到有力保障，全面完成新一轮农网改造升级，大电网覆盖范围内贫困村通动力电比例达到 100%，农网供电可靠率总体达到 99.8%，建成光伏扶贫电站装机约 2600 万千瓦，"获得电力"服务水平大幅提升，用能成本持续降低，营商环境不断优化。北方地区清洁取暖率达到 65% 以上。但同时，能源基础设施和服务水平的城乡差距依然明显，供能品质有待进一步提高。要聚焦更好满足人民日益增长的美好生活需要，助力巩固拓展脱贫攻坚成果同乡村振兴有效衔接，进一步提升能源发展共享水平。

专栏 1 "十三五"能源发展主要成就			
指　　标	2015 年	2020 年	年均/累计
能源消费总量（亿吨标准煤）	43.4	49.8	2.8%
能源消费结构占比 其中：煤炭（%）	63.8	56.8	〔-7.0〕
石油（%）	18.3	18.9	〔0.6〕
天然气（%）	5.9	8.4	〔2.5〕
非化石能源（%）	12.0	15.9	〔3.9〕
一次能源生产量（亿吨标准煤）	36.1	40.8	2.5%
发电装机容量（亿千瓦）	15.3	22.0	7.5%
其中：水电（亿千瓦）	3.2	3.7	2.9%
煤电（亿千瓦）	9.0	10.8	3.7%

(续表)

专栏1 "十三五"能源发展主要成就			
指标	2015年	2020年	年均/累计
气电（亿千瓦）	0.7	1.0	8.2%
核电（亿千瓦）	0.3	0.5	13.0%
风电（亿千瓦）	1.3	2.8	16.6%
太阳能发电（亿千瓦）	0.4	2.5	44.3%
生物质发电（亿千瓦）	0.1	0.3	23.4%
西电东送能力（亿千瓦）	1.4	2.7	13.2%
油气管网总里程（万千米）	11.2	17.5	9.3%

注：①〔 〕内为五年累计数。②水电包含常规水电和抽水蓄能电站。

第二章 指导方针和主要目标

三、指导思想

以习近平新时代中国特色社会主义思想为指导，全面贯彻党的十九大和十九届历次全会精神，深入贯彻习近平生态文明思想，坚持稳中求进工作总基调，立足新发展阶段，完整、准确、全面贯彻新发展理念，加快构建新发展格局，以推动高质量发展为主题，以深化供给侧结构性改革为主线，以改革创新为根本动力，以满足经济社会发展和人民日益增长的美好生活需要为根本目的，深入推动能源消费革命、供给革命、技术革命、体制革命，全方位加强国际合作，做好碳达峰、碳中和工作，统筹稳增长和调结构，处理好发展和减排、整体和局部、长远目标和短期目标、政府和市场的关系，着力增强能源供应链安全性和稳定性，着力推动能源生产消费方式绿色低碳变革，着力提升能源产业链现代化水平，加快构建清洁低碳、安全高效的能源体系，加快建设能源强国，为全面建设社会主义现代化国家提供坚实可靠的能源保障。

四、基本原则

保障安全,绿色低碳。 统筹发展和安全,坚持先立后破、通盘谋划,以保障安全为前提构建现代能源体系,不断增强风险应对能力,确保国家能源安全。践行绿水青山就是金山银山理念,坚持走生态优先、绿色低碳的发展道路,加快调整能源结构,协同推进能源供给保障与低碳转型。

创新驱动,智能高效。 坚持把创新作为引领发展的第一动力,着力增强能源科技创新能力,加快能源产业数字化和智能化升级,推动质量变革、效率变革、动力变革,推进产业链现代化。

深化改革,扩大开放。 充分发挥市场在资源配置中的决定性作用,更好发挥政府作用,破除制约能源高质量发展的体制机制障碍,坚持实施更大范围、更宽领域、更深层次的对外开放,开拓能源国际合作新局面。

民生优先,共享发展。 坚持以人民为中心的发展思想,持续提升能源普遍服务水平,强化民生领域能源需求保障,推动能源发展成果更多更好惠及广大人民群众,为实现人民对美好生活的向往提供坚强能源保障。

五、发展目标

"十四五"时期现代能源体系建设的主要目标是:

——能源保障更加安全有力。到2025年,国内能源年综合生产能力达到46亿吨标准煤以上,原油年产量回升并稳定在2亿吨水平,天然气年产量达到2300亿立方米以上,发电装机总容量达到约30亿千瓦,能源储备体系更加完善,能源自主供给能力进一步增强。重点城市、核心区域、重要用户电力应急安全保障能力明显提升。

——能源低碳转型成效显著。单位GDP二氧化碳排放五年累计下降18%。到2025年,非化石能源消费比重提高到20%左右,非化石能源发电量比重达到39%左右,电气化水平持续提升,电能占终端用能比重达到30%左右。

——能源系统效率大幅提高。节能降耗成效显著,单位GDP能耗五年累计下降13.5%。能源资源配置更加合理,就近高效开发利用规模进一步扩大,输配效率明显提升。电力协调运行能力不断加强,到2025年,灵活调节电源占比达到24%左右,电力需求侧响应能力达到最大用电负荷的3%~5%。

——创新发展能力显著增强。新能源技术水平持续提升,新型电力系统建设取得阶段性进展，安全高效储能、氢能技术创新能力显著提高，减污降碳技术加快推广应用。能源产业数字化初具成效，智慧能源系统建设取得重要进展。"十四五"期间能源研发经费投入年均增长7%以上，新增关键技术突破领域达到50个左右。

——普遍服务水平持续提升。人民生产生活用能便利度和保障能力进一步增强，电、气、冷、热等多样化清洁能源可获得率显著提升，人均年生活用电量达到1000千瓦时左右，天然气管网覆盖范围进一步扩大。城乡供能基础设施均衡发展，乡村清洁能源供应能力不断增强，城乡供电质量差距明显缩小。

展望2035年，能源高质量发展取得决定性进展，基本建成现代能源体系。能源安全保障能力大幅提升，绿色生产和消费模式广泛形成，非化石能源消费比重在2030年达到25%的基础上进一步大幅提高，可再生能源发电成为主体电源，新型电力系统建设取得实质性成效，碳排放总量达峰后稳中有降。

第三章　增强能源供应链稳定性和安全性

强化底线思维，坚持立足国内、补齐短板、多元保障、强化储备，完善产供储销体系，不断增强风险应对能力，保障产业链供应链稳定和经济平稳发展。

六、强化战略安全保障

增强油气供应能力。加大国内油气勘探开发，坚持常非并举、海陆并重，强化重点盆地和海域油气基础地质调查和勘探，夯实资源接续基础。加快推进储量动用，抓好已开发油田"控递减"和"提高采收率"，推动老油气田稳产，加大新区产能建设力度，保障持续稳产增产。积极扩大非常规资源勘探开发，加快页岩油、页岩气、煤层气开发力度。石油产量稳中有升，力争2022年回升到2亿吨水平并较长时期稳产。天然气产量快速增长，力争2025年达到2300亿立方米以上。

加强安全战略技术储备。做好煤制油气战略基地规划布局和管控，在统筹考虑环境承载能力等前提下，稳妥推进已列入规划项目有序实施，建立产能和技术储备，研究推进内蒙古鄂尔多斯、陕西榆林、山西晋北、新疆准东、新疆哈密等煤制油气战略基地建设。按照不与粮争地、不与人争粮的原则，提升燃料乙醇综合效益，大力发展纤维素燃料乙醇、生物柴油、生物航空煤油等非粮生物燃料。

七、提升运行安全水平

加强煤炭安全托底保障。优化煤炭产能布局，建设山西、蒙西、蒙东、陕北、新疆五大煤炭供应保障基地，完善煤炭跨区域运输通道和集疏运体系，增强煤炭跨区域供应保障能力。持续优化煤炭生产结构，以发展先进产能为重点，布局一批资源条件好、竞争能力强、安全保障程度高的大型现代化煤矿，强化智能化和安全高效矿井建设，禁止建设高危矿井，加快推动落后产能、无效产能和不具备安全生产条件的煤矿关闭退出。建立健全以企业社会责任储备为主体、地方政府储备为补充、产品储备与产能储备有机结合的煤炭储备体系。

发挥煤电支撑性调节性作用。统筹电力保供和减污降碳，根据发展需要合理建设先进煤电，保持系统安全稳定运行必需的合理裕度，加快推进煤电由主体性电源向提供可靠容量、调峰调频等辅助服务的基础保障性和系统调节性电源转型，充分发挥现有煤电机组应急调峰能力，有序推进支撑性、调节性电源建设。

提升天然气储备和调节能力。统筹推进地下储气库、液化天然气（LNG）接收站等储气设施建设。构建供气企业、国家管网、城镇燃气企业和地方政府四方协同履约新机制，推动各方落实储气责任。同步提高管存调节能力、地下储气库采气调节能力和 LNG 气化外输调节能力，提升天然气管网保供季调峰水平。全面实行天然气购销合同管理，坚持合同化保供，加强供需市场调节，强化居民用气保障力度，优化天然气使用方向，新增天然气量优先保障居民生活需要和北方地区冬季清洁取暖。到 2025 年，全国集约布局的储气能力达到 550 亿～600 亿立方米，占天然气消费量的比重约 13%。

维护能源基础设施安全。加强重要能源设施安全防护和保护，完善联防联控机制，重点确保核电站、水电站、枢纽变电站、重要换流站、重要输电通道、大型能源化工项目等设施安全，加强油气管道保护。全面加强核电安全管理，实行最严格的安全标准和最严格的监管，始终把"安全第一、质量第一"的方针贯穿于核电建设、运行、退役的各个环节，将全链条安全责任落实到人，持续提升在运在建机组安全水平，确保万无一失。继续通过中央预算内投资专项支持煤矿安全改造，提升煤矿安全保障能力。

八、加强应急安全管控

强化重点区域电力安全保障。按照"重点保障、局部坚韧、快速恢复"的原则,以直辖市、省会城市、计划单列市为重点,提升电力应急供应和事故恢复能力。统筹本地电网结构优化和互联输电通道建设,合理提高核心区域和重要用户的相关线路、变电站建设标准,加强事故状态下的电网互济支撑。推进本地应急保障电源建设,鼓励具备条件的重要用户发展分布式电源和微电网,完善用户应急自备电源配置,统筹安排城市黑启动电源和公用应急移动电源建设。"十四五"期间,在重点城市布局一批坚强局部电网。

  提升能源网络安全管控水平。完善电力监控系统安全防控体系,加强电力、油气行业关键信息基础设施安全保护能力建设。推进北斗全球卫星导航系统等在能源行业的应用。加强网络安全关键技术研究,推动建立能源行业、企业网络安全态势感知和监测预警平台,提高风险分析研判和预警能力。

  加强风险隐患治理和应急管控。开展重要设施、重点环节隐患排查治理,强化设备监测和巡视维护,提高对地震地质灾害、极端天气、火灾等安全风险的预测预警和防御应对能力。推进电力应急体系建设,强化地方政府、企业的主体责任,建立电力安全应急指挥平台、培训演练基地、抢险救援队伍和专家库。完善应急预案体系,编制紧急情况下应急处置方案,开展实战型应急演练,提高快速响应能力。建立健全电化学储能、氢能等建设标准,强化重点监管,提升产品本质安全水平和应急处置能力。合理提升能源领域安全防御标准,健全电力设施保护、安全防护和反恐怖防范等制度标准。

专栏2 能源安全保障重点工程
油气勘探开发。立足四川盆地、塔里木盆地、鄂尔多斯盆地、准噶尔盆地、松辽盆地、渤海湾盆地、柴达木盆地等重点盆地,加强中西部地区和海域风险勘探,强化东部老区精细勘探。推动准噶尔盆地玛湖、吉木萨尔页岩油,鄂尔多斯盆地页岩油、致密气,松辽盆地大庆古龙页岩油,四川盆地川中古隆起、川南页岩气,塔里木盆地顺北、富满、博孜—大北,鄂西、陕南、滇黔北页岩气,海域渤中、垦利、恩平等油气上产工程。加快推进四川盆地"气大庆"、塔里木盆地"深层油气大庆"、鄂尔多斯亿吨级"油气超级盆地"等标志性工程。加强沁水盆地、鄂尔多斯盆地东缘煤层气勘探开发。开展南海等地区天然气水合物试采。
储气库及LNG接收站。打造华北、东北、西南、西北等数个百亿方级地下储气库群。优先推进重要港址已建、在建和规划的LNG接收站项目。   煤炭储备。支持符合条件的企业履行社会责任,在煤炭生产地、消费地、铁路交通枢纽、主要中转港口建设煤炭储备。

（续表）

专栏2　能源安全保障重点工程
网络安全管控。加快推进电力监控系统安全防护体系完善工程、电力信息系统密码基础设施建设工程、北斗时空基础设施应用及智能化运营体系工程建设，开展北斗时频网建设，推进重点企业电力北斗综合服务平台建设和终端应用试点。建成电力行业网络安全态势感知平台和全业务、分布式、高仿真的电力行业网络安全仿真验证环境。 **风险与应急管控**。初步建成流域水电安全与应急管理信息平台、水电站（大坝）安全和应急管理平台。建设电力安全应急指挥平台。

第四章　加快推动能源绿色低碳转型

坚持生态优先、绿色发展，壮大清洁能源产业，实施可再生能源替代行动，推动构建新型电力系统，促进新能源占比逐渐提高，推动煤炭和新能源优化组合。坚持全国一盘棋，科学有序推进实现碳达峰、碳中和目标，不断提升绿色发展能力。

九、大力发展非化石能源

加快发展风电、太阳能发电。全面推进风电和太阳能发电大规模开发和高质量发展，优先就地就近开发利用，加快负荷中心及周边地区分散式风电和分布式光伏建设，推广应用低风速风电技术。在风能和太阳能资源禀赋较好、建设条件优越、具备持续整装开发条件、符合区域生态环境保护等要求的地区，有序推进风电和光伏发电集中式开发，加快推进以沙漠、戈壁、荒漠地区为重点的大型风电光伏基地项目建设，积极推进黄河上游、新疆、冀北等多能互补清洁能源基地建设。积极推动工业园区、经济开发区等屋顶光伏开发利用，推广光伏发电与建筑一体化应用。开展风电、光伏发电制氢示范。鼓励建设海上风电基地，推进海上风电向深水远岸区域布局。积极发展太阳能热发电。

因地制宜开发水电。坚持生态优先、统筹考虑、适度开发、确保底线，积极推进水电基地建设，推动金沙江上游、雅砻江中游、黄河上游等河段水电项目开工建设。实施雅鲁藏布江下游水电开发等重大工程。实施小水电清理整改，推进绿色改造和现代化提升。推动西南地区水电与风电、太阳能发电协同互补。到

2025年，常规水电装机容量达到3.8亿千瓦左右。

积极安全有序发展核电。在确保安全的前提下，积极有序推动沿海核电项目建设，保持平稳建设节奏，合理布局新增沿海核电项目。开展核能综合利用示范，积极推动高温气冷堆、快堆、模块化小型堆、海上浮动堆等先进堆型示范工程，推动核能在清洁供暖、工业供热、海水淡化等领域的综合利用。切实做好核电厂址资源保护。到2025年，核电运行装机容量达到7000万千瓦左右。

因地制宜发展其他可再生能源。推进生物质能多元化利用，稳步发展城镇生活垃圾焚烧发电，有序发展农林生物质发电和沼气发电，因地制宜发展生物质能清洁供暖，在粮食主产区和畜禽养殖集中区统筹规划建设生物天然气工程，促进先进生物液体燃料产业化发展。积极推进地热能供热制冷，在具备高温地热资源条件的地区有序开展地热能发电示范。因地制宜开发利用海洋能，推动海洋能发电在近海岛屿供电、深远海开发、海上能源补给等领域应用。

十、推动构建新型电力系统

推动电力系统向适应大规模高比例新能源方向演进。统筹高比例新能源发展和电力安全稳定运行，加快电力系统数字化升级和新型电力系统建设迭代发展，全面推动新型电力技术应用和运行模式创新，深化电力体制改革。以电网为基础平台，增强电力系统资源优化配置能力，提升电网智能化水平，推动电网主动适应大规模集中式新能源和量大面广的分布式能源发展。加大力度规划建设以大型风光电基地为基础、以其周边清洁高效先进节能的煤电为支撑、以稳定安全可靠的特高压输变电线路为载体的新能源供给消纳体系。建设智能高效的调度运行体系，探索电力、热力、天然气等多种能源联合调度机制，促进协调运行。以用户为中心，加强供需双向互动，积极推动源网荷储一体化发展。

创新电网结构形态和运行模式。加快配电网改造升级，推动智能配电网、主动配电网建设，提高配电网接纳新能源和多元化负荷的承载力和灵活性，促进新能源优先就地就近开发利用。积极发展以消纳新能源为主的智能微电网，实现与大电网兼容互补。完善区域电网主网架结构，推动电网之间柔性可控互联，构建规模合理、分层分区、安全可靠的电力系统，提升电网适应新能源的动态稳定水平。科学推进新能源电力跨省跨区输送，稳步推广柔性直流输电，优化输电曲线和价格机制，加强送受端电网协同调峰运行，提高全网消纳新能源能力。

增强电源协调优化运行能力。提高风电和光伏发电功率预测水平，完善并网标准体系，建设系统友好型新能源场站。全面实施煤电机组灵活性改造，优先提升30万千瓦级煤电机组深度调峰能力，推进企业燃煤自备电厂参与系统调峰。因地制宜建设天然气调峰电站和发展储热型太阳能热发电，推动气电、太阳能热发电与风电、光伏发电融合发展、联合运行。加快推进抽水蓄能电站建设，实施全国新一轮抽水蓄能中长期发展规划，推动已纳入规划、条件成熟的大型抽水蓄能电站开工建设。优化电源侧多能互补调度运行方式，充分挖掘电源调峰潜力。力争到2025年，煤电机组灵活性改造规模累计超过2亿千瓦，抽水蓄能装机容量达到6200万千瓦以上、在建装机容量达到6000万千瓦左右。

加快新型储能技术规模化应用。大力推进电源侧储能发展，合理配置储能规模，改善新能源场站出力特性，支持分布式新能源合理配置储能系统。优化布局电网侧储能，发挥储能消纳新能源、削峰填谷、增强电网稳定性和应急供电等多重作用。积极支持用户侧储能多元化发展，提高用户供电可靠性，鼓励电动汽车、不间断电源等用户侧储能参与系统调峰调频。拓宽储能应用场景，推动电化学储能、梯级电站储能、压缩空气储能、飞轮储能等技术多元化应用，探索储能聚合利用、共享利用等新模式新业态。

大力提升电力负荷弹性。加强电力需求侧响应能力建设，整合分散需求响应资源，引导用户优化储用电模式，高比例释放居民、一般工商业用电负荷的弹性。引导大工业负荷参与辅助服务市场，鼓励电解铝、铁合金、多晶硅等电价敏感型高载能负荷改善生产工艺和流程，发挥可中断负荷、可控负荷等功能。开展工业可调节负荷、楼宇空调负荷、大数据中心负荷、用户侧储能、新能源汽车与电网（V2G）能量互动等各类资源聚合的虚拟电厂示范。力争到2025年，电力需求侧响应能力达到最大负荷的3%~5%，其中华东、华中、南方等地区达到最大负荷的5%左右。

专栏3　能源绿色低碳转型工程
水电。建成投产金沙江乌东德（已建成投产）、白鹤滩（部分机组已建成投产）、雅砻江两河口（部分机组已建成投产）等水电站。推进金沙江拉哇、大渡河双江口等水电站建设。力争开工金沙江岗托、旭龙，雅砻江牙根二级、孟底沟（已核准开工），大渡河丹巴，黄河羊曲（已核准开工）等水电站。深入开展奔子栏、龙盘、古学等水电站前期论证。实施雅鲁藏布江下游水电开发等重大工程。
核电。建成投产辽宁红沿河5、6号（5号已建成投产）；山东石岛湾高温气冷堆、"国和一号"示范项目；江苏田湾6号（已建成投产）；福建福清5、6号（5号已建成投产），漳州一期1、2号；广东太平岭一期1、2号；广西防城港3、4号等核电机组。

(续表)

专栏3　能源绿色低碳转型工程
风电和光伏发电。积极推进东部和中部等地区分散式风电和分布式光伏建设，优化推进新疆、青海、甘肃、内蒙古、宁夏、陕北、晋北、冀北、辽宁、吉林、黑龙江等地区陆上风电和光伏发电基地化开发，重点建设广东、福建、浙江、江苏、山东等海上风电基地。
生物质能和地热能。稳步发展城镇生活垃圾焚烧发电，有序发展农林生物质发电和沼气发电，建设千万立方米级生物天然气工程。在京津冀、山西、陕西、河南、湖北等区域大力推进中深层地热能供暖制冷，在西藏、川西、青海等高温地热资源丰富地区建设一批地热能发电示范项目。
灵活调节电源。推进桐城、磐安、泰安二期、浑源等抽水蓄能电站建设，开工大雅河、尚志、滦平、徐水、灵寿、美岱、乌海、泰顺（已核准开工）、天台（已核准开工）、建德、桐庐、宁国、岳西、石台、霍山、连云港、洪屏二期、大幕山、平坦原（已核准开工）、紫云山、安化、栗子湾（已核准开工）、哇让、牛首山（已核准开工）、贵阳（石厂坝）、南宁（已核准开工）、黔南（黄丝）、羊林等抽水蓄能电站。开展黄河上游梯级电站大型储能项目研究。在青海、新疆、甘肃、内蒙古等地区推动太阳能热发电与风电、光伏发电配套发展。重点对30万千瓦及以下煤电机组进行灵活性改造，对于调峰困难地区研究推动60万千瓦亚临界煤电机组灵活性改造。

十一、减少能源产业碳足迹

推进化石能源开发生产环节碳减排。推动化石能源绿色低碳开采，强化煤炭绿色开采和洗选加工，加大油气田甲烷采收利用力度，加快二氧化碳驱油技术推广应用。到2025年，煤矿瓦斯利用量达到60亿立方米，原煤入选率达到80%。推广能源开采先进技术装备，加快对燃油、燃气、燃煤设备的电气化改造，提高海上油气平台供能中的电力占比。

促进能源加工储运环节提效降碳。推进炼化产业转型升级，严控新增炼油产能，有序推动落后和低效产能退出，延伸产业链，增加高附加值产品比重，提升资源综合利用水平，加快绿色炼厂、智能炼厂建设。推进煤炭分质分级梯级利用。有序淘汰煤电落后产能，"十四五"期间淘汰（含到期退役机组）3000万千瓦。新建煤矿项目优先采用铁路、水运等清洁化煤炭运输方式。加强能源加工储运设施节能及余能回收利用，推广余热余压、LNG冷能等余能综合利用技术。

推动能源产业和生态治理协同发展。加强矿区生态环境治理修复，开展煤矸石综合利用。创新矿区循环经济发展模式，探索利用采煤沉陷区、露天矿排土场、废弃露天矿坑、关停高污染矿区发展风电、光伏发电、生态碳汇等产业。因地制宜发展"光伏+"综合利用模式，推动光伏治沙、林光互补、农光互补、牧光互补、渔光互补，实现太阳能发电与生态修复、农林牧渔业等协同发展。

十二、更大力度强化节能降碳

完善能耗"双控"与碳排放控制制度。严格控制能耗强度，能耗强度目标在"十四五"规划期内统筹考核，并留有适当弹性，新增可再生能源和原料用能不纳入能源消费总量控制。加强产业布局和能耗"双控"政策衔接，推动地方落实用能预算管理制度，严格实施节能评估和审查制度，坚决遏制高耗能高排放低水平项目盲目发展，优先保障居民生活、现代服务业、高技术产业和先进制造业等用能需求。加快全国碳排放权交易市场建设，推动能耗"双控"向碳排放总量和强度"双控"转变。

大力推动煤炭清洁高效利用。"十四五"时期严格合理控制煤炭消费增长。严格控制钢铁、化工、水泥等主要用煤行业煤炭消费。大力推动煤电节能降碳改造、灵活性改造、供热改造"三改联动"，"十四五"期间节能改造规模不低于3.5亿千瓦。新增煤电机组全部按照超低排放标准建设、煤耗标准达到国际先进水平。持续推进北方地区冬季清洁取暖，推广热电联产改造和工业余热余压综合利用，逐步淘汰供热管网覆盖范围内的燃煤小锅炉和散煤，鼓励公共机构、居民使用非燃煤高效供暖产品。力争到2025年，大气污染防治重点区域散煤基本清零，基本淘汰35蒸吨/小时以下燃煤锅炉。

实施重点行业领域节能降碳行动。加强工业领域节能和能效提升，深入实施节能监察、节能诊断，推广节能低碳工艺技术装备，推动重点行业节能改造，加快工业节能与绿色制造标准制修订，开展能效对标达标和能效"领跑者"行动，推进绿色制造。持续提高新建建筑节能标准，加快推进超低能耗、近零能耗、低碳建筑规模化发展，大力推进城镇既有建筑和市政基础设施节能改造。加快推进建筑用能电气化和低碳化，推进太阳能、地热能、空气能、生物质能等可再生能源应用。构建绿色低碳交通运输体系，优化调整运输结构，大力发展多式联运，推动大宗货物中长距离运输"公转铁""公转水"，鼓励重载卡车、船舶领域使用LNG等清洁燃料替代，加强交通运输行业清洁能源供应保障。实施公共机构能效提升工程。推进数据中心、5G通信基站等新型基础设施领域节能和能效提升,推动绿色数据中心建设。积极推进南方地区集中供冷、长江流域冷热联供。避免"一刀切"限电限产或运动式"减碳"。

提升终端用能低碳化电气化水平。全面深入拓展电能替代,推动工业生产领域扩大电锅炉、电窑炉、电动力等应用,加强与落后产能置换的衔接。积极发展电力排灌、农产品加工、养殖等农业生产加工方式。因地制宜推广空气源热泵、水源热泵、蓄热电锅炉等新型电采暖设备。推广商用电炊具、智能家电等设施,提高餐饮服务业、居民生活等终端用能领域电气化水平。实施港口岸电、空港陆电改造。积极推动新能源汽车在城市公交等领域应用,到2025年,新能源汽车新车销量占比达到20%左右。优化充电基础设施布局,全面推动车桩协同发展,推进电动汽车与智能电网间的能量和信息双向互动,开展光、储、充、换相结合的新型充换电场站试点示范。

实施绿色低碳全民行动。在全社会倡导节约用能,增强全民节约意识、环保意识、生态意识,引导形成简约适度、绿色低碳的生活方式,坚决遏制不合理能源消费。深入开展绿色低碳社会行动示范创建,营造绿色低碳生活新时尚。大力倡导自行车、公共交通工具等绿色出行方式。大力发展绿色消费,推广绿色低碳产品,完善节能低碳产品认证与标识制度。完善节能家电、高效照明产品等推广机制,以京津冀、长三角、粤港澳等区域为重点,鼓励建立家庭用能智慧化管理系统。

第五章 优化能源发展布局

统筹生态保护和高质量发展,加强区域能源供需衔接,优化能源开发利用布局,提高资源配置效率,推动农村能源转型变革,促进乡村振兴。

十三、合理配置能源资源

完善能源生产供应格局。发挥能源富集地区战略安全支撑作用,加强能源资源综合开发利用基地建设,提升国内能源供给保障水平。加大能源就近开发利用力度,积极发展分布式能源,鼓励风电和太阳能发电优先本地消纳。优化能源输送格局,减少能源流向交叉和迂回,提高输送通道利用率。有序推进大型清洁能源基地电力外送,提高存量通道输送可再生能源电量比例,新建通道输送可再生能源电量比例原则上不低于50%,优先规划输送可再生能源电量比例更高的通道。加强重点区域能源供给保障和互济能力建设，着力解决东北和"两湖一江"（湖北、湖南、江西）等地区煤炭、电力时段性供需紧张问题。

加强电力和油气跨省跨区输送通道建设。稳步推进资源富集区电力外送，加快已建通道的配套电源投产，重点建设金沙江上下游、雅砻江流域、黄河上游和"几"字弯、新疆、河西走廊等清洁能源基地输电通道，完善送受端电网结构，提高交流电网对直流输电通道的支撑。"十四五"期间，存量通道输电能力提升4000万千瓦以上，新增开工建设跨省跨区输电通道6000万千瓦以上，跨省跨区直流输电通道平均利用小时数力争达到4500小时以上。完善原油和成品油长输管道建设，优化东部沿海地区炼厂原油供应，完善成品油管道布局，提高成品油管输比例。加快天然气长输管道及区域天然气管网建设，推进管网互联互通，完善LNG储运体系。到2025年，全国油气管网规模达到21万千米左右。

十四、统筹提升区域能源发展水平

推进西部清洁能源基地绿色高效开发。推动黄河流域和新疆等资源富集区煤炭、油气绿色开采和清洁高效利用，合理控制黄河流域煤炭开发强度与规模。以长江经济带上游四川、云南和西藏等地区为重点，坚持生态优先，优化大型水电开发布局，推进西电东送接续水电项目建设。积极推进多能互补的清洁能源基地建设，科学优化电源规模配比，优先利用存量常规电源实施"风光水（储）""风光火（储）"等多能互补工程，大力发展风电、太阳能发电等新能源，最大化利用可再生能源。"十四五"期间，西部清洁能源基地年综合生产能力增加3.5亿吨标准煤以上。

提升东部和中部地区能源清洁低碳发展水平。以京津冀及周边地区、长三角、粤港澳大湾区等为重点，充分发挥区域比较优势，加快调整能源结构，开展能源生产消费绿色转型示范。安全有序推动沿海地区核电项目建设，统筹推动海上风电规模化开发，积极发展风能、太阳能、生物质能、地热能等新能源。大力发展源网荷储一体化。加强电力、天然气等清洁能源供应保障，稳步扩大区外输入规模。严格控制大气污染防治重点区域煤炭消费，在严控炼油产能规模基础上优化产能结构。"十四五"期间，东部和中部地区新增非化石能源年生产能力1.5亿吨标准煤以上。

> **专栏4　区域能源发展重点及基础设施工程**
>
> 　　大型清洁能源基地。统筹推进云贵川藏、青海水风光综合开发,重点建设金沙江上下游、雅砻江流域、黄河上游等清洁能源基地,实施雅鲁藏布江下游水电开发等重大工程。依托存量和新增跨省跨区输电通道、火电"点对网"外送通道,推动风光水火储多能互补开发,重点建设黄河"几"字弯、河西走廊、新疆等清洁能源基地。以就地消纳为主,推进松辽、冀北清洁能源基地建设。积极推进东南部沿海地区海上风电集群化开发。
>
> 　　能源低碳转型引领区。京津冀及周边地区,大力发展分布式光伏,推动地热能资源绿色开发利用,增加由蒙西、山西等地区送入的清洁电力规模,完善环渤海地区LNG储运体系,推进低碳冬奥示范区、雄安智慧能源城市等绿色低碳发展试点示范。长三角地区,稳步推进田湾、三澳等核电建设,大力开发陆上分散式风电和分布式光伏发电,积极发展海上风电,推进沿海LNG接收站扩大规模,加强浙沪、浙苏、苏皖等天然气管道联通。粤港澳大湾区及周边地区,稳步推进惠州核电建设,积极开发海上风电,探索开发海洋能,加快阳江、梅州等抽蓄电站建设,鼓励增加天然气发电规模,完善LNG储运和天然气管网体系,积极推动储能电池应用示范。其他地区,推动中部地区加大可再生能源开发力度和外部引入规模,开展小水电清理整改,推进绿色小水电改造,因地制宜发展分布式光伏发电,建设黄河中下游绿色能源廊道,支持各地区因地制宜开展绿色低碳转型示范。
>
> 　　能源供应保障重点区域。"两湖一江"地区,优先发展本地可再生能源,有序扩大能源调入规模,建设陕北至湖北(已建成投产)、雅中至江西(已建成投产)、金沙江上游至湖北等输电通道,依托浩吉铁路及其疏运系统合理布局路口煤电,增强能源安全储备能力,建设一批煤炭储备基地。东北地区,积极推进非化石能源开发和多元化利用,完善中俄东线配套支线管网,减缓东北三省煤炭产量下降速度,建设蒙东煤炭供应保障基地,提高滨洲线、集通线运煤能力,结合电力、热力需求有序安排煤电项目建设,加强冬季用煤用电保障。其他地区,加强能源供需衔接,有效解决区域性、时段性供需紧张等问题。
>
> 　　输电通道。结合清洁能源基地开发和中东部地区电力供需形势,建成投产一批、开工建设一批、研究论证一批多能互补输电通道。
>
> 　　电网主网架。完善华北、华东、华中区域内特高压交流网架结构,为特高压直流送入电力提供支撑,建设川渝特高压主网架,完善南方电网主网架。
>
> 　　天然气管网。建设中俄东线管道南段、川气东送二线、西气东输三线中段、西气东输四线、山东龙口—中原文23储气库管道等工程。

十五、积极推动乡村能源变革

加快完善农村和边远地区能源基础设施。提升农村能源基础设施和公共服务水平,实施农村电网巩固提升工程,持续加强脱贫地区农村电网建设,提高农村电力保障水平,推动农村用能电气化升级。提升向边远地区输配电能力,在具备条件的农村地区、边远地区探索建设高可靠性可再生能源微电网。在气源有保障、经济可承受的情况下,有序推动供气设施向农村延伸。支持革命老区重大能源基础设施项目具备条件后按程序尽快启动建设。

加强乡村清洁能源保障。提高农村绿电供应能力，实施千家万户沐光行动、千乡万村驭风行动，积极推动屋顶光伏、农光互补、渔光互补等分布式光伏和分散式风电建设，因地制宜开发利用生物质能和地热能，推动形成新能源富民产业。坚持因地制宜推进北方地区农村冬季清洁取暖，加大电、气、生物质锅炉等清洁供暖方式推广应用力度，在分散供暖的农村地区，就地取材推广户用生物成型燃料炉具供暖。

实施乡村减污降碳行动。积极推动农村生产生活方式绿色转型，推广农用节能技术和产品，加快农业生产、农产品加工、生活取暖、炊事等领域用能的清洁替代。加强农村生产生活垃圾、畜禽粪污的资源化利用，全面实施秸秆综合利用，改善农村人居环境和生态空间。积极稳妥推进散煤治理，加强煤炭清洁化利用。以县域为单位开展绿色低碳发展示范区建设，探索建设"零碳村庄"等示范工程。

第六章 提升能源产业链现代化水平

加快能源领域关键核心技术和装备攻关，推动绿色低碳技术重大突破，加快能源全产业链数字化智能化升级，统筹推进补短板和锻长板，加快构筑支撑能源转型变革的先发优势。

十六、增强能源科技创新能力

锻造能源创新优势长板。巩固非化石能源领域技术装备优势，持续提升风电、太阳能发电、生物质能、地热能、海洋能等开发利用的技术水平和经济性，开展三代核电技术优化研究，加强高比例可再生能源系统技术创新和应用。立足绿色低碳技术发展基础和优势，加快推动新型电力系统、新一代先进核能等方面技术突破。提高化石能源清洁高效利用技术水平，加强煤炭智能绿色开采、灵活高效燃煤发电、现代煤化工和生态环境保护技术研究，实施陆上常规油气高效勘探开发和炼化技术攻关。

强化储能、氢能等前沿科技攻关。开展新型储能关键技术集中攻关，加快实现储能核心技术自主化，推动储能成本持续下降和规模化应用，完善储能技术标准和管理体系，提升安全运行水平。适度超前部署一批氢能项目，着力攻克可再生能源制氢和氢能储运、应用及燃料电池等核心技术,力争氢能全产业链关键技术取得突破,推动氢能技术发展和示范应用。加强前沿技术研究,加快推广应用减污降碳技术。

实施科技创新示范工程。依托我国能源市场空间大、工程实践机会多等优势,加大资金和政策扶持力度,重点在先进可再生能源发电和综合利用、小堆及核能综合利用、陆上常规和非常规及海洋油气高效勘探开发、燃气轮机、煤炭清洁高效开发利用等关键核心技术领域建设一批创新示范工程。瞄准新型电力系统、安全高效储能、氢能、新一代核能体系、二氧化碳捕集利用与封存、天然气水合物等前沿领域,实施一批具有前瞻性、战略性的国家重大科技示范项目。

专栏5　科技创新示范工程

先进可再生能源发电及综合利用技术。深远海域海上风电开发、高效光伏电池、光伏建筑一体化(BIPV)、先进生物质燃料、地热能、大型变速抽水蓄能及海水蓄能、海洋能规模化开发利用等技术研发及示范应用,新能源生态环境保护技术。

先进核能技术。三代核电关键技术优化升级示范应用,模块式小型堆、(超)高温气冷堆、低温供热堆、快堆、熔盐堆、海上浮动式核动力平台等技术攻关及示范应用。支持新燃料、新材料等新技术研发应用。支持受控核聚变的前期研发,积极开展国际合作。

新型电力系统技术。新能源发电并网及主动支撑、大容量远海风电友好送出、柔性直流、直流配电网、煤电机组灵活性改造、V2G、虚拟电厂、微电网等技术研发及示范应用。

安全高效储能。电化学储能、梯级电站储能、飞轮储能、压缩空气储能和蓄热蓄冷等技术攻关及规模化示范应用,新型储能安全防控技术攻关及示范应用。

氢能。高效可再生能源氢气制备、储运、应用和燃料电池等关键技术攻关及多元化示范应用。氢能在可再生能源消纳、电网调峰等场景示范应用。氢能、电能、热能等异质能源互联互通示范。

油气勘探开发技术。深层页岩气、页岩油、海洋深水油气、煤层气勘探开发及示范应用,提升陆上油气采收率。

燃气轮机。燃气轮机设计、试验、制造、运维检修等关键技术攻关及示范应用。

煤炭清洁高效开发利用技术。煤炭绿色智能开采、先进燃煤发电、超临界二氧化碳发电、老旧煤电机组延寿升级改造、煤制油、煤制气、先进煤化工等技术研发及示范应用,在晋陕蒙新等地区建设二氧化碳捕集利用与封存示范工程。

十七、加快能源产业数字化智能化升级

推动能源基础设施数字化。加快信息技术和能源产业融合发展,推动能源产业数字化升级,加强新一代信息技术、人工智能、云计算、区块链、物联网、大数据等新技术在能源领域的推广应用。积极开展电厂、电网、油气田、油气管

网、油气储备库、煤矿、终端用能等领域设备设施、工艺流程的智能化升级，提高能源系统灵活感知和高效生产运行能力。适应数字化、自动化、网络化能源基础设施发展要求，建设智能调度体系，实现源网荷储互动、多能协同互补及用能需求智能调控。

建设智慧能源平台和数据中心。面向能源供需衔接、生产服务等业务，支持各类市场主体发展企业级平台，因地制宜推进园区级、城市级、行业级平台建设，强化共性技术的平台化服务及商业模式创新，促进各级各类平台融合发展。鼓励建设各级各类能源数据中心，制定数据资源确权、开放、流通、交易相关制度，完善数据产权保护制度，加强能源数据资源开放共享，发挥能源大数据在行业管理和社会治理中的服务支撑作用。

实施智慧能源示范工程。以多能互补的清洁能源基地、源网荷储一体化项目、综合能源服务、智能微网、虚拟电厂等新模式新业态为依托，开展智能调度、能效管理、负荷智能调控等智慧能源系统技术示范。推广电力设备状态检修、厂站智能运行、作业机器人替代、大数据辅助决策等技术应用，加快"智能风机""智能光伏"等产业创新升级和行业特色应用，推进"智慧风电""智慧光伏"建设，推进电站数字化与无人化管理，开展新一代调度自动化系统示范。实施煤矿系统优化工程，因地制宜开展煤矿智能化示范工程建设，建设一批少人、无人示范煤矿。加强油气智能完井工艺攻关，加快智能地震解释、智能地质建模与油藏模拟等关键场景核心技术开发与应用示范。建设能源大数据、数字化管理示范平台。

专栏6　智慧能源示范工程
智慧能源新模式新业态。区域（省）级、市（县）级、园区（居民区）级源网荷储一体化示范，多能互补建设风光储、风光水（储）、风光火（储）一体化示范，智慧城市、智慧园区、美丽乡村等智慧用能示范。 智慧能源平台和数据中心。多能互补集成与智能优化、用能需求智能调控、智慧能源生产服务、智慧能源系统数字孪生等平台和数据中心示范。 智慧风电。风电智能化运维、故障预警、精细化控制、场群控制等示范应用。 智慧光伏。光伏电站数字化、无人化管理，设备间互联互感、协同优化，光伏电站智能化调度、运维等示范应用。 智慧水电。水电智能化建造、多目标运行管理、智能监测和巡查、流域水电综合智慧管理等示范应用。

(续表)

专栏6　智慧能源示范工程
智慧电厂。数字化三维协同设计、智能施工管控、数字化移交、先进控制策略、大数据、云计算、物联网、人工智能、5G通信等示范应用。 　　智能电网。新一代调度自动化系统、配电网改造和智能化升级等示范应用。 　　智能油气管网。油气管网全数字化移交、全智能化运营、全生命周期管理等示范应用。 　　智慧油气田。勘探开发一体化智能云网平台、地上地下一体化智能生产管控平台、油气田地面绿色工艺与智能建设优化平台等技术装备及示范应用。 　　智能化煤矿。煤矿智能化高效开采、智能化选煤、矿山物联网、危险岗位机器人替代等示范应用。

十八、完善能源科技和产业创新体系

整合优化科技资源配置。以国家战略性需求为导向推进创新体系优化组合，加强能源技术创新平台建设，加快构建能源领域国家实验室，重组国家重点实验室，优化国家能源研发创新平台建设管理。推进科研院所、高等院校和企业科研力量优化配置和资源共享，深化军民科技协同创新。充分发挥社会主义市场经济条件下的新型举国体制优势，深入落实攻关任务"揭榜挂帅"等机制。提升能源核心关键技术产品产业化能力，完善技术要素市场，加强创新链和产业链对接，完善重大自主可控核心技术成果推广应用机制，推动首台（套）重大技术装备示范和推广，促进能源新技术产业化规模化应用。

激发企业和人才创新活力。完善能源技术创新市场导向机制，强化企业创新主体地位，发挥大企业引领支撑作用，构建以企业为主体、市场为导向、产学研用深度融合的技术创新体系。健全知识产权保护运用体制，实施严格的知识产权保护制度。健全能源领域科技人才评价体系，完善充分体现创新要素价值的收益分配机制，全方位为科研人员松绑，优化能源创新创业生态，激发能源行业创新活力。

第七章　增强能源治理效能

深化电力、油气体制机制改革，持续深化能源领域"放管服"改革，加强事中事后监管，加快现代能源市场建设，完善能源法律法规和政策，更多依靠市场机制促进节能减排降碳，提升能源服务水平。

十九、激发能源市场主体活力

放宽能源市场准入。落实外商投资法律法规和市场准入负面清单制度，修订能源领域相关法规文件。支持各类市场主体依法平等进入负面清单以外的能源领域。推进油气勘探开发领域市场化，实行勘查区块竞争出让制度和更加严格的区块退出机制，加快油田服务市场建设。积极稳妥深化能源领域国有企业混合所有制改革，进一步吸引社会投资进入能源领域。

优化能源产业组织结构。建设具有创造创新活力的能源企业。进一步深化电网企业主辅分离、厂网分离改革，推进抽水蓄能电站投资主体多元化。推进油气领域装备制造、工程建设、技术研发、信息服务等竞争性业务市场化改革。深化油气管网建设运营机制改革，引导地方管网以市场化方式融入国家管网公司，支持各类社会资本投资油气管网等基础设施，制定完善管网运行调度规则，促进形成全国"一张网"。推进油气管网设施向第三方市场主体公平开放，提高油气集约输送和公平服务能力，压实各方保供责任。

支持新模式新业态发展。健全分布式电源发展新机制，推动电网公平接入。培育壮大综合能源服务商、电储能企业、负荷集成商等新兴市场主体。破除能源新模式新业态在市场准入、投资运营、参与市场交易等方面存在的体制机制壁垒。创新电力源网荷储一体化和多能互补项目规划建设管理机制，推动项目规划、建设实施、运行调节和管理一体化。培育发展二氧化碳捕集利用与封存新模式。

二十、建设现代能源市场

优化能源资源市场化配置。深化电力体制改革，加快构建和完善中长期市场、现货市场和辅助服务市场有机衔接的电力市场体系。按照支持省域、鼓励区域、推动构建全国统一市场体系的方向推动电力市场建设。深化配售电改革，进一步向社会资本放开售电和增量配电业务，激发存量供电企业活力。创新有利于非化石能源发电消纳的电力调度和交易机制，推动非化石能源发电有序参与电力市场交易，通过市场化方式拓展消纳空间，试点开展绿色电力交易。引导支持储能设施、需求侧资源参与电力市场交易，促进提升系统灵活性。加快完善天然气市场顶层设计，构建有序竞争、高效保供的天然气市场体系，完善天然气交易平台。完善原油期货市场，适时推动成品油、天然气等期货交易。推动全国性和区域性煤炭交易中心协调发展，加快建设统一开放、层次分明、功能齐全、竞争有序的现代煤炭市场体系。

深化价格形成机制市场化改革。进一步完善省级电网、区域电网、跨省跨区专项工程、增量配电网价格形成机制，加快理顺输配电价结构。持续深化燃煤发电、燃气发电、水电、核电等上网电价市场化改革，完善风电、光伏发电、抽水蓄能价格形成机制，建立新型储能价格机制。建立健全电网企业代理购电机制，有序推动工商业用户直接参与电力市场，完善居民阶梯电价制度。研究完善成品油价格形成机制。稳步推进天然气价格市场化改革，减少配气层级。落实清洁取暖电价、气价、热价等政策。

二十一、加强能源治理制度建设

依法推进能源治理。健全能源法律法规体系，建立以能源法为统领，以煤炭、电力、石油天然气、可再生能源等领域单项法律法规为支撑，以相关配套规章为补充的能源法律法规体系。加强能源新型标准体系建设，制修订支撑引领能源低碳转型的重点领域标准和技术规范，提升能源标准国际化水平，组织开展能源资源计量及其碳排放核算服务示范。深化能源行业执法体制改革，进一步整合执法队伍，创新执法方式，规范自由裁量权，提高执法效能和水平。

强化政策协同保障。立足推动能源绿色低碳发展、安全保障、科技创新等重点任务实施，健全政策制定和实施机制，完善和落实财税、金融等支持政策。落实相关税收优惠政策，加大对可再生能源和节能降碳、创新技术研发应用、低品位难动用油气储量、致密油气田、页岩油、尾矿勘探开发利用等支持力度。落实重大技术装备进口免税政策。构建绿色金融体系，加大对节能环保、新能源、二氧化碳捕集利用与封存等的金融支持力度，完善绿色金融激励机制。加强能源生态环境保护政策引领，依法开展能源基地开发建设规划、重点项目等环境影响评价，完善用地用海政策，严格落实区域"三线一单"（生态保护红线、环境质量底线、资源利用上线和环境准入负面清单）生态环境分区管控要求。建立可再生能源消纳责任权重引导机制，实行消纳责任考核，研究制定可再生能源消纳增量激励政策，推广绿色电力证书交易，加强可再生能源电力消纳保障。

加强能源监管。优化能源市场监管，加大行政执法力度，维护市场主体合法权益，促进市场竞争公平、交易规范和信息公开，持续优化营商环境。强化能源行业监管，保障国家能源规划、政策、标准和项目有效落地。健全电力安全监管执法体系，推进理顺监管体制，构建监管长效机制，加强项目建设施工和运行安全监管。健全能源行业自然垄断环节监管体制机制，加强公平开放、运行调度、服务价格、社会责任等方面的监管。创新监管方式，构建统一规范、信息共享、协同联动的监管体系，全面实施"双随机、一公开"监管模式，推动构建以信用为基础的新型监管机制。

专栏7　电力和油气领域重点改革任务

持续深化电力中长期交易机制建设。推动各地制修订电力中长期交易规则。推动符合条件的各类市场主体参与交易。丰富交易品种，优化交易组织流程，缩短交易周期，增加交易频次，建立分时段签约交易机制，健全偏差考核机制。

稳妥推进电力现货市场建设。推动具备条件的试点地区转入长周期运行，有序扩大现货试点范围。鼓励电网连接紧密的相邻省（区、市）现货市场融合发展。

完善电力辅助服务市场机制。丰富辅助服务交易品种，推动储能设施、虚拟电厂、用户可中断负荷等灵活性资源参与辅助服务，研究爬坡等交易品种。建立源网荷储一体化和多能互补项目协调运营和利益共享机制。建立健全跨省跨区辅助服务市场机制，推动送受两端辅助服务资源共享。

加快建设全国统一电力市场体系。优化电力市场总体设计，健全多层次统一电力市场体系，探索在南方、长三角、京津冀、东北等地区开展区域电力市场建设试点。分步放开跨省跨区发用电计划，探索非化石能源发电企业与售电公司或大用户开展跨省跨区点对点交易。

积极推进分布式发电市场化交易。支持分布式发电与同一配电网区域的电力用户就近交易，完善支持分布式发电市场化交易的价格政策及市场规则。

深化配售电改革。推动落实增量配电企业在配电区域内拥有与电网企业同等的权利和义务，研究完善增量配电网配电价格形成机制。完善售电主体准入和退出机制，推动售电主体参与各类市场交易，理顺购售电费结算关系。

放开上游勘查开采市场。全面实施矿业权竞争性出让。严格区块退出。推动油气地质资料汇交利用。推动工程技术、工程建设和装备制造业务专业化重组，作为独立市场主体参与竞争。

深化油气管网改革。推进省级管网运销分离。完善管网调度运营规则，建立健全管容分配、托运商等制度。推动城镇燃气压缩管输和供气层级。

推进下游竞争性环节改革。支持大用户与气源企业签订直供或直销合同，降低用气成本。

第八章　构建开放共赢能源国际合作新格局

以共建"一带一路"为引领，积极参与全球能源治理，坚持绿色低碳转型发展，加强应对气候变化国际合作，实施更大范围、更宽领域、更深层次能源开放合作，实现开放条件下的能源安全。

二十二、拓展多元合作新局面

巩固拓展海外能源资源保障能力。完善海外主要油气产区合作，优化资产配置。持续巩固推动与重点油气资源国的合作，加强与重点油气消费国的交流，促进海外油气项目健康可持续发展，以油气领域务实合作促进与资源国共同发展。

增强进口多元化和安全保障能力。巩固和拓展与油气等能源资源出口大国互利共赢合作。增强油气国际贸易运营能力。加强跨国油气通道运营与设施联通，确保油气安全稳定供应与平稳运行。与相关国家加强沟通协调，共同维护能源市场安全。

二十三、深度参与全球能源转型变革

推进能源变革与低碳合作。建设绿色丝绸之路，深化与发展中国家绿色产能合作，积极推动风电、太阳能发电、储能、智慧电网等领域合作。与周边国家和地区在电网互联及升级改造方面加强合作。推动核电国际合作。大力支持发展中国家能源绿色低碳发展，不再新建境外煤电项目。积极探索与发达国家、东道国和跨国公司开展三方、多方合作的有效途径，建成一批经济效益好、示范效应强的绿色能源最佳实践项目。

加强科技创新合作。加强与有关国家在先进能源技术和解决方案等方面的务实合作，重点在高效低成本新能源发电、先进核电、氢能、储能、节能、二氧化碳捕集利用与封存等先进技术领域开展合作。积极参与能源国际标准制定，加快我国能源技术、标准的国际融合。

二十四、积极参与全球能源治理体系改革和建设

推动完善全球能源治理体系。运营好"一带一路"能源合作伙伴关系合作平台，办好国际能源变革论坛。在中国—阿盟、中国—非盟、中国—中东欧、中国—东盟等相关能源合作平台和亚太经合组织（APEC）可持续能源中心指导下，加强联合研究，拓展培训交流。加强与国际能源署、国际可再生能源署、石油输出国组织（OPEC）、国际能源论坛、清洁能源部长会议等国际组织和机制合作，积极参与并引导在联合国、二十国集团（G20）、APEC、金砖国家、上合组织等多边框架下的能源合作。

加强能源领域应对气候变化国际合作。坚持共同但有区别的责任原则，推动中美清洁能源合作，深化中欧能源技术创新合作，形成能源领域应对气候变化和推动绿色发展合力，推动落实《联合国气候变化框架公约》及其《巴黎协定》。积极开展能源领域气候变化南南合作，进一步加强与其他发展中国家能源绿色发展合作，支持发展中国家落实联合国2030年可持续发展议程，提升能源领域应对气候变化能力，彰显我积极参与全球气候治理的大国担当。

第九章　加强规划实施与管理

加强对本规划实施的组织、协调和督导，建立健全规划实施监测评估、考核监督机制。

二十五、加强组织领导

加强党的全面领导，增强"四个意识"、坚定"四个自信"、做到"两个维护"，全面贯彻落实党中央、国务院决策部署，强化督导落实、工作统筹和协同联动。加强能源规划与经济社会发展及其他规划的衔接，统筹自然保护地、生态保护红线与能源开发布局，切实发挥国家能源规划对全国能源发展、重大项目布局、公共资源配置、社会资本投向的战略导向作用，完善规划引导约束机制。

二十六、落实责任分工

按照党中央、国务院统一部署，建立健全国家能源委员会统筹协调、有关部门协同推动、各省级政府和重点能源企业细化落实的规划实施工作机制。国家发展改革委、国家能源局要制定本规划实施方案，确定年度目标并加强年度综合平衡。各地区要根据国家规划确定的重要目标、重点任务、重大工程、重点项目，制定具体工作方案，细化时间表、路线图、优先序，提出分年滚动工作计划安排。各有关部门要根据职责分工细化任务举措，加强资金、用地等对重大能源项目的支持保障力度，及时研究解决实施中遇到的问题。国家能源委员会办公室要切实履行职责，确保规划有力推进、有效实施。

二十七、加强监测评估

国家发展改革委、国家能源局牵头组织开展规划实施情况的年度监测分析、中期评估和总结评估。建立规划动态评估机制和重大情况报告制度,严格评估程序,通过委托第三方机构开展评估等方式,对规划滚动实施提出建议,及时总结经验、分析问题、制定对策。加强规划实施情况评估成果应用,健全规划调整修订机制。重要情况及时向国务院报告。

附录3

煤炭工业"十四五"高质量发展指导意见

"十三五"时期,煤炭行业坚持以习近平新时代中国特色社会主义思想为指导,认真贯彻落实推动煤炭供给侧结构性改革的系列政策措施,经过5年的不懈努力,实现了过剩产能有效化解,结构持续优化,市场供需基本平衡,行业效益回升,科技创新取得新突破,清洁高效利用水平迈上新台阶,矿区生态文明建设稳步推进,安全生产形势持续好转,转型升级取得实质进展,煤炭工业整体面貌发生了显著变化,能源安全保障的基础更加稳固。"十四五"及今后较长一个时期,煤炭工业改革发展机遇与挑战并存,我国宏观经济将继续保持中高速发展,能源需求保持稳定增长,煤炭作为我国兜底保障能源的地位和作用还很难改变,大数据、人工智能、5G、区块链等新技术快速发展,为煤炭工业生产力水平向更高层次跃升注入了新的活力。为贯彻新发展理念、构建新发展格局,促进煤炭资源全生命周期实现安全绿色开发、清洁低碳利用、产业链现代化,为我国如期实现碳达峰、碳中和战略目标奠定基础,推动形成以"数字化引领、智能化生产、专业化服务、定制化营销、集群化建设、绿色化发展"为特征的高质量发展新格局,指导煤炭企业开展"十四五"规划编制工作,特制订本指导意见。

一、发展环境

(一)取得的主要成绩

"十三五"期间,煤炭行业围绕推动供给侧结构性改革目标任务,深化市场化体制机制创新,着力推动煤炭科技进步,着力淘汰落后产能、化解过剩产能,着力建设大型现代化煤矿,着力推动矿区生态文明建设,取得了一系列重大进展。

开发布局持续优化。煤炭生产重心进一步向资源禀赋好、开采条件优、生产成本低的区域集中,先进产能比重大幅提高。煤炭生产集中度不断提升,中西部主要产煤区的重要作用和战略地位越发凸显,晋陕蒙三省(区)煤炭产量占全国总产量的比重超过70%。

结构调整取得新进展。煤炭生产结构持续优化，产业形态更加多元，煤电、煤焦、煤化工等上下游产业一体化发展成效明显，并逐步实现由中低端向中高端迈进。全国煤矿数量大幅减少，大型现代化煤矿已成为全国煤炭生产的主体。

科技创新能力提高。以企业为主体、市场为导向、产学研相结合的开放型创新体系基本形成，以煤矿智能化开采为引领的煤炭基础理论研究与关键技术、重大装备研制取得新的突破，煤炭清洁高效利用与低碳绿色发展从理念到工程示范和产业化发展，取得重大进展，煤炭科技贡献率逐年提高。

市场化改革稳步推进。煤炭市场化体制机制不断健全，交易市场建设持续深化，价格指数体系不断完善。煤炭"中长期合同制度"和"基础价+浮动价"的定价机制，为煤炭行业平稳运行发挥了压舱石的作用。

生态文明建设稳步推进。原煤入洗率、矿井水综合利用率、煤矸石综合处理率及井下瓦斯抽采利用率显著提高；煤矸石及低热值煤综合利用发电装机持续增加。土地复垦率持续提高，生态环境质量持续好转，促进了矿区资源开发与生态环境协调发展。

煤矿安全生产形势明显好转。煤矿安全生产责任体系不断完善，煤矿机械化、信息化、自动化、智能化水平大幅提升，安全投入长效机制不断健全，煤矿安全生产形势实现了明显好转。2020年全国煤矿平均百万吨死亡率为0.059，比2015年下降63.6%。

（二）存在的主要问题

从煤炭行业自身改革发展实际和未来发展方向分析，还面临一些突出的矛盾和问题。

矿区可持续发展面临挑战。尽管我国已建成了一大批现代化煤矿，培育形成了一大批具有较强竞争力的大型煤炭企业，但受煤炭资源赋存条件、企业特点和区域性差异的影响，煤炭资源开采条件差、开采历史长的老矿区和资源枯竭型企业，经济效益差、人才流失严重、转型发展困难。

煤炭产能总体宽松与结构性紧张并存。传统的东北、京津冀、华东、中南、西南等主要产煤地区，产量大幅下降，全国煤炭生产越来越向晋陕蒙地区集中，受季节性煤炭供需格局变化、水电出力不均衡、风电光伏不稳定等多重因素影响，全国煤炭产能总体宽松与区域性、品种性和时段性供应紧张的问题并存。

去产能煤矿资产债务处置与职工安置难度大。2016年以来，全国累计退出煤炭产能 10 亿吨，淘汰关闭了大批煤矿，关闭煤矿资产债务处置缺乏可操作的政策依据，资产债务处置难、企业融资难；老矿区职工安置任务重、难度大。

煤炭行业向生产服务型转变仍面临制约。我国煤炭消费增速放缓并逐渐进入峰值平台期，行业发展模式必须由依靠规模扩张、总量增加向提高质量、增加服务转变。虽然部分企业已经在探索煤矿专业化服务模式，但相关法律法规依然存在障碍，亟待研究建立煤炭行业由生产向生产服务型转变的法律法规体系和配套体制机制。

（三）"十四五"行业发展趋势

"十四五"是我国实现第一个百年目标，开始向第二百年奋斗目标迈进的重要时期，仍然是我国发展的重要战略机遇期，我国经济具有巨大发展韧劲和潜力，具有继续保持中高速发展的基础，加快形成以国内大循环为主体、国内国际双循环相互促进的新发展格局，必将给我国经济发展提供新的动力。但也必须看到，世界百年未有之大变局叠加新冠肺炎疫情影响，中国发展也将面临更加严峻复杂的外部环境，不确定、不稳定性依然存在。我国政府承诺力争 2030 年前实现碳达峰、2060 年前实现碳中和，能源结构调整步伐加快，煤炭消费总量、强度双控政策措施将更加严格，煤炭在一次能源消费结构中的比重还将持续下降，煤炭总量增长空间越来越小，倒逼煤炭行业必须转变长期以来依靠产量增加、规模扩张、价格上涨的发展方式，着力推动转型升级，提升发展质量。

综合分析，"十四五"时期，我国经济结构将进一步调整优化，能源技术革命加速演进，非化石能源替代步伐加快，生态环境约束不断强化，碳达峰和碳中和战略实施，对煤炭行业发展有机遇、也有挑战。煤炭行业必须转变观念，树立新发展理念，准确把握新发展阶段的新特征新要求，加快向生产智能化、管理信息化、产业分工专业化、煤炭利用洁净化转变，加快建设以绿色低碳为特征的现代化经济体系，促进煤炭工业高质量发展，为国民经济和经济社会发展提供坚实可靠的能源保障。

二、指导思想、发展原则和主要目标

（四）指导思想

坚持以习近平新时代中国特色社会主义思想为指导，全面贯彻党的十九大和十九届二中、三中、四中、五中全会精神，统筹推进"五位一体"总体布局和协调推进"四个全面"战略布局，牢固树立新发展理念，贯彻落实能源安全新战略，以推动高质量发展为主题，以深化供给侧结构性改革为主线，推进煤炭清洁高效利用，推动煤炭产业技术升级、产品升级、质量升级、管理升级，促进煤炭上下游产业协同、煤炭与多能源品种协同发展，培育新模式、发展新业态、提升新动能，推进行业治理体系和治理能力现代化，培育一批具有全球竞争力的世界一流大型能源企业，推动矿区的生产生活环境持续改善，矿区职工的获得感、幸福感不断提高，建设现代化煤炭经济体系，推动煤炭行业由生产型向生产服务型转变，由传统能源向清洁能源的战略转型，实现煤炭工业高质量发展，为国民经济平稳较快发展提供安全稳定的能源保障。

（五）发展原则

1. 优化布局与保障供应相结合

根据我国煤矿区开发历史，对14个大型煤炭基地功能合理定位、科学规划，推动煤炭资源开发与生态环境保护系统性规划，科学布局。统筹国内国际两个市场、两种资源，推动煤炭产供储销体系建设，提高全国煤炭安全稳定供应保障能力。

2. 深化改革与创新发展相结合

依靠科技进步，构建数字经济与煤炭经济的深度融合，为我国煤炭智能化生产、专业化服务、定制化营销、集群化建设、绿色低碳发展和煤炭经济高质量发展提供有力支撑。

3. 产业升级与老矿区转型相结合

着力推动产业升级，转变发展方式；以煤炭生产型向生产服务转变为抓手，发展新产业、新业态、新材料、新产品，促进老矿区转型发展，构建煤炭行业专业化、社会化的"生产+服务"的新发展格局。

4. 产业集群化与区域经济发展相结合

紧密结合西部地区经济社会与产业发展实际，突破煤炭产业边界，构建上下游产业集群发展模式，实现以煤炭资源开发为源头，煤电、煤化工、煤基新材料等上下游产业链集聚融合，构建煤炭全产业链、全要素协同发展新格局，促进资源、经济、社会协调发展。

5. 绿色低碳开发与清洁高效利用相结合

推动绿色开采，增强矿区生态功能；加强节能降碳技术创新，深入推进循环经济发展。统筹煤与非煤能源，促进煤与新能源可再生能源优势互补；推动清洁利用，拓展煤炭消费空间；统筹煤炭生产、加工与消费全过程。

6. 以人为本与矿区文化相结合

构建行业社会主义核心价值观体系，加强煤炭行业精神文明、物质文化、安全文化和制度文化建设。建设煤矿公益性文化事业和各类煤炭文化工程，增强员工的归属感和企业自豪感；构建以人为本的行为理念，形成独具特色的煤矿安全文化。

（六）奋斗目标

1. 总量

到"十四五"末，国内煤炭产量控制在41亿吨左右，全国煤炭消费量控制在42亿吨左右，年均消费增长1%左右。

2. 结构

全国煤矿数量控制在4000处以内，大型煤矿产量占85%以上，大型煤炭基地产量占97%以上；建成煤矿智能化采掘工作面1000处以上；建成千万吨级矿井（露天）数量65处、产能超过10亿吨/年。培育3~5家具有全球竞争力的世界一流煤炭企业。

3. 效率

煤矿采煤机械化程度90%左右，掘进机械化程度75%左右；原煤入选（洗）率80%左右；煤矸石、矿井水利用与达标排放率100%。

4. 人才

煤炭行业人才占比提高10%以上，本专科学历占比达到45%，工程技术人员比重显著提升。

5. 安全

全国煤矿安全生产形势实现根本好转，煤矿百万吨死亡率持续稳定下降；煤矿职业病防治水平显著提高。

三、重点任务

（七）提高矿区地质保障程度

加大大型整装煤田地质勘探与评价工作力度，增加煤炭资源储备，为资源枯竭矿区产能转移和矿井接续提供基础。加大生产煤矿深部区勘探力度，为矿井水平延伸、提高矿井服务年限提供支持。为适应煤矿智能化开采和大型现代化煤矿安全生产需要，加大煤矿采区综合地质与精细化勘探力度，提高资源勘查精度，为煤矿智能化开采和安全生产提供保障。

（八）优化煤炭资源开发布局

根据我国煤矿区开发历史、资源潜力、区域经济特征，结合14个大型煤炭生产基地建设实际，科学评价14个大型煤炭基地的资源禀赋、先进产能建设、环境容量等，合理分类确定大基地功能，研究提出大基地产能建设规模，优化开发布局，提高保障能力。

内蒙古东部（东北）、云贵基地：稳定规模、安全生产，区域保障。煤炭产量分别稳定在5亿吨/年、2.5亿吨/年左右，提高区域煤炭稳定供应保障能力。

冀中、鲁西、河南、两淮基地：控制规模，提升水平，基本保障。煤炭产量分别稳定在0.6亿吨/年、1.2亿吨/年、1.2亿吨/年、1.3亿吨/年左右。

晋北、晋中、晋东、神东、陕北、黄陇基地：控制节奏，高产高效，兜底保障。控制煤炭总产能，建设一批大型智能化煤矿，提高基地长期稳定供应能力。晋北、晋中、晋东基地煤炭产量控制在9亿吨/年左右，神东基地控制在9亿吨/年左右，陕北和黄陇基地控制在6.4亿吨/年左右。

新疆基地：科学规划，把握节奏，应急保障。超前做好矿区总体规划，合理把握开发节奏和建设时序，就地转化与外运结合，实现煤炭梯级开发、梯级利用，做好应急储备和能力保障。"十四五"期间煤炭产量稳定在3亿吨/年左右。

宁东基地：稳定规模，就地转化，区内平衡。煤炭产量稳定在0.8亿吨/年左右。

（九）深化煤炭供给侧结构性改革

化解过剩产能、淘汰落后产能，建设先进产能，建设和改造一大批智能化煤矿。全国煤矿数量控制在4000处以内，建成煤矿智能化采掘工作面1000处以上。促进煤炭产品结构调整，推动产销协同，促进煤炭定制化生产。推动煤炭组织结构调整，建设大型煤炭企业集团，提高产业集中度，完善上下游协同发展机制，提升煤炭产业链协同水平，培育新的增长点，促进发展方式由数量、速度型向质量、效益型转变。

（十）推动煤炭科技创新发展

加强对煤炭绿色智能开采、煤矿重大灾害防控、煤炭清洁高效转化等基础理论研究，提高煤炭科技原始创新能力。以煤炭安全智能化开采和清洁高效集约化利用为主攻方向，以技术升级示范为主线，以国家能源战略技术储备和产能储备为重点，深入推进核心技术攻关；加快智能工厂和数字化车间建设，推动智能化成套装备与关键零部件、工业软件研发；推进煤炭行业两化深度融合，促进行业向人才技术密集型转变。

（十一）促进煤炭市场平稳运行

推动煤炭行业大数据平台建设，建立煤炭生产、加工、运输、储存和消费信息共享机制。促进煤炭生产与消费市场主体的战略合作，发挥"中长期合同制度"和"基础价＋浮动价"定价机制的压舱石作用。推动建立完善煤炭市场化价格发现机制与监管机制，健全煤炭主产地、主要中转地、主要消费地有机衔接、系统完善的中国煤炭价格指数体系；加强行业自律，建立煤炭产供需企业社会诚信发布制度。推动煤炭产融结合，提高金融服务煤炭经济能力。加强全国煤炭市场交易机制建设，推动煤炭中长期战略合作与现货交易相结合。

（十二）着力推动老矿区转型发展

建立政府、企业、社会共同参与开发的采煤沉陷区治理模式，实现总体设计、投资、建设、运营的无缝对接和高效实施。充分发挥老矿区土地、厂房、资源等优势，培育发展新产业、新产品、新业态，推动老矿区及企业转型发展。支持资源枯竭矿区组建专业化煤炭生产服务型队伍，参与主要产煤省区大型现代化煤矿建设和生产运营，促进煤炭生产方式由生产型向生产服务型转变。鼓励大型煤炭企业建立老矿区振兴发展基金，支持煤炭企业跨行业、跨区域、跨所有制兼并重组，支持分离企业办社会职能移交，稳妥解决老矿区企业的历史遗留问题。

（十三）推动矿区生态文明建设

因地制宜推广充填开采、保水开采、煤与共伴生资源共采等绿色低碳开采技术，鼓励原煤全部入选（洗）。做好黄河流域煤炭资源开发与生态环境保护总体规划和矿区规划，实现煤炭资源开发、建设、生产与生态环境保护工程同步设计、同步实施，提高矿区生态功能，建设绿色矿山。统筹考虑煤炭矿区建设历史、对区域经济社会发展的影响与生态功能区范围设计，对生态功能区与煤炭矿区重叠区域的保护性开发与关闭退出进行科学评价，实现煤炭资源开发与经济社会、生态环境协调发展。

（十四）推动煤炭绿色低碳发展

贯彻落实碳达峰、碳中和战略，积极推动实施煤炭行业碳减排行动。大力推进清洁生产，加强商品煤质量管理，严格限制劣质煤销售和使用。健全商品煤质量监管体系，建立完善煤炭生产流通消费全过程质量跟踪监测和管理机制。支持煤炭低碳化和分质分级梯级利用，积极发展绿色循环产业，大力推进节能降耗，从产品全生命周期控制煤炭资源消耗。建立健全以市场为导向的低碳技术创新体系，推进煤炭碳排放技术研发和示范推广。培育建设一批行业低碳产业示范基地。探索研究煤炭原料化材料化低碳发展路径，打通煤油气、化工和新材料产业链，推动煤炭由燃料向燃料与原料并重转变。建立健全行业低碳发展推进机制，促进煤炭生产和消费方式绿色低碳转型。

（十五）推动煤炭智慧物流体系建设

发挥5G、大数据、信息化和智能化技术优势，加快发展煤炭现代物流和智慧物流，推动现代化煤炭市场交易体系建设。加快物联网、移动互联等先进技术在煤炭物流领域的应用，推动煤炭物流标准化建设，提高煤炭物流专业化管理和服务能力。推动煤炭行业大数据体系建设，促进煤炭产供储销体系与行业大数据融合，构建全国煤炭产供需与主要产煤省区、主要中转地、大型企业有机结合的煤炭智慧物流网络系统。研究适合煤炭产品标准化、规格化、参数化的运输方式和数据化管理模式，提高煤炭物流效率，降低物流成本。创新煤炭封闭运输方式，发展煤炭绿色物流。

（十六）深化国际交流与合作

统筹国内国际两个大局，把握国内外两个市场、两种资源，遵循多元合作、互利共赢原则，鼓励煤炭企业走出去，深度参与"一带一路"建设，培育一批具有较强国际竞争力的煤炭跨国企业。建立国际贸易及技术信息交流平台与机制，积极开展煤炭加工制造等先进技术的国际交流与合作。鼓励进口优质煤炭，严格控制低热值煤、高硫煤等劣质煤进口。支持企业开展境外资源开发利用、技术服务和人才培训，多渠道开展国际业务。鼓励煤炭生产、煤机制造、煤矿建设企业，发挥优势参与境外煤矿建设、技术服务以及运营管理，带动先进工艺技术和大型成套装备出口，提升我国煤炭工业国际竞争力。

（十七）强化煤矿安全与职业健康

坚持以人为本、生命至上理念，坚持依靠科技创新和管理、装备、培训并重，建立责任全覆盖、管理全方位、监管全过程的煤矿安全生产综合治理体系，健全煤矿安全生产长效机制。完善煤矿安全生产法律法规标准体系，加强煤矿职业安全与健康监管机制建设；加强对水、火、瓦斯、煤尘、顶板、冲击地压等灾害防治，全面提高灾害预防和综合治理水平。围绕尘肺病等职业危害防治，开展关键技术攻关；建立完善煤矿职业病防治机制和信息化监管平台，健全完善煤矿职业病防治支撑体系。

（十八）促进煤炭文化繁荣发展

发挥煤炭企业文化建设的主体作用，推动具有鲜明特色的煤炭文化品牌建设，充分利用传统媒体资源，发挥新型媒体优势，扩大煤炭文化社会影响力，创新发展文化载体，把煤炭文化融入煤炭生产和矿区生活之中。坚持以社会主义核心价值观为引领，丰富煤炭文化内涵，传承煤矿工人特别能战斗精神，树立新时代煤矿工人甘于奉献、勇于创新的新形象，展示煤炭行业的集体精神价值，为煤炭工业深化改革、保障国家能源安全稳定供应提供精神力量。

（十九）建设十大示范工程

按照煤炭工业高质量发展的目标方向和重点任务，建设引领作用大、技术含量高、经济社会效益好的十大示范工程，形成可复制可推广的经验，推动新技术、新产品、新模式、新业态在煤炭行业的广泛应用。

1. 智能化煤矿建设示范工程
2. 煤矿智能化成套装备制造示范工程
3. 煤矿智能化工业软件开发示范工程
4. 煤炭分质分级高效利用示范工程
5. 矿井资源综合利用示范工程
6. 矿区生态治理与修复示范工程
7. 煤炭大数据平台建设示范工程
8. 煤炭文化建设示范工程
9. 煤炭产业链延伸工业园区建设示范工程
10. 煤炭绿色低碳工业园区示范工程

四、保障措施

（二十）做好规划研究与实施管理

煤炭企业要从企业自身发展实际出发，结合国家、区域、基地等相关规划要求，落实碳达峰、碳中和目标愿景，开展"十四五"规划编制工作，明确规划目标和实施重点。强化规划引领和指导作用，制定企业年度实施计划，建立动态评估调整机制，确保规划目标顺利完成。

（二十一）加强企业社会诚信体系建设

发挥行业协会、金融机构、征信机构等作用，推进煤炭行业诚信体系建设，加强行业自律，营造诚实守信的良好行业氛围。企业在煤矿安全生产、产品质量、诚信经营、信守合同等方面，建立信用记录，定期发布企业社会责任报告，接受社会监督。煤炭行业建立企业社会诚信体系评价机制，对列入失信黑名单的企业，实施联合惩戒。

（二十二）加强行业人力资源建设

建立企业人才选拔、培育、使用和激励长效机制，探索实施"刚性引才和柔性引才并重战略"，着力加强煤炭行业科学家、企业家和工匠大师三支队伍建设，提高企业创新能力。加大"知识型＋技能型"人才队伍建设力度，利用行业特色学校、专业优势，培养煤炭行业应用新技术的专业技能人才，提高从业人员整体素质。

（二十三）营造宽松的金融环境

加大资本市场的支持力度，引导金融机构创新煤炭金融产品，促进煤炭行业产融结合。建立由政府财政引导、金融机构支持、社会资本参与、煤炭企业为主的产业转型发展基金，支持矿区可持续发展、产业转型升级和煤炭企业重大项目投资。盘活关闭退出煤矿闲置土地、设备、厂房等资产，支持矿区转型发展。煤炭企业结合债务处置需要，利用债务重组、债务置换、债转股等金融工具，推动债务处置工作，提高企业抗风险能力。